D1720355

neukirchener
theologie

Evangelisch-katholische Studien zu Gottesdienst und Predigt

Herausgegeben von
Alexander Deeg / Erich Garhammer /
Benedikt Kranemann / Michael Meyer-Blanck

Band 2
Ruth Conrad
Weil wir etwas wollen!

Ruth Conrad

Weil wir etwas wollen!

Plädoyer für eine Predigt mit Absicht
und Inhalt

Neukirchener Theologie / Echter Verlag

Dieses Buch wurde auf FSC-zertifiziertem Papier gedruckt.
FSC (Forest Stewardship Council) ist eine nichtstaatliche,
gemeinnützige Organisation, die sich für eine ökologische und
sozialverantwortliche Nutzung der Wälder unserer Erde einsetzt.

Bibliografische Information der Deutschen Nationalbibliothek

Die Deutsche Nationalbibliothek verzeichnet diese Publikation in der Deutschen
Nationalbibliografie; detaillierte bibliografische Daten sind im Internet
über http://dnb.d-nb.de abrufbar.

© 2014
Neukirchener Verlagsgesellschaft mbH, Neukirchen-Vluyn /
Echter Verlag GmbH, Würzburg
Alle Rechte vorbehalten
Umschlaggestaltung: Andreas Sonnhüter, Niederkrüchten
DTP: Dorothee Schönau
Gesamtherstellung: Hubert & Co., Göttingen
Printed in Germany
ISBN 978–3–7887–2842–7 (Print) (Neukirchener Theologie)
ISBN 978–3–7887–2843–4 (E-Book-PDF) (Neukirchener Theologie)
ISBN 978–3–429–03721-5 (Print) (Echter Verlag)
www.neukirchener-verlage.de

Vorwort

Die hier vorgelegten Überlegungen zu Absicht und Inhalt der Predigt schließen an meine im Jahr 2012 erschienene Habilitationsschrift »Kirchenbild und Predigtziel. Eine problemgeschichtliche Studie zu ekklesiologischen Dimensionen der Homiletik« an. Dort habe ich im historisch-systematischen Durchgang durch homiletische Entwürfe des 19. Jahrhunderts den kausalen Zusammenhang von Kirchenverständnis und Predigtbegriff herausgearbeitet. Die leitende Frage war: Wie beeinflusst die jeweils zugrunde gelegte Ekklesiologie die Ausformulierung von Absicht und Ziel der Predigt als einer wesentlichen Lebensäußerung der Kirche? Gemeinsam ist den dort behandelten Entwürfen von Adam Müller, Franz Theremin, Rudolf Ewald Stier, August Vilmar, Heinrich Bassermann und Friedrich Niebergall, dass sie die Predigt über ihre rhetorische Wirkung zu bestimmen suchen. In Distanz zu Schleiermacher verstehen sie die Predigt als überwiegend wirksames Handeln. So lag eine Einsicht dieser historischen Studie in der Herausarbeitung der Relevanz der Frage nach der Predigtabsicht – was will die Predigt warum? – sowie in der notwendigen ekklesiologischen Kontextualisierung dieser Frage.

Prof. Dr. Michael Meyer-Blanck (Bonn) danke ich für die Anregung, die Überlegungen meiner Habilitationsschrift auf gegenwärtige Fragestellungen der Homiletik zu beziehen und entsprechend weiterzuführen. Gemeinsam mit den weiteren Herausgebern der neuen Reihe »Evangelisch-katholische Studien zu Gottesdienst und Predigt« hat er die Entstehung des Bandes entschieden befördert und unterstützt. Herrn Ekkehard Starke vom Neukirchener Verlag danke ich für die unkomplizierte Zusammenarbeit.

Homiletische Theoriediskurse profitieren meines Erachtens erheblich vom Gespräch mit denjenigen Personen, die Sonntag um Sonntag predigen. Viele der hier vorgelegten Überlegungen konnte ich auf Pfarrkonventen und Fortbildungen mit Pfarrern und Pfarrerinnen diskutieren. Dafür bin ich sehr dankbar. Ein unersetzlicher Gesprächspartner und sorgfältiger Leser war – wie immer – Pfarrer Dr. Martin Weeber, Gerlingen. Für vielfältige Unterstützung bei der Fertigstellung des Bandes danke ich besonders Wolfgang Altvater, Dieter Bofinger, Beate und Dr. Burkhard Conrad, Dr. Andrea Fausel, Klaus Kimmerle und Wolfgang Kasprzik.

Tübingen, den 20. August 2014   Ruth Conrad

Inhalt

Einleitung:
Die Absicht der Predigt –
begriffliche und methodische Vorüberlegungen

Wer redet, will etwas, beziehungsweise hat etwas zu wollen. Wer nichts beabsichtigt, muss nicht öffentlich reden. Weil die Predigt eine Rede ist, hat auch sie etwas zu wollen. Sie benötigt eine deutlich erkennbare Absicht. Die Predigt ist, wie jede Rede, eine intentionale Handlung. Allerdings wird die Predigtabsicht (wie manche Redeabsicht) meist dadurch auffällig, dass sie fehlt. Auf diesen Sachverhalt hat prägnant die ZEIT-Redakteurin Evelyn Finger aufmerksam gemacht. Anlässlich eines anstehenden Weihnachtsfestes und drohender Weihnachtspredigten macht sie die »Krise des Genres« Predigt als eine ökumenische, konfessionsübergreifende und überregionale Krise aus.[1] Als eine wesentliche Ursache dieser Krise moniert sie die fehlende Predigtabsicht. Da damit eine der leitenden Thesen dieses Buches benannt ist – dass nämlich für das Gelingen der Predigt Klarheit über deren Absicht und über die inhaltliche Konturierung derselben bestehen muss – sei der einschlägige Abschnitt aus dem Beitrag von Finger hier ausführlich zitiert: An Weihnachten trete, so Finger, die Krise des Genres Predigt »besonders klar zutage: seine schleichende Profanisierung, sein Niedergang als Kunstform, sein Abdriften in die Defensive. Vorbei die kämpferischen Zeiten, als Martin Luther den Wittenbergern mitten im Dezember wegen spärlicher Kirchenbesuche mit Predigtstreik drohte. Vorbei die Zeiten, als der Reformator seinen Unmut über lesefaule Laien laut herausposaunte. So wetterte er am ersten Adventssonntag anno 1530, es solle sich niemand einbilden, die Bibel verstanden zu haben, und niemand das Wort Gottes verachten, bloß weil

---

[1] *Evelyn Finger*, Schluss mit dem Geschwätz! Früher war die Predigt eine Kunst. Heute liefern die meisten Pfarrer nur Seelenwellness, in: DIE ZEIT, 16.12.2007 (www.zeit.de/2007/51/Predigt; zuletzt abgerufen am 1.8.2014). – Die Geschichte der Predigtkritik ist so alt wie die Geschichte der Predigt selbst. Auch die kritisierten Topoi bleiben über die Jahrhunderte hinweg merklich konstant. Allerdings stellt die Geschichte der Predigtkritik leider weitgehend ein Forschungsdesiderat dar. Eine solche Geschichte könnte aufschlussreiche Perspektiven auf die sozial- und milieugeschichtlichen Bedingungen der Predigtrezeption liefern oder auch auf die öffentliche Wahrnehmung der Predigtpersonen, auf sozio-kulturell bedingte Veränderungen von Predigtinhalten, auf den Wandel der Hörerbilder etc. – Zur empirischen Erforschung der Predigtrezeption vgl. *T. Theo J. Pleizier*, Religious Involvement in Hearing Sermons. A Grounded Theory Study in Empirical Theology and Homiletics, Delft 2010 wie auch *Sieghard Gall / Helmut Schwier*, Predigt hören im konfessionellen Vergleich (Heidelberger Studien zur Predigtforschung 2), Berlin 2013.

es ständig kundgetan werde. Doch heute hat die Verachtung des Wortes längst auf die Predigt durchgeschlagen. Heute wird aus der Bibel möglichst wenig zitiert, sondern von der Kanzel herab Sozialtherapie betrieben. […] Das Enttäuschendste an Weihnachten ist ja alle Jahre wieder eine Weihnachtspredigt, die nicht der Glaubenskontroverse, sondern bloß der feierlichen Selbstvergewisserung und der kollektiven Seelenwellness dient. Sie beginnt gerne mit einem Seufzer der Erleichterung, dass der Adventsstress nun vorbei und der Stern von Bethlehem aufgegangen sei, sie erzählt Marias Niederkunft im Stall wie ein uraltes Kindermärchen, das angeblich trotzdem aktuell sei, und endet irgendwie mit einer Friedensbotschaft. […] Ein Ritual, das seinen wahren Zweck verfehlt: Vergegenwärtigung des Evangeliums. Übersetzung des Heilsgeschehens in die Sprache unserer Zeit. Problematisierung des Glaubens. Kritik an den politischen Verhältnissen aus religiöser Perspektive. Vision eines modernen Lebens nach christlichem Vorbild. Und nicht zuletzt Missionierung durch die Kraft des Intellekts«.

Um solche Predigten halten zu können, benötigt man allerdings Zeit, Muße, Bereitschaft zum Tiefgang und, so Finger, »einen triftigen Predigtgrund. Äußere Anlässe wie Weihnachten gelten hier nicht, politische Impulse genügen nicht, weltliche Kritik an Umweltverschmutzung, Kinderarmut, Krieg findet schon in der Zeitung statt, und Exegese ist ja nur Mittel zum Zweck. Aber zu welchem? Die Frage bleibt meist unbeantwortet«.

Die im Folgenden vorgelegten Überlegungen stellen den Versuch dar, eben diese Frage zu beantworten: Warum ist zu predigen? Welchen Grund hat die Predigt? Und welchen Zweck? Welches Ziel verfolgt sie? Welche Absicht liegt ihr zugrunde? Was ist ihre Intention? Und wie lassen sich Absicht, Zweck und Ziel der Predigt sachgemäß im und aus dem Inhalt des Christentums begründen? Denn – so die Grundannahme – die Frage nach Absicht und Zweck der Predigt erledigt sich nicht im Akt des Predigtvollzugs gleichsam von selbst.[2] Sie bedarf eines eigenständigen Reflexionsgangs. Dieser hat sowohl die Predigt als Praxis der Kirche als auch die je individuelle Predigt in den Blick zu nehmen sowie religionshermeneutische und ekklesiologische Perspektiven aufeinander zu beziehen.[3]

---

[2]   Im Rahmen eines homiletischen Lehrbuchs wurde dieser Sachverhalt ausführlich gewürdigt bei *Peter Bukowski*, Predigt wahrnehmen. Homiletische Perspektiven, Neukirchen-Vluyn ⁴1999, 48ff. und auch bei *Frank Thomas Brinkmann*, Praktische Homiletik. Ein Leitfaden zur Predigtvorbereitung, Stuttgart 2000, 29ff.

[3]   Wenn im Folgenden von »der Predigt« die Rede ist, so ist stets die Predigt als Praxis der Kirche und als je individuelle Handlung gemeint. Ich bin mir bewusst, dass hinter »der Predigt« stets handelnde Personen stehen, nämlich Prediger und Predigerinnen. Wenn im Folgenden die männliche Form gesetzt ist, sind selbstverständlich die Predigerinnen immer mitgemeint. Das »Wir« im Titel dieses Buches bezieht sich ebenfalls auf diesen doppelten Sachverhalt, dass die Predigt eine Praxis und wesentliche Lebensäußerung der Kirche ist, die stets der konkreten Personen bedarf. Der Bezugspunkt der Überlegungen ist im Folgenden die volkskirchliche, sonntägliche Gemeindepredigt.

Die folgenden Überlegungen setzen also auf zwei Grundannahmen auf: Erstens ist die Predigt eine religiöse Rede. Als Rede ist sie eine intentionale Handlung. Zweitens erfolgt die Rede in einem sozialen Kontext, nämlich im Gottesdienst der Kirchen. Sie stellt eine wesentliche Lebensäußerung und Handlungsform der christlichen Kirchen, insbesondere der protestantischen Kirchen dar. Beide Momente werden im Folgenden ausführlich verhandelt. Die Frage nach Absicht und Zweck der Predigt wird hier als eine Frage begriffen, die einer fundamentalhomiletischen Grundlegung und einer materialhomiletischen Entfaltung bedarf.

Was aber ist gemeint, wenn von Absicht und Zweck beziehungsweise Ziel einer Rede gesprochen wird? Die entsprechenden Begriffe der antiken Rhetorik – τέλος und »finis« – werden in den einschlägigen Wörterbüchern einerseits unter dem deutschsprachigen Lemma »Zweck, Zweckmäßigkeit« verhandelt. Die Rede vom »Ziel« wird als Äquivalent angezeigt.[4] Anderseits werden die Begriffe τέλος und »finis« auch unter dem Lemma »Absehen« geführt, dort mit den Bedeutungsgehalten Redeziel, Zweck und Wirkungsabsicht.[5] Das substantivierte Infinitiv »Absehen« wiederum war bis ins 17. Jahrhundert die Übersetzung des lateinischen Terminus »intentio«. Danach kam das Nomen »Absicht« in Gebrauch. Das verbindende Moment zwischen Absicht, Zweck oder Ziel einer Rede ist also der Aspekt der Intentionalität. Diese hat vor allem bei Cicero und Augustin zwei Aspekte: einmal die »willentliche Ausrichtung des Handelns auf einen Zweck« und zum anderen die entsprechende »Aufmerksamkeit«[6] auf diesen Zweck. Zur Absicht einer Rede gehört also einerseits die Klärung des Zweckes derselben, sodann der Wille, dieses Ziel auch zu erreichen und zum dritten die Diskussion und Wahl der dafür adäquaten Mittel. Die Absicht erweist sich daher als das »sinnstiftende Bezugszentrum jeder intentionalen Sprachgestaltung«.[7] Als solches schließt sie mehrere Perspektiven ein, nämlich »das funktionale Zusammenspiel der einzelnen Elemente in den seit der Antike tradierten rhetorischen bzw. poetologischen Lehrgebäuden vom vorausgesetzten Idealbild des Redners

---

4 Vgl. *Carlos Spoerhase / Christopher van den Berg*, Art. Zweck, Zweckmäßigkeit, in: HWR 9 (2009), Sp. 1578–1583.
5 Vgl. *Robert Pichl*, Art. Absehen, in: HWR 1 (1992), Sp. 11–21. – Auch innerhalb der Philosophie stellt die Frage nach den Zwecken ein Zentralproblem dar. Dabei werden Zwecke und Ziele (u.a. τέλος, σκοπός, finis, intentio, propositum, destinatum etc.) aufgrund des beiden gemeinsamen Aspektes der Intentionalität zusammenfassend behandelt. Vgl. *Thomas Sören Hoffmann*, Art. Zweck, Ziel in: HWP 12 (2004), Sp. 1486–1510; dort v.a. den prägnanten Eröffnungssatz: »Die Lemmata ›Ziel‹ und ›Zweck‹ […] führen historisch wie systematisch auf ein philosophisches Großthema, das theoretische und praktische Philosophie gleichermaßen zentral betrifft, aber auch in die Ästhetik, die Hermeneutik, die Wissenschaftstheorie und andere philosophische Teil- oder Randdisziplinen hinein bis in die Gegenwart ausstrahlt«. Beiden Lemmata eigne »ein Aspekt der Intentionalität« (1486).
6 *Roland Bernecker*, Art. Intention, in: HWR 4 (1998), Sp. 451–459, 452.
7 *Pichl*, Art. Absehen, Sp. 12.

[...] über die Phasen der Textproduktion, die entsprechend der an der Affektenlehre orientierten officia oratoris eingesetzten sprachlichen Mittel bis zu den damit intendierten Wirkungs- und Rezeptionsmöglichkeiten«.[8] Genau in diesem umfassenden Sinn soll hier nach der Absicht der Predigt gefragt werden. Die Begriffe Intention, Zweck und Ziel werde ich daher äquivok zur Rede von der Absicht verwenden. Dies scheint mir im Hinblick auf das Interesse dieses Bandes und die hier leitenden und oben skizzierten Fragestellungen vertretbar.

Wird speziell nach der Absicht und Ziel der Predigt gefragt, so schließt diese immer auch die Frage nach der Funktion der spezifischen Redegattung »Predigt« ein.[9] Die Predigt ist als eine Redegattung in einem besonderen Kontext, mit einer spezifischen Argumentationslogik und einem prägnanten Inhalt zu verstehen. Zu denken ist an den Bezug der Predigt auf die christliche Religion mit ihren durch die Tradition überlieferten Sinndeutungsgehalten, der liturgische Kontext und der Bezug auf die Kirche als die Gemeinschaft der Gläubigen. Dieser besondere Charakter der Predigt ist bei der Frage nach der Absicht derselben zu berücksichtigen.[10]

Vor diesem Hintergrund lässt sich die Frage nach der Absicht der Predigt bereits im Vorfeld noch weiter präzisieren. Denn zu den Spezifika der Redegattung »Predigt« gehört die deutliche Unterscheidung zwischen Absicht und Wirkung.[11] Als Rede hat die Predigt eine Wirkungsabsicht. Sie zielt auf eine Wirkung, nämlich den Glauben. Aber diese Wirkung ist der Predigt unverfügbar.[12] Diese Unterscheidung ist eine wesentliche Pointe des evangelischen Predigtbegriffs, bildet sie doch den heilstheologischen

---

[8] Ebd.

[9] Vgl. *Spoerhase / van den Berg,* Art. Zweck, Zweckmäßigkeit, Sp. 1579, die von der »einzulösende[n] Gattungsfunktion« sprechen.

[10] Vgl. bereits den Hinweis bei Philipp Melanchthon, dass es nützlich sei, »die Gattung zu erkennen und zu durchschauen, weil, wenn man die Gattung erkannt hat, der Redezweck klar wird, d.h. die Hauptabsicht, die Hauptargumente, oder, um es anders zu sagen, das Redeziel. Denn das Wichtigste bei jedem Text in allen Angelegenheiten ist es, den Zweck zu kennen, d.h. zu wissen, welcher Nutzen zu erwarten ist« (zit. a.a.O., Sp. 1581). Vor diesem Hintergrund hat Michael Meyer-Blanck als viertes, predigtspezifisches genus dicendi das genus liturgicum als genus performativum vorgeschlagen (vgl. *Michael Meyer-Blanck,* Gottesdienstlehre [Neue Theologische Grundrisse], Tübingen 2011, 470).

[11] Den Zusammenhang von Absicht und Wirkung der Predigt in pragmatischer Hinsicht hat ausführlich dargestellt *Frank M. Lütze,* Absicht und Wirkung der Predigt. Eine Untersuchung zur homiletischen Pragmatik (APrTh 29), Leipzig 2006. Vgl. in rhetorischer Hinsicht auch *Andreas Hetzel,* Die Wirksamkeit der Rede. Zur Aktualität klassischer Rhetorik für die moderne Sprachphilosophie (Sozialphilosophische Studien 2), Bielefeld 2011.

[12] Anders die Verwendung des Begriffes der Wirkung bei *Reiner Preul,* Die Wirkung der Predigt. Bemerkungen zu einem vernachlässigten Aspekt, in: *ders.*, Die soziale Gestalt des Glaubens. Aufsätze zur Kirchentheorie (MThSt 102), Leipzig 2008, 283–287, 286.

Vorbehalt nach Confessio Augustana (CA), Art. V ab: »Solchen Glauben [gemeint ist der Rechtfertigungsglaube, wie er in CA IV entfaltet wird; RC] zu erlangen, hat Gott das Predigamt eingesetzt, Evangelium und Sakrament geben, dadurch er als durch Mittel den heiligen Geist gibt, welcher den Glauben, wo und wenn er will [ubi et quando visum est Deo], in denen, so das Evangelium hören, wirket«. Die Predigt zielt auf Glauben, und sie ist für den Glauben unhintergehbar. Aber sie wirkt diesen Glauben nicht.[13] Absicht und Zweck einerseits und Wirkung andererseits sind zu unterscheiden. Rückt dagegen die Wirkung der Predigt in das Zentrum entsprechender rhetorischer oder ästhetischer Überlegungen,[14] so besteht die Gefahr, dass dieser pneumatologische Vorbehalt methodisch übergangen wird und wahrnehmungstechnisch verloren geht. Dann wird der Reflexion auf die Mittel zur Erreichung der Absicht eine sachunangemessene Stellung eingeräumt. Dem hat bereits Schleiermacher pointiert widersprochen: »Die religiöse Rede soll überhaupt nicht Mittel sein und ihr Zwekk ist nur den Geist der eigenen Kirche lebendig zu erhalten«.[15]

Damit bleibt die Frage nach der Wirkung der Predigt im Wissen um die Unverfügbarkeit der Glaubenskonstitution in den Bereich des göttlichen Handelns gewiesen.[16] Eine prägnante Unterscheidung zwischen Absicht und Zweck der Predigt einerseits und deren Wirkung andererseits, ermöglicht, die Differenz von göttlichem Wirken und menschlichem Handeln erkennbar zu halten und damit auch den Unterschied »zwischen

---

[13] Reiner Preul verbindet die Unterscheidung von Zweck (das, was von Menschen ausgerichtet werden kann) und Wirkung der Predigt (das unverfügbare Moment) mit Luthers Unterscheidung von äußerer und innerer Klarheit der Schrift. Vgl. *Reiner Preul*, Kommunikation des Evangeliums unter den Bedingungen der Mediengesellschaft, in: *ders.*, Die soziale Gestalt des Glaubens. Aufsätze zur Kirchentheorie (MThSt 102), Leipzig 2008, 65–103, 67.

[14] Die Wirkung einer Predigt ist nicht mit ihrer Rezeption identisch. Vgl. *Andreas Böhn*, Art. Wirkung, in: HWR 9 (2009), Sp. 1377–1381, 1379.

[15] *Friedrich Schleiermacher*, Die praktische Theologie nach den Grundsäzen der evangelischen Kirche im Zusammenhange dargestellt, aus Schleiermachers handschriftlichem Nachlasse und nachgeschriebenen Vorlesungen hg. v. *Jacob Frerichs*, SW I /13, Berlin 1850, Nachdruck Berlin / New York 1983, 209.

[16] Diesen Sachverhalt hat Ernst Lange in der Unterscheidung von »Einverständnis« und »Verständigung« prägnant festgehalten. »Der homiletische Akt ist eine Verständigungsbemühung. Gegenstand dieser Bemühung ist die christliche Überlieferung in ihrer Relevanz für die gegenwärtige Situation des Hörers und der Hörergemeinde. Die Verheißung dieser Verständigungsbemühung ist das Einverständnis und die Einwilligung des Glaubens in das Bekenntnis der christlichen Kirche, daß Jesus Christus der Herr sei, und zwar in der zugespitzten Form, daß er sei *mein* Herr in je meiner Situation. Der homiletische Akt verfügt nicht über diese seine Erfüllung. Er hat aber ein Ziel, ein erreichbares Ziel, er hat eine Funktion. Seine Funktion ist die *Verständigung* mit dem Hörer über die gegenwärtige Relevanz der christlichen Überlieferung« (*Ernst Lange*, Zur Theorie und Praxis der Predigtarbeit, in: *ders.*, Predigen als Beruf. Aufsätze zu Homiletik, Liturgie und Pfarramt, hg. u. mit einem Nachwort v. *Rüdiger Schloz*, München 1982, 9–51, 20, Hervorh. im Orig.).

Gabe und Aufgabe«.[17] Die Predigt schafft nicht die Wirklichkeit, von der sie spricht und auf die sie verweist. Sie ist vor dem Hintergrund der reformatorischen Unterscheidung von göttlichem und menschlichem Handeln und im Sinne einer aufgeklärten protestantisch-religiösen Lebenserfahrung weniger als ein effektives, sondern vielmehr als ein hinweisendes und darstellendes Geschehen zu beschreiben.

Der heilstheologische Vorbehalt markiert also eine Grenze des Methodischen in religiösen Angelegenheiten. Die Wirkung der Predigt verhält sich zu Können, Willen, Talent und Ausbildung der Predigtpersonen erfolgsindifferent. Gegen alle praktisch-theologischen, kirchenleitenden und kirchenpolitischen Sichtbarkeitssteigerungsambitionen und den entsprechenden Programmen hält die Einsicht in die Unverfügbarkeit der Predigtwirkung den Gedanken der unsichtbaren Kirche wach. Daher lässt sich die intendierte Wirkung nicht umstandslos mit dem Zweck und Ziel der Predigt in eins setzen. Dann nämlich würde man das Nicht-Machbare zum Ziel erheben und wäre mehr oder weniger gezwungen, dieses dann methodisch operationalisierbar zu machen.[18] Dies führt entweder zur Überlastung oder Selbstüberschätzung nach dem Motto: Meine Predigt erreicht, was ich will. Sie überzeugt. Das Nicht-Machbare Sonntag für Sonntag machen zu sollen und zu wollen, kann sowohl narzisstischen Selbstbildern wie desinteressierter Resignation Vorschub leisten. Völlig zu Recht hat bereits vor 100 Jahren der Heidelberger Praktische Theologe Heinrich Bassermann formuliert: »Indem wir uns auf das Mögliche konzentrieren, können wir wenigstens hoffen, *dieses* wirklich zu machen«.[19] Selbstbescheidung und Selbstdistanzierung erweisen sich als homiletische Tugenden. Die hier traktierte Frage nach der Predigtabsicht ist als eine solche Frage nach dem Möglichen zu verstehen. Denn die Unterscheidung von Absicht und Wirkung der Predigt entbindet die Predigt gerade nicht davon, ein Ziel zu verfolgen und das Mögliche zu wollen.

Im Folgenden soll der Frage nach der Absicht der Predigt in vier Kapiteln nachgegangen werden: Zunächst werde ich diese Frage in den Kontext der homiletischen Debatte der zurückliegenden Jahrzehnte einzeichnen. Im Spannungsfeld von ästhetischen und rhetorischen Perspektiven, die

---

[17] *Albrecht Beutel*, In dem Anfang war das Wort. Studien zu Luthers Sprachverständnis (HUTh 27), Tübingen 1991, unveränderte Studienausgabe 2006, 471.
[18] In diese Richtung weisen partiell die homiletischen Überlegungen in den frühen Texten Karl Barths. So vor allem die berühmte Formulierung: »Wir sollen als Theologen von Gott reden. Wir sind aber Menschen und können als solche nicht von Gott reden. Wir sollen Beides, unser Sollen und unser Nicht-Können, wissen und eben damit Gott die Ehre geben. Das ist unsre Bedrängnis. Alles Andre ist daneben Kinderspiel« (*Karl Barth*, Das Wort Gottes als Aufgabe der Theologie [1922], in: Karl Barth Gesamtausgabe, 3. Vorträge und Kleinere Arbeiten 1922–1925, Zürich 1990, 144–175, 151, im Orig. teilw. hervorgeh.).
[19] *Heinrich Bassermann*, Zweck und Wirkung der evangelischen Kultuspredigt (1894), jetzt in: *ders.*, Beiträge zur praktischen Theologie. Gesammelte Aufsätze und Vorträge, Leipzig, 205–223, 223 (Hervorh. im Orig.).

die homiletische Diskussion bestimmen, soll die Relevanz und hermeneutische Leistungskraft der Frage nach der Predigtabsicht herausgestellt und deutlich markiert werden (Kap. I). In einem zweiten Schritt wird Schleiermachers Predigtverständnis und die von ihm eingeführte Kategorie des »darstellenden Handelns« als Vermittlung zwischen ästhetischer und rhetorischer Bestimmung der Predigt erörtert. Schleiermachers Predigtverständnis integriert und fundiert die Frage nach Absicht und Zweck der Predigt beziehungsweise des Gottesdienstes in ein konsistentes religiöstheologisches Theoriekonzept. Denn Schleiermachers Predigtverständnis ergibt sich aus seinem Verständnis der Religion. Dieses aber kann nur angemessen und sachgemäß verstanden werden, wenn sein Verständnis der Kirche und der Dogmatik einbezogen werden. Schleiermachers Bestimmung der Predigt wird daher mit seiner Bestimmung von Religion, seinem Verständnis von Kirche und dem Verständnis von Dogmatik verknüpft. Aus Gründen, die unten erläutert werden, werde ich bei letzterem den Schwerpunkt auf die Christologie legen. Diese Trias bildet die Einsicht ab, dass die christliche Frömmigkeit zwei »Konstitutionsmerkmale« kennt – »Christusbezug und Kirchenbezug«.[20] Die Frage nach der Predigtabsicht wird also in dreifacher Hinsicht näher bestimmt, nämlich als eine Frage, die religionstheoretisch zu fundieren, ekklesiologisch zu entfalten und christologisch zu spezifizieren ist. Der Rückgriff auf Schleiermacher erfolgt in der Einsicht, dass die historisch-systematische Bearbeitung praktisch-theologischer Problem- und Fragestellungen wesentliche Erkenntnisperspektiven freizulegen vermag. In historischer Perspektive werden die gegenwärtigen Probleme und Fragen auf Gründe zurückgeführt,[21] in systematischer Perspektive lassen sie sich im interdisziplinären Verbund der Theologie hermeneutisch diskutieren (Kap. II). Im dritten Kapitel folgen Überlegungen zur Frage, welche Konsequenzen sich aus der Bestimmung der Predigt als religiöse Rede und ihrem Kirchen- und Christusbezug im Hinblick auf die Predigtinhalte ergeben? Hier geht es um den konstitutiven Zusammenhang von Predigtabsicht und Predigtinhalt. Was die Predigt will, ergibt sich aus ihren Inhalten und ist in Bezug auf diese zu diskutieren. (Kap. III). Das abschließende Kapitel greift dann

---

[20] *Ulrich Barth*, Sichtbare und unsichtbare Kirche. Die Tragweite von Luthers ekklesiologischem Ansatz (2008), jetzt in: *ders.*, Kritischer Religionsdiskurs, Tübingen 2014, 1–51, 44. – Die Einsicht, dass Frömmigkeit im Anschluss an Schleiermacher durch Kirchenbezug und Christusbezug konstituiert wird, ist innerhalb der Systematischen Theologie nicht neu. Die hier vorgetragenen Überlegungen stellen den Versuch dar, diese Einsicht für die Homiletik fruchtbar zu machen.

[21] Wenn man nämlich »von der Praktischen Theologie mehr erwartet als Beiträge zur Kulturgeschichte des Christentums und zur Diagnose der eigenen Zeit, dann wird man versuchen wollen, die beobachteten Phänomene zumindest auf Gründe zurückzuführen« (*Martin Weeber*, Protestantische Predigtkultur. Über die Erschließungskraft eines komplexen Begriffs, in: Kontrapunkte. Katholische und protestantische Predigtkultur, hg. v. *Erich Garhammer / Ursula Roth / Heinz-Günther Schöttler* [ÖSP 5], München 2005, 322–331, 325).

Schleiermachers Bestimmung der Predigt als darstellendes und damit der Kunst verbundenes Handeln auf und stellt Überlegungen vor, ob und wie sich die Predigtabsicht vor dem Hintergrund des bis dahin Entwickelten mit der hermeneutischen Kategorie der »Erhellung« fassen lässt und welche formalen Möglichkeiten sich hierbei ergeben. Hier geht es um den Zusammenhang von Predigtabsicht und Predigtform (Kap. IV). Insgesamt steht hinter den hier vorgestellten Überlegungen die leitende Annahme, dass die Predigt eine hermeneutische Aufgabe und die Homiletik eine theologisch-hermeneutische Disziplin ist, die der historisch-systematischen Reflexion bedarf.

I. Die Frage nach der Predigtabsicht in der jüngeren homiletischen Diskussion: Von der Rhetorik zur Ästhetik und wieder zurück?

In einem ersten Schritt wird die Frage nach der Predigtabsicht in die jüngere homiletische Diskussion eingezeichnet. Auf diesem Weg soll ihre Relevanz und ihre hermeneutische Leistungskraft herausgearbeitet werden. Die jüngere Homiletik lässt sich als ein Wechselspiel zwischen rhetorischen und ästhetischen Diskursen beschreiben.[22] Diese Diskurse lassen sich in der Frage, was die Predigt denn will, worin ihre Absicht besteht und welchen Zweck sie verfolgt, zusammenführen. Die jüngeren Diskussionen sollen also unter der Perspektive der Wiederentdeckung des rhetorischen Erbes (1.), der sogenannten »ästhetischen Wende« (2.) und der aktuellen Rückkehr zur Rhetorik (3.) dargestellt werden. Dieser schematisierte Zugriff mag zwar die Gefahr von Vereinfachungen in sich bergen; andererseits bietet er mindestens eine doppelte Chance: Erstens können länger- und mittelfristige Perspektiven und Entwicklungslinien sichtbar gemacht werden. Zweitens kann die Kritik von Hans Martin Müller, dass in der jüngeren Homiletik »in der Regel nicht mehr eine geschlossene Systematik der Predigt gesucht oder aufgestellt [werde], sondern die Homiletik [...] sich in die Behandlung von Einzelproblemen«[23] aufgelöst habe, in Ansätzen eingefangen werden, indem die kritisierten Einzelentwicklungen auf im Hintergrund stehende Theoriekonzepte und theologische und hermeneutische Vorentscheidungen befragt werden.

---

[22] Als Überblick über die jüngeren homiletischen Entwicklungen vgl. u.a. *Wilfried Engemann*, Homiletische Literatur zu Beginn des 21. Jahrhunderts. Schwerpunkte, Problemanzeigen und Perspektiven, in: ThR 75 (2010), 163–200.304–341; *Albert Biesinger*, Literaturbericht, in: ThQ 186 (2002), 336–342; *Ruth Conrad / Martin Weeber* (Hg.), Protestantische Predigtlehre. Eine Darstellung in Quellen (UTB 3581), Tübingen 2012, 255–258; den Stand bis zur Jahrtausendwende bieten dar *Uta Pohl-Patalong / Frank Muchlinsky* (Hg.), Predigen im Plural. Homiletische Aspekte, Hamburg 2001. Für die aktuelle Diskussion siehe die Selbstporträts in: *Lars Charbonnier / Konrad Merzyn / Peter Meyer* (Hg.), Homiletik. Aktuelle Konzepte und ihre Umsetzung, Göttingen 2012.
[23] *Hans Martin Müller*, Art. Homiletik, in: TRE 15 (1986), 526–565, 552. Vgl. hierzu auch *Albrecht Haizmann*, Integrierte Homiletik. Die Einheit der Predigtlehre im Begriff des Handelns, in: IJPT 11 (2007), 234–254, 234–238. Henning Schröer hat für diesen Sachverhalt den Begriff der »Adverb-Homiletik« geprägt. Vgl. *ders.*, Von der Genitiv-Theologie zur Adverb-Homiletik. Zu den Tendenzen gegenwärtiger Predigtlehre, in: ThPr 17 (1982), 146–156.

1. Die Predigt als dialogisches Geschehen und die Wiederentdeckung des rhetorischen Erbes seit den späten 1960ern

Der 22. September 1967 kann mit Fug und Recht als eine Sternstunde der Homiletik bezeichnet werden. Bekanntlich hielt an diesem Tag Ernst Lange (1927–1974) auf einer homiletischen Arbeitstagung in Esslingen, die in die Gründung der »Predigtstudien« mündete, den Vortrag »Zur Theorie und Praxis der Predigtarbeit«.[24] Die langfristige Wirkung dieses Vortrags kann kaum überschätzt werden. Auch in aktuellen Entwürfen findet er positive Rezeption.[25] Lange ordnet die Predigt in den vielschichtigen und vielgestaltigen Gesamtprozess der »Kommunikation des Evangeliums«[26] ein und kontextualisiert sie damit in den Bereich der zwischenmenschlichen Kommunikation, deren Möglichkeiten wie Bedingungen. Damit spielt Lange die kommunikationstheoretische und implizit auch die rhetorische Perspektive gegenüber dem zeitgenössisch dominanten Verkündigungsparadigma wieder in den homiletischen Diskurs ein. Gegenüber der monologischen Tendenz, welche dem Verkündigungsbegriff in bestimmten Konzeptionen eigen ist, hebt Lange stärker die dialogische Struktur der Predigt hervor, wobei seine Vorstellung von Dialogizität durchaus kritisch hinterfragt werden könnte: »Predigen heißt: Ich rede mit dem Hörer über sein Leben – im Licht der Verhei-

---

24 *Lange*, Theorie und Praxis der Predigtarbeit sowie *ders.*, Zur Aufgabe christlicher Rede, in: *ders.*, Predigen als Beruf. Aufsätze zu Homiletik, Liturgie und Pfarramt, hg. u. mit einem Nachwort v. *Rüdiger Schloz*, München 1982, 52–67. – Zur Predigttheorie Ernst Langes sowie seinen damit verbundenen kirchentheoretischen Überlegungen siehe *Wilhelm Gräb*, »Ich rede mit dem Hörer über sein Leben«. Ernst Langes Anstöße zu einer neuen Homiletik, in: PTh 86 (1997), 498–516; *Volker Drehsen*, Predigtlegitimation im homiletischen Verfahren: Ernst Lange, in: *Christian Albrecht / Martin Weeber* (Hg.), Klassiker der protestantischen Predigtlehre. Einführungen in die homiletischen Theorieentwürfe von Luther bis Lange (UTB 2292), Tübingen 2002, 225–246 sowie *Jan Hermelink*, Die homiletische Situation. Zur jüngeren Geschichte eines Predigtproblems (APTh 24), Göttingen 1992.
25 Deutlich bei *Wilhelm Gräb*, Predigtlehre. Über religiöse Rede, Göttingen 2013.
26 *Lange*, Theorie und Praxis, 11. In der Zwischenzeit hat diese Formulierung eine steile Karriere innerhalb der Praktischen Theologie hinter sich. So z.B. zentral bei *Wilfried Engemann*, Personen, Zeichen und das Evangelium. Argumentationsmuster der Praktischen Theologie (APrTh 23), Leipzig 2003 sowie zuletzt *Christian Grethlein*, Praktische Theologie, Berlin/Boston 2012, bes.135ff. Mittlerweile wird zu Recht angefragt, ob der nahezu inflationäre Gebrauch dieser Formulierung nicht zur semantischen wie inhaltlichen Verunklarung geführt hat. Vor allem im Hinblick auf die Frage nach der Predigtabsicht scheint mir diese Beobachtung wichtig. So beispielsweise Wilfried Engemann inzwischen nachdenkenswerte Weiterentwicklungen vorgelegt, indem er stattdessen von einem ›Leben aus Glauben in Freiheit und Liebe‹ spricht (vgl. *ders.*, Einführung in die Homiletik, 2., vollständig überarbeitete u. erweiterte Aufl. [UTB 2128], Tübingen/Basel 2011, 418ff.). – Zur Rezeption kommunikationswissenschaftlicher Erkenntnisse in der Homiletik siehe *Albrecht Grözinger*, Homiletik (Lehrbuch Praktische Theologie 2), Gütersloh 2008, 80ff.

ßung«.[27] Damit kommen Prediger und Hörer – zumindest partiell – als empirische Subjekte in den Blick. Ihre Lebenserfahrung und Weltdeutung wird relevanter Bestandteil des Predigtgeschehens sowohl in Vorbereitung wie auch Durchführung. War im Rahmen der Wort-Gottes-Theologie und der dort angestellten homiletischen Überlegungen die Frage nach dem fundamentaltheologisch zu bestimmenden Wesen der Predigt als einer menschlichen Rede von Gott ins Zentrum gerückt, so werden jetzt auf Grund der stärkeren Orientierung am realen Hörer die homiletischen Verfahrensfragen relevant.[28] Ziel der Predigt ist das Einverständnis des Hörers und »die Einwilligung des Glaubens in das Bekenntnis der christlichen Kirche, daß Jesus Christus der Herr sei, und zwar in der zugespitzten Form, daß er sei *mein* Herr in je meiner Situation«.[29] Der Weg zu diesem Einverständnis ist die »Verständigung« über den christlichen Glauben.[30] Einverständnis und damit Wirkung der Predigt werden unter den heilstheologischen Vorbehalt aus CA V (»ubi et quando visum est deo«) gestellt und damit in den Bereich des Unverfügbaren verwiesen. Lange spricht hier von »Verheißung«. Diese entzieht sich menschlicher Verantwortung.[31] Für das Gelingen der »Verständigung« dagegen trägt der Prediger die Verantwortung. Der Prozess der Verständigung lässt sich methodisieren und in ein homiletisches Verfahren überführen. Verständigung stellt »ein erreichbares Ziel« dar.[32]

Zielt die Predigtvorbereitung auf Verständigung mit dem Hörer und nicht auf einseitige monologische Mitteilung christlicher Inhalte, so bewegt sie sich prozesshaft in einem Verstehenszirkel von biblischem Text und gegenwärtiger Situation. Dieser prozesshafte Verstehenszirkel ist der Ort des homiletischen Einfalls (inventio), welcher die Predigtrede strukturiert und organisiert.[33] Dank eines funktionalen Verständnisses des biblischen Textes wird die Bedeutung der Exegese im Kontext der Predigtvorbereitung auch gegenüber damals leitenden homiletischen Program-

---

[27] *Lange*, Aufgabe christlicher Rede, 58. Vgl. auch *ders.*, Aus der »Bilanz 65«, in: *ders.*, Kirche für die Welt. Aufsätze zur Theorie kirchlichen Handelns, hg. u. eingeleitet v. *Rüdiger Schloz* in Zusammenarbeit mit Alfred Butenuth, München 1981, 63–160, 101: »Wir sprechen von Kommunikation des Evangeliums und nicht von ›Verkündigung‹ oder gar ›Predigt‹, weil der Begriff das prinzipiell Dialogische des gemeinten Vorgangs akzentuiert und außerdem alle Funktionen der Gemeinde, in denen es um die Interpretation des biblischen Zeugnisses geht – von der Predigt bis zur Seelsorge und zum Konfirmandenunterricht – als Phasen und Aspekte ein- und desselben Prozesses sichtbar macht«.
[28] Auffällig bleibt, dass sich das Denken Langes in der dogmatischen Tradition der Wort-Gottes-Theologie bewegt.
[29] *Lange*, Theorie und Praxis, 20 (Hervorh. im Orig.). Vgl. oben Anm. 16.
[30] Ebd.
[31] Ebd.
[32] Ebd.
[33] Vgl. hierzu *Volker Drehsen*, Homiletische Recherche, in: Predigtstudien für das Kirchenjahr 2011/2012. Perikopenreihe IV – Erster Halbband, hg. v. *Wilhelm Gräb / Johann Hinrich Claussen / Volker Drehsen* u.a., Freiburg 2011, 9–14.

men behutsam eingegrenzt[34] und durch Fragen der Lebenswelthermeneutik ergänzt. Überlieferung *und* Erfahrung sind für eine gegenwartsrelevante Predigt gleichermaßen konstitutiv, allerdings nicht in additivem Sinn.[35]

Dem Prediger obliegt die Aufgabe der Vermittlung zwischen biblischem Text und jeweils gegenwärtiger Situation. Daher wird, trotz eines dialogischen Grundverständnisses der Predigt, der Prediger ins Zentrum des homiletischen Aktes eingerückt. Es heißt eben: »*Ich* rede ...«, und nicht: »Wir reden über unser Leben«.[36] Wenn nun der Prediger das Evangelium mit der Lebenswelt und dem Erfahrungskontext des Hörers zu »versprechen« hat,[37] so besteht die conditio sine qua non darin, dass er diese Lebenswelt kennt. Entsprechend wird der Pfarrer als »professionelle[r] Nachbar«[38] beschrieben. Er partizipiert realiter am Leben der Hörer, und zwar sowohl an der nahen Lebenswelt als auch am sozio-kulturellen und gesellschaftlichen Gesamtkontext. Der Lektüre des Feuilletons einer anspruchsvollen Tageszeitung eignet die gleiche hermeneutisch-homiletische Erschließungsdignität von Lebenswelt wie der reflexionsgeneigten und arroganzfreien Teilnahme an der Weihnachtstombola des örtlichen Musikvereins.

Langes Überlegungen zum *Wie* dieser Partizipation verlegen diese in die Wahrnehmungsfähigkeit und -bereitschaft der predigenden Pfarrperson sowie in deren intellektuelle und emotionale Aufgeschlossenheit.[39] Partizipation ist eine pastoraltheologische Kategorie und eine lebenspraktische Kompetenz. Sie kann nicht durch wissenschaftliche, empirische For-

---

34 Vgl. z.B. das Diktum: »Die Predigt ist nach Form und Inhalt unter allen Umständen gebunden als Schriftauslegung« (*Hermann Diem*, Neun Sätze zur Lehre von der Predigt, in: *ders.*, Warum Textpredigt. Predigten und Kritiken als Beitrag zur Lehre von der Predigt, München 1939, 6).

35 Vgl. unten Kap. III.1. sowie den gleichnamigen Sammelband *Dietrich Rössler*, Überlieferung und Erfahrung. Gesammelte Aufsätze zur Praktischen Theologie, hg. v. *Christian Albrecht / Martin Weeber* (PThGG 1), Tübingen 2006.

36 Zur Rezeption und Deutung dieser Formulierung bei Gräb siehe unten Anm. 125.

37 Siehe z.B. *Lange*, Theorie und Praxis, 27.

38 *Ernst Lange*, Die Schwierigkeit, Pfarrer zu sein, in: *ders.*, Predigen als Beruf. Aufsätze zu Homiletik, Liturgie und Pfarramt, hg. u. mit einem Nachwort v. *Rüdiger Schloz*, München 1982, 142–166, 165. – Langes homiletische Ideen sowie die im Hintergrund stehende »zweite« empirische Wendung in der Praktischen Theologie stehen in der Tradition von Ansätzen der empirischen Wendung um 1900. Besonders ist hier an die Arbeiten von Paul Drews zu erinnern. Zur Bedeutung der empirischen Wendung um 1900 für die Homiletik vgl. *Ruth Conrad*, Kirchenbild und Predigtziel. Eine problemgeschichtliche Studie zu ekklesiologischen Dimensionen der Homiletik (PThGG 11), Tübingen 2012, 354–363.

39 Vgl. u.a. *Lange*, Theorie und Praxis, 30–32 sowie *ders.*, Der Pfarrer in der Gemeinde heute, in: *ders.*, Predigen als Beruf. Aufsätze zu Homiletik, Liturgie und Pfarramt, hg. u. mit einem Nachwort v. *Rüdiger Schloz*, München 1982, 96–141, bes. 115.

schung ersetzt oder verdrängt werden.[40] Durch lebensweltliche Partizipation wird der Prediger in die Erfahrungswelt der Hörer einverwoben. Er nimmt an dieser teil und vermag sich zu dieser deutend zu verhalten. Durch die Partizipation des Predigers an der Lebenswelt der Hörer wird die Predigt situationsadäquat. Denn sie wird durch die konkrete Hörerschaft und die Situation mitkonstituiert. Es ist die Partizipation an der Lebenswelt der individuellen und konkreten Gemeinde, die die Predigt individuell und konkret und damit authentisch macht. Partizipationsbereitschaft und -kompetenz ist die Voraussetzung der Authentizität der Predigt. Umgekehrt: Authentizität verdankt sich immer auch der Bereitschaft zur vorurteilsfreien Partizipation.

Auch wenn, wie Ernst Lange betont hat, die Predigt ein grundsätzlich dialogisches Geschehen ist, ist ihre Kommunikationsform die monologische Rede. Gert Otto (1927–2005), auf dessen Arbeiten ich mich im Folgenden beschränke,[41] und Manfred Josuttis (*1936)[42] kommt das Verdienst zu, den dialogischen Anspruch der Predigt argumentativ mit ihrer Form als Rede verbunden zu haben. Ihre Heranführung der Homiletik an die Rhetorik lässt sich als Weiterentwicklung Langes und als Wiederentdeckung des verschütteten rhetorischen Erbes der Homiletik lesen. Ausdrücklich verbindet Otto Rede und Dialogizität, indem er – im Anschluss an den Rhetorikentwurf von Adam Müller (1779–1829) – das Gespräch als Grundsituation der Rede benennt.[43] Die Predigt als Rede verdankt sich einer sozialen Situation. Sie ist eine soziale Angelegenheit, denn sie geht aus einem sozialen Kontext hervor, wird durch diesen bedingt, geformt und zielt wirkenwollend auf diesen zurück. Das bedeutet: Was »Inhalt einer Predigt ist, wird immer durch den Hörer mitkonstituiert«.[44] Und weil die Predigt eine Rede ist, zielt sie auf eine bestimmte Wirkung.[45] Rede ist Persuasion[46] und das gilt auch für die Predigt. »Was

---

[40] Es ist m.E. eine bleibende Frage, wie reflektierte Intuition und Einsichten empirischer Forschung in der theologischen Ausbildung und pastoralen Praxis aufeinander zu beziehen sind. Denn weder kann die Relevanz empirischer Untersuchungen übergangen noch die am Ort des Individuums ansässige steuerungs- und reflexionskompetente Intuition und die damit einhergehende praktische Lebenskompetenz diskreditiert werden.
[41] *Gert Otto*, Predigt als Rede. Über die Wechselwirkungen von Homiletik und Rhetorik, Stuttgart/Berlin/Köln/Mainz 1976; ders., Predigt als rhetorische Aufgabe. Homiletische Perspektiven, Neukirchen-Vluyn 1987 sowie ders., Rhetorische Predigtlehre. Ein Grundriss, Mainz/Leipzig 1999.
[42] Vgl. u.a. *Manfred Josuttis*, Rhetorik und Theologie in der Predigtarbeit. Homiletische Studien, München 1985.
[43] Vgl. *Otto*, Predigt als Rede, 23f. Zu Müllers Rhetorikkonzept und dessen Rezeption bei Gert Otto vgl. *Conrad*, Kirchenbild, 25–137.
[44] *Otto*, Predigt als Rede, 38.
[45] Vgl. bes. a.a.O., 39–41.
[46] Otto verweist in diesem Zusammenhang auf die vielfältigen Arbeiten von *Josef Kopperschmidt* (a.a.O., 45). – Zur Herkunft und Tradition des Persuasionsbegriffs vgl. unten die Hinweise bei Anm. 95.

man im Blick auf diese Hörer, in dieser Situation, innerhalb dieser Begrenztheit erreichen und bewirken will – z.b. an Ermutigung oder Trost, an Kritik oder Aufklärung oder Information, an schärferer Einsicht oder hochgestimmter Freude – ist eine der wichtigsten Fragen, die offen oder insgeheim hinter jeder Vorbereitung stehen«.[47] Entscheidend für die Predigt ist, diese Wirkung dem Inhalt angemessen und jenseits manipulativer Wirkabsichten zu bestimmen. Daher sind über die Frage der Wirkung Rhetorik und Homiletik dergestalt mit der Ethik verbunden, dass »die Frage nach *Zielsetzung* und *Begründung* des Redeinhaltes« aufgeworfen bleibt.[48] Was aber ist das Ziel der Predigt? Nach Otto soll sie »dem Hörer Aufschluß geben, über sich oder einen Zustand, Orientierung anbieten, Maßstäbe in die Debatte bringen, die nicht einfach mit immer schon Gewußtem übereinstimmen«.[49]

Ottos Konzeption bringt, wie bereits die Überlegungen Langes, die Homiletik in ein interdisziplinäres Gespräch mit Kommunikationswissenschaften, Linguistik und Soziologie sowie später dann der empirischen Sozial- und Religionsforschung. Die rhetorische Bestimmung der Predigt führt diese heraus aus einem binnentheologischen Ghetto, in welches eine einseitige und verkürzende Fokussierung des Verkündigungsparadigmas unter Umständen führt.

2. Die »ästhetische Wende« in der Homiletik seit den 1980ern

Lässt sich für das Jahr 1967 eine homiletische Sternstunde markieren, so kann das Jahr 1983 als das Jahr der langfristig wirksamen Koalitionswechsel, nicht nur in politischer, sondern auch in homiletischer Hinsicht, gelten, forderte doch Gerhard Marcel Martin (*1942) in seiner Marburger Antrittsvorlesung für die Homiletik – so wörtlich – einen »Koalitionswechsel von der Kommunikationswissenschaft zur Ästhetik«.[50] Freilich geht es Martin um mehr als um einen Koalitionswechsel; anvisiert wird ein grundsätzlicher »Paradigmenwechsel[]«.[51] Den Hintergrund dieser Forderung bildet die Beobachtung, dass das herrschende homiletische »Paradigma« nicht in der Lage sei, die reale Predigtwirkung abzubilden. So gehe die homiletische Theorie zwar davon aus, dass die Predigt wirkungsorientierte Rede sei, verorte diese Wirkung aber vornehmlich im Wandel kognitiver Einstellungen. Die konkrete Predigt entfalte jedoch

---

[47] A.a.O., 27.
[48] A.a.O., 41 (Hervorh. im Orig.).
[49] A.a.O., 51.
[50] *Gerhard Marcel Martin*, Predigt als offenes Kunstwerk? Zum Dialog zwischen Homiletik und Rezeptionsästhetik, in: EvTh 39 (1984), 46–58, 49 (wiederabgedruckt in: *Ruth Conrad / Martin Weeber* [Hg.], Protestantische Predigtlehre. Eine Darstellung in Quellen [UTB 3581], Tübingen 2012, 258–271).
[51] *Martin*, Predigt als offenes Kunstwerk, 57.

ihre Wirkung stärker im emotionalen als im kognitiven Bereich. Predigtwirkung erfolge im Modus freier Assoziation.

Martins Anliegen besteht also zunächst in einer Vermittlung von homiletischer Theorie und konkreter Predigtpraxis. Dieses methodische Vorgehen entspricht in seinen Grundzügen derjenigen Idee, die dem Aufsatz
von Dietrich Rössler (*1927) *Das Problem der Homiletik* aus dem Jahre
1965 zugrunde liegt. Dieser Aufsatz stand seinerzeit im Kontext und in
Verbindung mit den oben beschriebenen Impulsen von Ernst Lange, also
ebenfalls am Beginn einer neuen homiletischen Debattenlage. Rössler
konfrontierte in diesem Aufsatz Predigten von Rudolf Bultmann (1884–
1976) und Otto Weber (1902–1966) mit den damals etablierten homiletischen Theorieansprüchen und kommt zu dem Ergebnis, dass »die etablierte Homiletik nicht Grundlage und Gerüst für die tatsächliche Predigt
bildet«.[52] Offensichtlich verschafft sich das in der Theorie nicht oder nur
unzureichend Reflektierte in der Praxis oft deutlich und wirkungsvoll
Geltung, und die Beobachtung dieser Diskrepanz löst den Impuls zu
neuen Theoriedebatten aus.

Für Martin geht es nun um die Installation eines homiletischen Modells,
»das dem faktischen Aufnahmeprozeß von Predigt mehr entspricht, das
für freie Reaktionen einen offenen Raum vorsieht, das zu Assoziationen
und zur emotionalen Rezeption einlädt«.[53] Der »faktische Aufnahmeprozeß« aber kommt stärker in den Blick, wenn man statt der Produktion
der Predigt ihre Rezeption ins Zentrum der Betrachtung rückt. Das Interesse gilt weniger dem Prediger und dessen rhetorischer Produktionsleistung als dem Hörer und dessen Rezeptionsleistung. Die sogenannte »ästhetische Wende« ist wesentlich eine Wende von Fragen der Produktionsästhetik zu solchen der Rezeptionsästhetik. Steht in produktionsästhetischer Perspektive der Werkprozess und damit der Autor beziehungsweise Künstler im Fokus der Überlegungen und damit die Ursachen, Regeln
und Funktionen der Produktion, so wird in rezeptionsästhetischer Perspektive die Frage der Künstlerintention nachrangig gegenüber dem Prozess der Wahrnehmung, welcher durch das Werk ausgelöst wird. Nicht
dem Künstler, sondern dem Rezipienten gilt das primäre Interesse. Dessen Erwartungshaltung, Verständnis, Bildung, Gemütslage und Geschmack werden Teil der Analyse.

Bezogen auf die Predigt bedeutet das, dass weniger vom »Weg zur Predigt« oder dem »homiletischen Verfahren« die Rede ist. Vielmehr wird
die Predigt im Anschluss an Umberto Eco im »Modell des ›offenen Kunstwerkes‹«[54] beschrieben. Martin interpretiert Ecos Texte schwerpunktmä-

---

[52] *Dietrich Rössler*, Das Problem der Homiletik (1966), jetzt in: *ders.*, Überlieferung
und Erfahrung. Gesammelte Aufsätze zur Praktischen Theologie, hg. v. *Christian Albrecht / Martin Weeber* (PThGG 1), Tübingen 2006, 222–237, 234f.
[53] *Martin*, Predigt als offenes Kunstwerk, 49.
[54] Ebd. Die in diesem Zusammenhang zentralen Texte sind: *Umberto Eco*, Das offene Kunstwerk, Frankfurt a.M. 1977 sowie *ders.*, Lector in fabula. Die Mitarbeit der

ßig dahingehend, dass jedem Kunstwerk die Potentialität einer vielfältig-pluralen Rezeption eigne und es auf die individuelle Rezeption angelegt sei. Auf die Predigt übertragen heißt das: »Predigt als offenes Kunstwerk räumt[...] den Hörern selbst die Gelegenheit ein, ihre Situation in das Predigtgeschehen einzubringen«.[55] Während also in den Ansätzen von Lange und Otto dem Prediger im Prozess der Predigtproduktion die rhetorisch-hermeneutische Aufgabe zugeschrieben wird, die Auslegung des Textes mit der Auslegung der Hörerwelt zu »ver-sprechen« und die Lebens- und Welterfahrungen des Hörers im Sinne eines Gesprächs in die Predigtvorbereitung einzuspielen, wird bei Martin diese Aufgabe an den Hörer zurückgegeben. Der Hörer ist mehr als der Adressat einer durch den Prediger generierten Botschaft, auch wenn diese als Auslegung seiner Lebenswelt beschrieben wird. Er bringt sich vielmehr selbst in das Predigtgeschehen ein, das folglich in seiner Gesamtheit von Produktion und Rezeption zu betrachten ist. Anstatt also die Lebens- und Erfahrungswelt der Hörer möglichst passgenau zu analysieren und homiletische Groß- und Kleinwetterlagen zu kartographieren, um den Hörern anschließend eben diese ihre Welt- und Lebenssituation »im Licht des Evangeliums«[56] zu erklären und zu deuten, geht es Martin in der Predigt um die Eröffnung eines »lebendige[n] Feld[es] denotativer Möglichkeiten«.[57] So wie das Evangelium selbst mehr- und nicht eindeutig ist,[58] weil es auf individuelle Aneignung zielt, genauso ist die Predigt mehrdeutig, freilich nicht beliebig, weil sie, verstanden als »offenes Kunstwerk«, auf die individuelle, persönliche und von hier aus situationsadäquate Aneignung durch den Hörer zielt. Daher muss jede Predigt, darin dem »offenen Kunstwerk« vergleichbar, Leerstellen enthalten, die der Hörer im Rezeptionsvorgang individuell füllen kann. Praktisch umsetzbar sieht Martin dies am ehesten in der Gattung der Homilie, in narrativen Predigten und in offenen homiletischen Formen.

Martin betrat seinerzeit mit seiner Antrittsvorlesung für das Gebiet der Homiletik Neuland. Daher wurde dem Text bereits bei seiner Veröffentlichung in der Zeitschrift *Evangelische Theologie* ein kritischer Diskussi-

---

Interpretation in erzählenden Texten, München 1990. Neben Ecos Texten wurden innerhalb der Homiletik auch die Arbeiten von Wolfgang Iser und Hans Robert Jauß rezipiert. Vgl. z.B. *Wolfgang Iser*, Die Appellstruktur der Texte, in: *Rainer Warning* (Hg.), Rezeptionsästhetik. Theorie und Praxis, München [4]1994, 228–252; *ders.*, Der Akt des Lesens. Theorie ästhetischer Wirkung, München (1964) [4]1994. Siehe hierzu *Hans-Ulrich Gehring*, Schriftprinzip und Rezeptionsästhetik. Rezeption in Martin Luthers Predigt und bei Hans Robert Jauß, Neukirchen-Vluyn 1999. – Eine erste Zwischenbilanz der Rezeption ästhetischer Modelle in der Homiletik bietet der Sammelband *Erich Garhammer / Heinz-Günther Schöttler* (Hg.), Predigt als offenes Kunstwerk. Homiletik und Rezeptionsästhetik, München 1998.
[55] *Martin*, Predigt als offenes Kunstwerk, 49.
[56] *Lange*, Aufgabe christlicher Rede, 58.
[57] *Martin*, Predigt als offenes Kunstwerk, 50.
[58] Bei Martin bleibt offen, was er meint, wenn er von »Evangelium« spricht.

onskommentar von Henning Schröer (1931–2002) zur Seite gestellt:
Umberto Eco als Predigthelfer? Fragen an Gerhard Marcel Martin. Schröer
formuliert – bei grundsätzlichem Wohlwollen – vier Rückfragen: (1.)
Wie ist das Kommunikationsmodell der ästhetischen Kommunikation
theologisch zu fundieren?[59] (2.) Wie lässt sich hermeneutisch differenzier-
ter als bei Martin die Freiheit der Schriftauslegung von einer möglichen
Beliebigkeit derselben unterscheiden? (3.) Die bei Martin gefolgerte Zu-
rückweisung der Skopuspredigt zugunsten der narrativen Predigt und der
Homilie dürfe, so Schröer, nicht zur Rückweisung dessen führen, was
Luther als den Generalskopus der Bibel verstand. »Man kan sonst nicht
predigen quam de Iesu Christo et fide. Das ist generalis scopus«.[60] Dieser
Generalskopus erschließt sich dem Menschen nicht ausschließlich im
Modus der Erzählung, sondern auch im Modus der Lehre, des Bekennt-
nisses und so weiter. Dieser Rückfrage kommt im Rückblick enorme Bedeutung zu, lenkt sie doch den Blick darauf, dass die Frage nach der Absicht der Predigt immer auch christologisch zu bestimmen ist.[61] (4.) Unterbestimmt sieht Schröer bei Martin auch die Bedeutung des Textes für
die Predigt: »Hat er nicht doch einen Richtungssinn?«[62] Es ist also immer
auch zu fragen, welche Funktion der Schrift im Hinblick auf den Wahrheitsanspruch der christlichen Lebensdeutung zugeschrieben wird und
wie die *interpretative* Aufgabe des Predigers detailliert zu bestimmen ist.
Diese beiden Fragen bleiben im Fortgang der Weiterentfaltung rezeptionsästhetischer Modelle in der Homiletik präsent.
Der Impuls von Martin hat den homiletischen Diskurs für literaturwis-
senschaftliche, semiotische, kunsttheoretische und kulturwissenschaftliche
Fragestellungen geöffnet. Er bildet den Auftakt eines bis heute anhalten-
den Diskurses, in welchem der Gedanke, dass die Predigt ein Kunstwerk
sei und dass die Homiletik von Denkfiguren der Ästhetik nachhaltig pro-
fitiere, in unterschiedliche Richtungen weiterentwickelt wurde. In der

---

[59] Diese Frage hat Albrecht Beutel in seinem Beitrag: Offene Predigt. Homiletische
Bemerkungen zu Sprache und Sache, in: PTh 77 (1988), 518–537 näher untersucht
(wiederabgedruckt in: *Ruth Conrad / Martin Weeber* [Hg.], Protestantische Predigtlehre. Eine Darstellung in Quellen [UTB 3581], Tübingen 2012, 272–291). Beutel
führt den Gedanken der konstruktiven Bedeutung der Selbstproduktivität des Hörers
für das Predigtgeschehen auf Luthers hermeneutische Position im Bilderstreit und
damit auf dessen Bestimmung des Verhältnisses von Wort und Glaube zurück. Die
Erkenntnis, »daß erst der Betrachter die Kunstwerke zu dem macht, was sie sind, [ist]
keineswegs ästhetischen Ursprungs« (523). An der Wiege der Rezeptionsästhetik steht
demnach die Reformation in Gestalt des von Luther bestimmten Verhältnisses von
Wort und Glaube. Offene Predigt meint im Anschluss an Luther *öffnende Predigt*,
eine Predigt, die die Wirklichkeit des Glaubens erschließt.
[60] Luthers Werke in Auswahl. Siebenter Band: Predigten, hg. v. *Emanuel Hirsch*,
Berlin 1932, 15, 8–10 (= Cl 7, 15, 8–10).
[61] Vgl. hierzu unten Kap. III.3.
[62] *Henning Schröer*, Umberto Eco als Predigthelfer? Fragen an Gerhard Marcel Martin, in: EvTh 39 (1984), 58–63, 63.

gebotenen Kürze seien einige Modelle einer (rezeptions-)ästhetisch inspirierten Homiletik vorgestellt – nämlich die von Henning Luther, Wilfried Engemann, Albrecht Grözinger und das Programm der sogenannten »Dramaturgischen Homiletik«.[63]

Beginnen wir mit *Henning Luther* (1947–1991), der die Predigt an der Schnittstelle von Sprachhandlung und Textinszenierung verortet und so zwischen rhetorischem und ästhetischem Paradigma zu vermitteln sucht. In seinen homiletischen Beiträgen geht es »zum einen darum, eine *rhetorisch unterwiesene* Homiletik fortzuschreiben, die seit den 1970er Jahren ausgearbeitet worden ist. Zum anderen wird eine *ästhetische Wende* der Homiletik eingeleitet, die sich seit Mitte der 1980er Jahre anbahnt und bis heute die Debatte bestimmt. Beide Stränge kommen nicht ohne Weiteres zusammen, verschränken sich aber an wichtigen Stellen«.[64]
Das *rhetorische* Anliegen H. Luthers tritt dort zu Tage, wo er die Predigt dezidiert als Rede und speziell als Sprachhandlung beschreibt.[65] Er rezipiert hierbei einerseits die sprechakttheoretischen Ansätze unter anderem von John R. Searle (*1932) und greift zugleich auf rhetorische Überlegungen von Franz Theremin (1780–1846) zurück.[66] Vor diesem Hintergrund wird die Predigt als intentionale Handlung bestimmt, die absichtsvoll auf eine bestimmte Wirkung zielt und die zugleich stets in einem bestimmten sozialen Kontext zu verorten ist. Fehlende Wirkung der Predigt wird ursächlich mit fehlender, unspezifischer oder kontraproduktiver Absicht verbunden.[67]
Das *ästhetische* Anliegen Luthers wird dort greifbar, wo er den Modus dieser intentionalen Predigtrede als »Inszenierung« des biblischen Textes beschreibt.[68] Die ästhetische Perspektive in den homiletischen Ausfüh-

---

[63] Die folgende Skizze kann keinerlei Anspruch auf Vollständigkeit erheben. Ausführlichere Darstellungen finden sich bei *Grözinger*, Homiletik, 87ff.
[64] *Kristian Fechtner*, Spätmoderne Predigt. Homiletische Perspektiven im Nachgang zu Henning Luther, in: *ders. / Christian Mulia* (Hg.), Henning Luther. Impulse für eine Praktische Theologie der Spätmoderne (PThe 125), Stuttgart 2014, 114–126, 116f. Zu Luthers Homiletik vgl. auch *Albrecht Grözinger*, Die Predigt soll nicht Antworten geben, sondern Antworten finden helfen. Zum Verständnis der Predigt bei Henning Luther, in: ThPr 27 (1992), 209–218; *Gerhard Marcel Martin*, Homiletik – Ästhetik – Subjektivität. Zu Henning Luthers Predigttheorie und Predigtpraxis, in: PTh 81 (1992), 245–365.
[65] *Henning Luther*, Predigt als Handlung. Überlegungen zur Pragmatik des Predigens (1983), jetzt in: Homiletisches Lesebuch. Texte zur heutigen Predigtlehre, hg. v. *Albrecht Beutel / Volker Drehsen / Hans Martin Müller*, Tübingen 1989, 222–239.
[66] Siehe ausführlich in: *Conrad*, Kirchenbild und Predigtziel, 139–175.
[67] Vgl. *Luther*, Predigt als Handlung, 227.
[68] Vgl. *Henning Luther*, Predigt als inszenierter Text. Überlegungen zur Kunst der Predigt, in: ThPr 18 (1983), 89–100. Siehe auch *ders.*, Spätmodern predigen, in: *ders.*, Frech achtet die Liebe das Kleine. Biblische Texte in Szene setzen. Spätmoderne Predigten, hg. v. *Ursula Baltz-Otto / Kristian Fechtner*, erweiterte Neuausgabe, Stuttgart 2008, 12–16.

rungen Luthers richtet sich also auf den Umgang mit den biblischen Texten in gegenwärtigen Kontexten. Inszenierung ist ein Modus der Interpretation.[69] Es geht um »die Transformation eines biblischen Textes in (s)eine Predigtaufführung als religiöse Rede«[70]. Damit aber bilden rhetorischer und ästhetischer Zugriff auf die Predigt keine Alternative, sondern bedingen und ergänzen sich wie Form und Inhalt. Mit dieser Zuordnung schließt Luther an die homiletischen Arbeiten von Friedrich Niebergall an.[71]

Wilfried Engemann hat die Predigt als einen offenen Zeichenprozess beschrieben und dabei semiotische Einsichten mit homiletischen Fragestellungen verknüpft. Wie grundsätzlich jede menschliche Kommunikation ist die Predigt als ein offener Zeichenprozess auf Interpretation angelegt. »Die Akzeptierung des Zeichencharakters jeder Wahrnehmung [...] schließt die Respektierung der Interpretationsbedürftigkeit und -fähigkeit des Wahrgenommenen ein«.[72] Für die Predigt bedeutet dies: In ihr geht es nicht um eine aktualisierende Wiederholung der Tradition, sondern um die Fortsetzung eines sich immer schon in Gang befindlichen Rezeptionsprozesses. Der Hörer ist Teil einer sich bis in die Gegenwart stetig fortschreibenden Tradition. Im Prozess der Rezeption soll er zu einem eigenen Text gelangen, dem Aure-dit, »das als eine Art Simultan-Interpretation zum Manuskript des Predigers« entsteht.[73] Entsprechend muss die Predigt auf Ergänzung und Fortsetzung angelegt sein. Ihre faktisch immer schon vorhandene Ambiguität – weil der Rezeptionsprozess ein offener ist – ist taktisch anzulegen, wird also produktionsästhetisch relevant.[74] Ent-

---

69 Vgl. *Luther*, Predigt als inszenierter Text, 99.
70 *Fechtner*, Spätmoderne Predigt, 121.
71 Vgl. z.B. den Hinweis bei *Luther*, Predigt als inszenierter Text, 92. Luthers Habilitationsschrift widmete sich ausführlich dem Werk Niebergalls. Vgl. *ders.*, Religion, Subjekt, Erziehung. Grundbegriffe der Erwachsenenbildung am Beispiel der Praktischen Theologie Friedrich Niebergalls, München 1984.
72 *Wilfried Engemann*, Semiotik und Theologie – Szenen einer Ehe, in: *ders. / Rainer Volp* (Hg.), Gib mir ein Zeichen. Zur Bedeutung der Semiotik für theologische Praxis- und Denkmodelle (APrTh 1), Berlin / New York 1992, 3–28, 14; jetzt in: *ders.*, Personen, Zeichen und das Evangelium. Argumentationsmuster der Praktischen Theologie (APrTh 23), Leipzig 2003, 141–163. – Da es sich im Folgenden um die Darstellung einer von Engemann selbst stetig weiterentwickelten Position handelt, wird nach dem jeweiligen Erstabdruck der Texte zitiert. In jüngeren Veröffentlichungen Engemanns, v.a. in der zweiten Auflage der »Homiletik«, tritt der Bezug auf die Semiotik in den Hintergrund.
73 *Wilfried Engemann*, Wider den redundanten Exzeß. Semiotisches Plädoyer für eine ergänzungsbedürftige Predigt, in: ThLZ 115 (1990), 785–798, 788. Bei dem Wiederabdruck des Textes in *ders.*, Personen, Zeichen und das Evangelium. Argumentationsmuster der Praktischen Theologie (APrTh 23), Leipzig 2003, 91–107, wird das »Aure-dit« an der entsprechenden Stelle erläutert als »jener ›Text‹, der im Zuge der Rezeption der Predigt als Versuch ihrer Interpretation entsteht« (94).
74 »Der Begriff der *taktischen Ambiguität* setzt [...] einen Sender voraus, der die seiner Botschaft innewohnende, zunächst passive Eigenschaft, interpretations*fähig* zu

sprechende Strategien sind konstitutiver Bestandteil der Predigtvorbereitung.

Die Notwendigkeit einer deutungsoffenen und interpretationsfähigen Predigt liegt im Ernst des Evangeliums selbst begründet. Die Predigt als Kommunikation des Evangeliums möchte den Menschen auf eine andere, neue, das alltägliche Leben transzendierende Wirklichkeit ansprechen. Sie ist ein umfassender schöpferischer Vorgang.[75] Entsprechend hat sie auch in ihrer Form einen »Erschließungs- und Entscheidungsraum« zu gestalten, in welchen der Hörer sich einfinden kann und der es ihm ermöglicht, sich eigenständig zu positionieren.[76] In jüngeren Texten beschreibt Engemann die Predigtabsicht in Fortführung dieses Konzeptes als Kommunikation von »Möglichkeiten und Chancen, Herausforderungen und Perspektiven eines Lebens aus Glauben« und dies dergestalt, »dass Menschen – sehr grundsätzlich und allgemein formuliert – in ihrer Freiheit bestärkt werden und die Erfahrung von Liebe machen können«.[77] Grundsätzlich verknüpft Engemann Einsichten der Rezeptionsästhetik mit Bultmanns existentialer Hermeneutik und speist damit Anliegen einer kerygmatischen Theologie in den ästhetischen Diskurs der Homiletik ein.

Auch *Albrecht Grözinger* hat innerhalb seines bisherigen Gesamtwerkes kontinuierlich den Bezug zwischen praktisch-theologischen und ästhetischen Fragen gesucht und ebenso integrativ wie produktiv hergestellt. Das Ziel der Predigt bestimmt Grözinger als ein »Wissen um die Seligkeit«.[78] Zu diesem Zweck – hier wird der Bezug auf rezeptionsästhetische Kategorien deutlich – möchte die Predigt »einen Raum der Wahrnehmung eröffnen«.[79] Das, was erschlossen und eröffnet wird, ist der biblische Text. Die Aufgabe des Predigers besteht darin, diesen Erschließungsprozess sprachlich zu gestalten. Die Predigtaufgabe wird also sprach-ästhetisch bestimmt. Grözinger schließt die Predigt an erzähltheo-

sein, nicht als Dilemma empfindet, sondern diese […] inszeniert und dabei in Richtung Interpretations*bedürftigkeit* bestärkt. Das bedeutet für den Hörer, nicht bloß (wie bei der faktisch ambiguitären Predigt) vor der *Möglichkeit* mehrerer Lektüren zu stehen, sondern mehr noch die *Nötigung* zu erfahren, eine (und gegebenenfalls weitere) Lesart(en) zu entwerfen und an der Predigt als einem einmaligen, dabei aber ›offenen Werk‹ auszuprobieren« (*Wilfried Engemann*, Semiotische Homiletik. Prämissen – Analysen – Konsequenzen [Textwissenschaft, Theologie, Hermeneutik, Linguistik, Literaturanalyse, Informatik 5], Tübingen/Basel 1993, 154, Hervorh. im Orig.).
[75] Vgl. *Wilfried Engemann*, Predigt als Schöpfungsakt. Einkehr in die Zukunft – Ankunft in der Gegenwart. Zur Wirkung der Predigt, in: *ders.* (Hg.), Theologie der Predigt. Grundlagen – Modelle – Konsequenzen (APrTh 21), Leipzig 2001, 71–92.
[76] *Wilfried Engemann*, Der Spielraum der Predigt und der Ernst der Verkündigung, jetzt u.a. in: *Erich Garhammer / Heinz-Günther Schöttler* (Hg.), Predigt als offenes Kunstwerk. Homiletik und Rezeptionsästhetik, München 1998, 180–200, 185.
[77] *Engemann*, Einführung, XXI (vgl. auch oben Anm. 26).
[78] *Grözinger*, Homiletik, 160.
[79] A.a.O., 99.

retische Modelle, vor allem von Wolfgang Iser an. Wie in der Literatur geht es in der Predigt darum, »mehr zu entdecken [...] als allein das, was gegenwärtig der Fall ist«.[80] Die Predigt zielt nicht auf eine Verdopplung vorfindlicher Wirklichkeiten und Erfahrungen, sondern auf deren Überschreitung. Vorgängiger Sinn wird in Frage gestellt, neuer Sinn erschlossen. Literarischen Texten vergleichbar setzt die Predigt »uns selbst und unser Selbstverständnis in Bewegung. Diese Bewegung ist nicht beliebig, da sie von den Textsignalen gelenkt wird«.[81] Der Prediger soll diese »Bewegung« sprachlich und in Bezug auf den Text ermöglichen. Der Bezug auf den Text ist in der Predigt daher immer mehr als ein ausschließlich exegetischer. »Die Predigt ist vielmehr gegenüber der Exegese als eine eigenständige Sprachgestalt zu begreifen«.[82] Die Predigt legt den »Text nicht aus, sondern inszeniert ihn in unsere Gegenwart hinein«,[83] so dass sie selbst »ein mehr oder weniger sorgfältig gestaltetes, ein mehr oder weniger gründlich reflektiertes Textgewebe oder Textgespinst« darstellt.[84] Predigt ist Textproduktion und in diesem Sinne mehr und formal anderes als Auslegung eines vorfindlichen Textes. Dabei gibt es nicht nur eine Ähnlichkeit zwischen Predigten und literarischen Texten, sondern auch zwischen der Bibel und literarischen Texten. Auch biblische Texte sind offene Texte.

Starke, wenn auch teilweise ambivalente Resonanz ausgelöst haben *Martin Nicol* und *Alexander Deeg* mit ihrem aus dem englischen Sprachraum eingeführten Modell der Dramaturgischen Homiletik, von ihnen selbst bezeichnet als »interessantes hermeneutisches Gemisch« aus »Iwands Hochschätzung des Textes und einer gehörigen Portion rezeptionsästhetischer Hermeneutik«.[85] Ein wesentliches Anliegen besteht in einer Rehabilitation des Textes gegenüber der Auslegung. Der biblische Text soll innerhalb der Predigt nicht länger unter seiner Interpretation gleichsam begraben werden, sondern in seiner Dignität als Wort Gottes zur Geltung

---

[80] A.a.O., 109.
[81] A.a.O., 111.
[82] A.a.O., 154.
[83] A.a.O., 161.
[84] A.a.O., 136.
[85] *Martin Nicol / Alexander Deeg*, Texträume öffnen, in: Arbeitsstelle Gottesdienst. Zeitschrift der Gemeinsamen Arbeitsstelle für gottesdienstliche Fragen der Evangelischen Kirche in Deutschland 23/2 (2009), 34–40, 38. Zusammenfassend sei hier verwiesen auf *Martin Nicol*, Einander ins Bild setzen. Dramaturgische Homiletik, 2., durchgesehene u. überarbeitete Aufl., Göttingen 2005; *ders. / Alexander Deeg*, Im Wechselschritt zur Kanzel. Praxisbuch Dramaturgische Homiletik, Göttingen 2004; *dies.*, Auf der Schwelle zur Predigt. Was eine Göttinger Predigtmeditation leisten kann, in: GPM 62 (2007), 3–17; *dies.*, Einander ins Bild setzen, in: *Lars Charbonnier / Konrad Merzyn / Peter Meyer* (Hg.), Homiletik. Aktuelle Konzepte und ihre Umsetzung, Göttingen 2012, 68–84. Martin Nicol stellt das Programm ausdrücklich in die Tradition von Gert Ottos rhetorischer Predigtkonzeption (*ders.*, Predigt als Rede. Zur Homiletik von Gert Otto, in: PrTh 42 [2007], 39–48).

kommen.[86] Er ist derjenige »Raum«, in welchem Hörer und Prediger sich begegnen, um sich über den Glauben zu verständigen.[87] Der Hörer und seine lebensweltlichen Erfahrungen stecken also immer schon im Text und müssen nicht in einem interpretatorischen Prozess mit diesem allererst verbunden werden. Im Unterschied zu Ernst Langes Überlegungen sowie neueren homiletischen Theoriemodellen, die an Lange anschließen (zum Beispiel Wilhelm Gräb), werden biblischer Text und Lebenswelt nicht im Modus der Auslegung und Interpretation aufeinander bezogen, sondern finden sich am selben Ort ein und werden weitgehend in eins gesetzt.[88] Dem korrespondiert die metaphorische Rede vom »Preaching from within«.[89]

Eine Hermeneutik der Lebenswelt wird in diesem Programmentwurf ebenso wenig Gegenstand der expliziten Erörterung wie die Frage nach der homiletischen Situation.[90] Denn so wenig es der Eigenart und der

---

[86] Zur Anbindung an die Tradition der Wort-Gottes-Theologie siehe *Nicol*, Einander ins Bild setzen, 23.

[87] Die Rede vom »Textraum« oder bei Deeg auch vom »Klangraum« hat als unverständlich kritisiert *Christian Grethlein*, Mut zu größerer Flexibilität. Die aktuelle Perikopenrevision und viele offenen Fragen, in: DtPfrBl 2 (2014), 77–81, 78.

[88] Kritische Rückfragen an das Konzept der »Dramaturgischen Homiletik« beziehen sich in erster Linie auf die als fehlend monierte Ausarbeitung einer stringenten Idee dessen, was unter »Auslegung« zu verstehen sei und den damit verbundenen Folgefragen bzw. -problemen; u.a. bei *Birgit Weyel*, Der Hörer steckt im Text? Skizze zu einer theologisch-homiletischen Kontroverse, in: Arbeitsstelle Gottesdienst. Zeitschrift der Gemeinsamen Arbeitsstelle für gottesdienstliche Fragen der Evangelischen Kirche in Deutschland 23/2 (2009), 41–48; *Gräb*, Predigtlehre, 292–297 sowie indirekt *Jörg Lauster*, Zwischen Entzauberung und Remythisierung. Zum Verhältnis von Bibel und Dogma (ThLZ.F 21), Leipzig 2008, 22: »Das Insistieren auf der freien Selbstdurchsetzungskraft des göttlichen Wortes hebt einen methodischen Umgang mit den biblischen Texten letztlich aus den Angeln«. – Womöglich spiegelt dieser homiletische Diskurs auch die Folgen des Mangels »an systematisch-theologischen Schriftlehren, welche den Veränderungen produktiv Rechnung tragen, die durch eine historisch-kritische Betrachtung und das Aufkommen des modernen Weltbildes hervorgerufen« wurden (a.a.O., 73).

[89] *Nicol*, Einander ins Bild setzen, 55.

[90] Volker Drehsen hat darauf hingewiesen, dass es in einzelnen ästhetisch inspirierten homiletischen Entwürfen zur Vernachlässigung der Wahrnehmung der homiletischen Situation komme und auf diesem Weg nachteilige Einseitigkeiten im Predigtproduktionsverfahren befördert werden. Die Prediger seien geübt und versiert in der Auslegung der Schrift und in der Rekapitulation theologischer Argumentationsfiguren. Der zweite Brennpunkt des sog. homiletischen Zirkels, die »homiletische Erschließung der Situation«, erfolge dagegen »meist eher unbewusst, weitgehend methodenlos und dilettantisch, schlimmstenfalls ressentimentgeladen, bestenfalls amateurhaft«. Diese Vernachlässigung der homiletischen Situationsanalyse wird von Drehsen ursächlich auf »Tendenzen zur Entrhetorisierung von Predigt und Predigttheorie« bezogen. »Das Postulat, die Gestaltung der Predigt wie auch immer allein aus ihrer bibeltheologischen Eigenlogik heraus zu entwickeln, ist der erklärte Verzicht auf die methodischen Einsichten und Erfahrungen der allgemeinen Rhetorik um den Preis einer Unbestimmtheit homiletischer Situationswahrnehmung. Dagegen versucht das homileti-

Dignität der biblischen Texte adäquat ist, deren Gehalte ausschließlich im Modus der subjektiven, weil durch den Prediger erfolgten Auslegung zugänglich zu machen, ebenso wenig entspricht es dem christlichen Glauben, diesen gleichsam zum Objekt der Predigt zu machen. Wie die hermeneutische und das bedeutet auch auslegende Leistung der Predigt im Eröffnen eines sich selbst immer schon zur Darstellung bringenden Textraumes besteht, so liegt die lebensweltliche Aufgabe der Predigt im Hineinnehmen in die Bewegung des Glaubens, Hoffens und Liebens. Sie ist »gestaltete Bewegung«,[91] und zwar im Modus von Metaphern und Geschichten. Die Predigt fordert nicht, worauf sie zielt, sondern sie bringt dies zur Darstellung. Damit ist sie strukturell und formal den Künsten vergleichbar. Als spezifische *Predigt*kunst ist sie Kunst unter Künsten.[92] Formal suchen Nicol und Deeg die deutlichsten Anleihen für die Predigt bei der Filmkunst, denn wenn Predigen bedeutet, in Bildern zu reden und sich wechselseitig »ins Bild zu setzen«, dann scheint die Filmanalogie naheliegend. Zu einer Predigt gehört also immer ein Doppeltes: erstens die kreative Konzeption derselben in »moves and structures« und zweitens das Moment der Aufführung selbst. Im Moment der Aufführung wird die Predigt zu einem »Ereignis«, in welchem »im Deutehorizont biblischer Worte, Bilder und Geschichten Leben in seiner ganzen Spannweite beglückend oder beunruhigend zur Sprache kommt«[93] und für den Hörer unmittelbare Evidenz entfaltet.[94]

sche Verfahren zur Vorbereitung einer Predigt Anschluss an die rhetorische Lehre der inventio zu finden, die klassischerweise als Lehre von der Auffindung von Argumenten, Stoffen und Inhalten öffentlicher Rede verstanden wird« (*Drehsen*, Homiletische Recherche, 10).

[91] *Nicol*, Einander ins Bild setzen, 25.

[92] Vgl. a.a.O., 16.29–37. – Die damit einhergehende Beschreibung des Arbeitszimmers eines Pfarrers als einem »Atelier« (a.a.O., 111) halte ich freilich für irritierend. M.E. wird damit das Spezifische der Predigtkunst als Arbeit am Gedanken und argumentativer Auseinandersetzung mit Gedanken und Texten (siehe unten Kap. IV.2) verwischt. Zwischen dem Atelier und dem Studierzimmer bleibt eine Differenz, nämlich das Bücherregal und der Schreibtisch. Man kann sich diesen Sachverhalt durch einen Vergleich zweier Motive des Malers Georg Friedrich Kersting (1785–1847) unmittelbar vergegenwärtigen – »Caspar David Friedrich in seinem Atelier« (drei Varianten: Alte Nationalgalerie Berlin; Kunsthalle Hamburg; Kunsthalle Mannheim) und »Reinhards Studierstube / Der Hofprediger Volkmar Reinhard in seiner Studierstube« (Staatliche Museen zu Berlin – Preußischer Kulturbesitz).

[93] A.a.O., 51.

[94] Vor diesem Hintergrund wird in einzelnen ästhetisch orientierten Ansätzen deutlich zwischen dem Manuskript einer Predigt und der Predigt*aufführung* als einem körperlichen, in Szenen verfassten Geschehen unterschieden. So u.a. *David Plüss*, Gottesdienst als Textinszenierung. Perspektiven einer performativen Ästhetik des Gottesdienstes, Zürich 2007 sowie mit Fokus auf die Predigt *ders.*, Texte inszenieren, in: *Lars Charbonnier / Konrad Merzyn / Peter Meyer* (Hg.), Homiletik. Aktuelle Konzepte und ihre Umsetzung, Göttingen 2012, 119–136 und auch *Andrea Bieler*, Das bewegte Wort. Auf dem Weg zu einer performativen Homiletik, in: PTh 95 (2006), 268–283.

Ernst Lange und Gert Otto stehen exemplarisch für solche homiletische Theorieansätze, die die Produktion der Predigt als einer Rede ins Zentrum rücken. Als Rede zielt die Predigt auf Verständigung mit dem Hörer. In einem hermeneutischen und interpretativen Prozess setzt sie den biblischen Text und die Situation der Hörer miteinander in Beziehung. Beide – Text und Situation – verstehen sich nicht von selbst, sondern sind vom Prediger auszulegen und miteinander zu »ver-sprechen«. Mit dem dafür notwendigen homiletischen Verfahren rücken Aufgabe und Person des Predigers in den Fokus der Überlegungen. Anders dagegen homiletische Theorieansätze, die an Einsichten der Rezeptionsästhetik anschließen. Hier rückt die selbstproduktive Kraft des Hörers ins Zentrum. Die Predigtaufgabe wird nicht primär aus der Perspektive des Predigers bestimmt, sondern aus der des Hörers. Die Aufgabe der Predigt besteht darin, die selbstproduktive Kraft des Hörers in religiösen Fragen konstruktiv vorauszusetzen und zu stimulieren. So soll verhindert werden, dass der Hörer von der Interpretation des Predigers überrannt und vereinnahmt wird. Zugleich bringen sich in den beiden Theoriekonzeptionen auch unterschiedliche Schriftverständnisse und eine differente Bestimmung der Aufgabe der Auslegung zur Darstellung. Ein Teil der rezeptionsästhetisch inspirierten homiletischen Modelle knüpft an Vorstellungen der Wort-Gottes-Theologie an und bringt die Selbstwirksamkeit des Wortes in Anschlag.

In den zurückliegenden Jahren setzt sich im homiletischen Diskurs nun freilich die Beobachtung durch, dass eine zu ausschließliche wie gelegentlich einseitige Fokussierung auf rezeptionsästhetische Kategorien zu Leerstellen in der homiletischen Theoriebildung führt. Plädiert wird für eine Rückbesinnung auf die rhetorische Tradition der Homiletik. Die Predigt sei eine Rede, speziell eine religiöse Rede, und zentrale Fragestellungen der Predigttheorie seien von dieser rhetorischen Prämisse aus zu entwickeln und zu entfalten. Die gegenwärtige Rückbesinnung auf das rhetorische Erbe der Homiletik, oft auch im expliziten Anschluss an Ernst Lange, ist verbunden mit einer zweiten Rückbesinnung – der auf den liturgischen Kontext der Predigt. Predigt ist Rede im Ritual. Ich werde zunächst solche Überlegungen vorstellen, die den Bezug der Homiletik auf die Rhetorik stark machen und dann diejenigen, die zusätzlich zu diesen Einsichten die Einbindung in liturgische und ritualtheoretische Fragestellungen hervorheben.

3. Wieder zurück zur Rhetorik? Tendenzen der gegenwärtigen Debatte

Bei Wilhelm Gräb und Birgit Weyel erfolgt die Rückkopplung des homiletischen Diskurses an rhetorische Einsichten vor allem im Anschluss auf Überlegungen von Joachim Knape und Josef Kopperschmidt, dann aber auch im Anschluss an Ernst Lange und Gert Otto. Dabei rückt wieder

der Begriff der »Persuasion« beziehungsweise des »Überzeugens« in den Fokus.[95] Im Zentrum des rhetorischen Aktes steht, so Knape, die Persuasion.[96] Der Redner will eine ihm eigene Überzeugung oder Gewissheit bei einem anderen Menschen, bei den Hörern etablieren. Das aber bedeutet: Die Rede setzt einen »Veränderungsbedarf«[97] voraus. Sie will »einen Wechsel (und sei er auch noch so gering) auf den Ebenen von Bewußtsein und Verhalten erzeugen« (Metabolie).[98] Zugespitzt: »Persuasion

---

[95] Der Begriff der »Persuasion« ist ursprünglich in der Sozialpsychologie beheimatet und findet in den zurückliegenden Jahren vielfältige Bearbeitung. Vgl. u.a. *Raymond S. Ross*, Understanding Persuasion (1981), Englewood Cliffs NJ ³1990; The Sage Handbook of Persuasion. Developments in Theory and Practice, ed. by *James Price Dillard / Lijiang Shen*, 2ⁿᵈ ed., Thousands Oaks / London / New Delhi et al 2013; *Herbert W. Simons / Jean Jones*, Persuasion in Society, New York / London ²2011 sowie *Lioba Werth / Jennifer Mayer*, Sozialpsychologie, Berlin/Heidelberg 2008, 239ff. Die dort vorgelegte Beschreibung der Besonderheit persuasiver Kommunikation verdeutlicht eine spezifische Problematik der Verwendung des Persuasionsbegriffs in homiletischen Kontexten – die Vermittlung mit dem pneumatologischen Vorbehalt aus CA V droht u.U. zu einer Leerstelle zu werden. Vgl. die Beschreibung bei *Werth/Mayer*, Sozialpsychologie: »Die Wirksamkeit persuasiver Kommunikation wird von Merkmalen der Botschaft selbst (Aufbau des Inhalts), von Merkmalen der Quellen der jeweiligen Botschaft (des Kommunikators) sowie des Empfängers beeinflusst. Auf welche Weise es zu einer Einstellungsänderung kommt, hängt von der Art der Informationsverarbeitung ab: So können Informationen einerseits systematisch (zentrale Route) verarbeitet werden, beispielsweise im Falle hoher persönlicher Relevanz des Themas und hoher kognitiver Kapazitäten. In diesem Fall ist die Qualität der Argumente ausschlaggebend dafür, ob der Empfänger überzeugt wird oder nicht. Andererseits können Informationen auch heuristisch verarbeitet werden (periphere Route), vor allem dann, wenn geringe Motivation, geringe Relevanz oder Ablenkung vorliegt. Einstellungsänderung erfolgt dann aufgrund peripherer Cues wie Glaubwürdigkeit, Attraktivität oder anhand von Faustregeln [...]. Auch Emotionen haben Einfluss auf die Wirkung persuasiver Kommunikation. Mit wenigen Ausnahmen wird in guter Stimmung eher peripher, in schlechter Stimmung eher systematisch verarbeitet« (250).

[96] Vgl. hierzu z.B. *Joachim Knape*, Persuasion und Kommunikation, in: Rhetorische Anthropologie. Studien zum Homo rhetoricus, hg. v. *Josef Kopperschmidt*, München 2000, 171–181 sowie *Joachim Knape*, Zwangloser Zwang. Der Persuasions-Prozeß als Grundlage sozialer Bindung, in: *Gert Ueding / Thomas Vogel* (Hg.), Von der Kunst der Beredsamkeit, Tübingen 1998, 54–69; *Gert Ueding / Bernd Steinbrink*, Grundriss der Rhetorik. Geschichte – Technik – Methode, Stuttgart ³1994, 277–282.

[97] *Josef Kopperschmidt*, Rhetorische Überzeugungsarbeit. Annäherung an eine kulturelle Praxis, in: Rhetorik als kulturelle Praxis, hg. v. *Renate Lachmann / Riccardo Nicolosi / Susanne Strätling* (Figuren 11), München 2008, 15–30, 18.

[98] *Knape*, Persuasion und Kommunikation, 172. Kopperschmidt macht an diesem Punkt die Differenz zwischen Philosophie und Rhetorik fest. Philosophie sei »reines, interessefreies Schauen«, Rhetorik dagegen ziele auf Veränderung. »Entsprechend kann das rhetorische Verhältnis zur Welt auch gar nicht wie das philosophische kontemplativ sein, sondern muss als aktivistisch gelten« (*Kopperschmidt*, Rhetorische Überzeugungsarbeit, 18). – Seit den Arbeiten von Carl Hovland arbeitet die Kommunikationstheorie an dieser Stelle mit drei Kategorien: opinion change, attitude change und behavior change.

ist Erzeugung von Wechsel«.[99] Dieser Wechsel wird von Knape auch mit den Begriffen »Lenkung und Neuorientierung«[100] beschrieben. Er zielt auf Handlungsgewissheit. Als Modelle persuasiver Kommunikationsverhältnisse gelten das Verhältnis Missionar – Heide (der zu Missionierende), der werbende Mann – die umworbene Frau, der wahlkämpfende Politiker – der Wechselwähler, das umsatzwillige Wirtschaftsunternehmen – der beworbene Kunde.[101] Persuasive Kommunikationsverhältnisse erweisen sich in bestimmter Hinsicht als hierarchische Verhältnisse. Der Redner möchte das ihm eigene Anliegen dem Hörer vermitteln, so dass es dessen Anliegen wird. Daher rückt die Rhetorik den Orator, den Redner, in das Zentrum des Interesses, denn eine »persuasive Situation liegt erst vor, wenn einer der Kommunikationsteilnehmer (der Sender) die Fragen nach der Richtigkeit bzw. Berechtigung seiner Ansprüche (gemeint sind Wahrheitsansprüche, RC) für sich hinreichend geklärt sieht, und unter dieser Voraussetzung den persuasiven Mechanismus auslöst«.[102] Daher interessieren diejenigen Strategien, die dem Redner zur Verfügung stehen, um sein Anliegen und seine Gewissheit (certum) bei den Hörern zu etablieren. Weder die Frage, auf welchem Weg der Redner zu seinem Anliegen gelangt noch die Wirkungsforschung sind unmittelbarer Bestandteil der persuasiven Rhetorik. Freilich ist die rezeptive Seite der Kommunikation und damit deren sozialer Charakter in die Rhetorik integriert, denn damit zwischen Redner und Hörer kein manipulatives Gefälle etabliert und das in der Tendenz hierarchische Gegenüber beider missbraucht wird, ist der Gedanke der Persuasion mit dem der notwendigen Sozialität von Kommunikation verbunden. »Rhetorik ist die kommunikative Möglichkeit des Menschen, einem von ihm als berechtigt angesehenen Anliegen, dem oratorischen Telos, soziale Geltung zu verschaffen«.[103] Der soziale Aspekt liegt wesentlich darin, dass die Rede auf das Einverständnis des Hörers zielt, welches sich dessen selbstständiger Urteilskraft verdankt. Damit wird das partiell hierarchische Moment persuasiver Kommunikation immer auch eingehegt.

Im Anschluss an solche Überlegungen bestimmt *Birgit Weyel* die Predigt als öffentliche religiöse Rede, die im Modus der Diskursivität auf Überzeugung zielt. Sie sei »eine überzeugungsinteressierte Verständigungsbe-

---

99 *Knape*, Zwangloser Zwang, 56.
100 *Joachim Knape*, Was ist Rhetorik?, Stuttgart 2000, 30.
101 Vgl. *Knape*, Zwangloser Zwang, 56f.
102 A.a.O., 56. Vgl. *Kopperschmidt*, Rhetorische Überzeugungsarbeit, 19: »Die Welt ist veränderbar, weil die Meinungen (doxai) veränderbar sind, die sich Menschen über die Welt machen und sich so ihrer Verfügbarkeit über die Welt vergewissern. Deren Verhältnis zur Welt ist nämlich meinungshafter bzw. doxastischer Natur. […] Die Meinungen von Menschen verändern zu können, heißt demnach: Menschen so beeinflussen zu können, dass ihre veränderten Meinungen handlungswirksam werden. Gelingt dies, dann sprechen wir von gelungener Überzeugung« (im Orig. teilw. hervorgeh.).
103 *Knape*, Was ist Rhetorik?, 33.

mühung über die Lebensbedeutsamkeit des Christentums in einer pluralen Gesellschaft«.[104] Die Kontextualisierung in einer als plural beschriebenen Gesellschaft bewahrt den Gedanken, dass Konkurrenz eine klassische Bedingung persuasiver Kommunikation darstellt. Ihre Überzeugungskraft gewinnt die Predigt »durch dialogisch ausgetauschte Argumente«.[105] Kommunikation im homiletischen Akt ist seitens des Predigers strategische Kommunikation. Die Predigt wird lesbar als ein Text,
dem bestimmte Strategien eigen sind.[106] Die hermeneutische Leistung
der Generierung von guten beziehungsweise besseren Argumenten und
damit die »Eröffnung einer gemeinsamen Deutungsperspektive« ist und
bleibt eine »Interpretationsleistung des Predigers und der Predigerin«.[107]
Dies schließt die Auslegung und Deutung des biblischen Textes wie der
gegenwärtigen religiös-kulturellen Lebenswelt der Hörer und Hörerinnen
ein. Der Prediger und die Predigerin seien einer umfassenden hermeneutischen Kompetenz bedürftig, die neben der historisch-kritischen Kompetenz in Bezug auf die biblischen Texte auch eine »kulturhermeneutische
Kompetenz« bezüglich der Lebens- und Erfahrungswelt der Hörer und
Hörerinnen einschließt.
Diesen letztgenannten Sachverhalt hat *Wilhelm Gräb* mit anhaltendem
Nachdruck vertreten. Für eine gelungene Predigtproduktion wie -rezep-
tion ist seitens der Prediger nach Gräb eine ausdifferenzierte Kultur- und
Lebensweltthermeneutik und eine Umstellung der Dogmatik auf Glau-
benslehre unabdingbar. Sein Plädoyer gilt entsprechend einer »religions-
hermeneutischen Theologie des Predigens«. Predigen bedeutet: »Religion
verstehen und sie überzeugend zum Ausdruck bringen können«.[108] Das
Ziel der Predigt besteht in einer »den existenziellen Sinn des Wortes

---

104 *Birgit Weyel*, Sich über Religion verständigen, in: *Lars Charbonnier / Konrad
Merzyn / Peter Meyer* (Hg.), Homiletik. Aktuelle Konzepte und ihre Umsetzung, Göttingen 2012, 231–246, 231. Vgl. auch *dies.*, Die Predigt zwischen biblischer Textauslegung, offenem Kunstwerk und religiöser Persuasion. Überlegungen zur Hermeneutik der Predigtarbeit, in: *Christof Landmesser / Andreas Klein* (Hg.), Der Text der Bibel. Interpretation zwischen Geist und Methode, Neukirchen-Vluyn 2013, 117–130.
105 *Weyel*, Sich über Religion verständigen, 235.
106 Damit ist allerdings auch – wie bereits Franz Theremin herausgestellt hat – ein
ethisches Problem aufgeworfen.
107 A.a.O., 232. Vgl. entsprechend *Kopperschmidt*, Rhetorische Überzeugungsarbeit,
25: »Denn die Überzeugungskraft beschreibt offensichtlich eine prinzipiell mehrfakto-
riell bedingte Redeeigenschaft, die vom Inhalt der Rede über ihre dispositionelle, elo-
kutionelle, aktionale, sprechtechnische usw. Gestaltung bis zu ihrer medialen Inszenierung reicht«, so dass die Überzeugungskraft von Argumenten aus einer »Vielzahl
überzeugungsrelevanter Faktoren« resultiert. Vgl. hierzu unten Kap. IV.2.
108 *Gräb*, Predigtlehre, 11 u.ö. Der Band bündelt und pointiert die homiletischen
Überlegungen Gräbs, die in den zurückliegenden Jahren bereits an verschiedenen
Stellen und in unterschiedlichen Kontexten vorgelegt wurden. Vgl. z.B. *ders.*, Predigt
als Mitteilung des Glaubens. Studien zu einer prinzipiellen Homiletik in praktischer
Absicht, Gütersloh 1988 sowie *ders.*, Lebensgeschichten – Lebensentwürfe – Sinndeutungen. Eine Praktische Theologie gelebter Religion, Gütersloh ²2000, 147–169.

›Gott‹ zur Mitteilung bringende[n] religiöse[n] Selbsterfahrung«.[109] Diese
Selbsterfahrung lässt sich beschreiben als Erschließung von Sinnganzheit,
denn der »Sinn des Ganzen von Welt und Leben ist [...] an die auf Sinn-
deutungsangebote ausgreifenden Selbstdeutungen des Menschen gebunden«.[110] Inhalt und Form der Predigt werden durch die »unhintergehbar
eigenaktive, vom Individuum installierte und dann auch individuelle,
undogmatische, deinstitutionalisierte«[111] religiöse Lebensdeutung bestimmt. Weil ein solches religiöses Deutungspotential im biblischen Text,
auf den die Predigt sich bezieht, nicht unmittelbar und selbsterschließend
vorliegt, ist es vom Prediger in einem hermeneutischen Prozess zu erheben.[112] Der biblische Text ist auf seinen religiösen Symbolgehalt zu befragen. Der liturgische Kontext der Predigt rückt dabei programmatisch
in den Hintergrund: »Wer die Predigt als Element der kirchlichen Liturgie thematisiert – und sei es, dass er ihr aufgrund ihrer individuellen Kre-
ativität und Beweglichkeit eine antirituelle Stoßrichtung geben möchte –
hat sich von ihrem Anspruch, öffentliche religiöse Rede zu sein, mehr
oder weniger verabschiedet«.[113]
Michael Meyer-Blanck dagegen verbindet die Rückführung der Homiletik
an die Rhetorik mit einer Wiedereingliederung homiletischer Fragestellungen in liturgische Kontexte. Beide Perspektiven werden über das Moment des gemeinschaftlichen Handelns im Gottesdienst miteinander verbunden. Die Predigt als Rede ist eine soziale Handlung. »Wer redet, der
redet. Auch die Predigt ist und bleibt – auch als Rede im Gestus der Un-

---

109 *Gräb*, Predigtlehre, 38.
110 A.a.O., 19.
111 *Wilhelm Gräb*, Spiritualität – die Religion der Individuen, in: *ders.* / *Lars Charbonnier* (Hg.), Individualisierung – Spiritualität – Religion. Transformationsprozesse
auf dem religiösen Feld in interdisziplinärer Perspektive (Studien zu Religion und
Kultur 1), Berlin 2008, 31–44, 34.
112 Die Kritik Gräbs richtet sich hier ausdrücklich gegen das Konzept der »Dramaturgischen Homiletik« und die dort vorgelegte Vorstellung, die Prediger seien »Führer
in geheimnisvolle Texträume« (*Nicol/Deeg*, Texträume, 36.). Freilich ist zu überlegen,
ob nicht auch das Eröffnen von Texträumen de facto ein hermeneutisches, also ausle-
gendes Geschehen darstellt und ob nicht auch derjenige, der für die Predigt als Leit-
motiv das »tua res agitur« proklamiert, eine auslegende und hermeneutische Aufgabe
benennt. Womöglich bleibt im Konzept der »Dramaturgischen Homiletik« dieser
Gedanke zu knapp ausgeführt, da er relativ unverbunden mit den traditionellen
homiletischen Kategorien ins Gespräch gebracht wird und nicht weiter auf vorausgesetzte Implikationen befragt wird.
113 *Gräb*, Predigtlehre, 8. Allerdings ist der Gottesdienst als Ganzer nach reformatorischem Verständnis ein öffentliches Geschehen. Eine vergleichbare Rückstellung der
liturgischen Dimension hat Kristian Fechtner in den homiletischen Überlegungen
von Henning Luther beobachtet (vgl. *ders.*, Spätmoderne Predigt, 124–126). Womöglich zeigt sich hier die Kehrseite einer starken subjekt- bzw. individualitätstheore-
tisch fundierten Praktischen Theologie, dass nämlich Fragen der Sozialität bzw. Geselligkeit von Religion und damit Fragen einer praktisch-theologischen Ekklesiologie,
für die Liturgie im Gottesdienst steht, nur am Rande diskutiert werden.

terredung mit Freunden, im Gestus des ›homilein‹ – eine Rede. […] Wer redet, möchte etwas. Rhetorische Kommunikation […] hat eine soziale Absicht«[114]. Die Rede ist erstens eine wirkorientierte[115] und zweitens eine soziale Kommunikationshandlung. Rhetorisches Handeln ist intentionales und soziales Handeln. Die Predigt als Rede verfolgt eine Absicht – in sozialen Kontexten. Die hieraus argumentativ begründete Einbettung der Predigt in liturgisch-soziale Vollzüge und die entsprechende Verbindung von Homiletik und Liturgik hat Meyer-Blanck zu einer »Gottesdienstlehre« weiterentwickelt. Dort wird die Predigt einerseits ausdrücklich und ausführlich in das Gesamtgeschehen des Gottesdienstes einverwoben. Andererseits wird eine Verbindung von ästhetischer wie rhetorischer Kommunikation und deren inhaltlicher Bestimmung hergestellt. Der Gottesdienst wird als »Mitteilung und Darstellung des Evangeliums in ritueller Gestalt« bestimmt.[116] Dabei sichert die Rede von der »Kommunikation des Evangeliums« die Rückbindung des Gottesdienst- wie Predigtverständnisses an die Einsicht, dass es sich in jedem Fall um »die Verständigung über die kulturellen Formen von Zeichen, Ritus und Kunst, also um die kulturellen Objektivierungen, die der Glaube über viele Generationen angenommen hat«, handelt.[117] Die Rede von der darstellenden Mitteilung hält die bleibende Relevanz von Schleiermachers Unterscheidung von darstellendem und wirksamem Handeln für die Frage nach Zweck und Ziel von Gottesdienst und Predigt fest.[118] Das Ziel der Predigt wird im Rahmen der prinzipiellen Homiletik als »die Mitteilung und Erschließung von glaubender Erfahrung in der im Namen Jesu versammelten Gemeinde«[119] bestimmt. Es geht um die glaubende Selbst- und Weltdeutung, um »die Erschließung des Weges zum eigenen Glau-

---

[114] *Michael Meyer-Blanck*, Was ist »homiletische Präsenz«?, in: *ders. / Jörg Seip / Bernhard Spielberg* (Hg.), Homiletische Präsenz. Predigt und Rhetorik (ÖSP 7), München 2010, 13–26, 15f.

[115] Vgl. a.a.O., 16f. »Wer diese Grundbedingung des öffentlichen Sprechens verleugnet, der *redet*, ohne dabei etwas zu *sagen*« (Hervorh. im Orig.). Vgl. hierzu auch *ders.*, Entschieden predigen. Zehn rhetorische Behauptungen (2009), jetzt in: *ders.*, Agenda. Zur Theorie liturgischen Handelns (PThGG 13), Tübingen 2013, 225–233. – Vgl. bereits *Henning Luther:* »Predigen ist – die Einsicht der Rhetorik aufnehmend – ein bestimmtes Reden um einer Wirkung willen« (*ders.*, Predigt als Handlung, 229).

[116] *Meyer-Blanck*, Gottesdienstlehre, 40 (im Orig. hervorgeh.). Vgl. auch *ders.*, Ritus und Rede. Eine Verhältnisbestimmung auf dem Hintergrund ökumenischer Theologie, in: *Alexander Deeg / Erich Garhammer / Benedikt Kranemann / Michael Meyer-Blanck*, Gottesdienst und Predigt – evangelisch und katholisch (EKGP 1), Neukirchen-Vluyn / Würzburg 2014, 11–39.

[117] *Meyer-Blanck*, Gottesdienstlehre, 29.

[118] Vgl. unten Kap. II. – Wenn im Folgenden von »Gottesdienst und Predigt« die Rede ist, so bin ich mir sehr wohl bewusst, dass die Predigt Bestandteil des Gottesdienstes ist. Die Formulierung soll als Schritt vom Umfassenderen zum Spezielleren gelesen werden.

[119] A.a.O., 424.

ben«.[120] Dies freilich im Horizont und nicht unter Absehung der christlichen Gemeinde, denn Glaube ist eine soziale Angelegenheit. In den Abschnitten zur formalen Homiletik führt Meyer-Blanck diese Überlegungen dann unter der bereits erwähnten rhetorischen Perspektivierung weiter aus. Hier spielt die Frage nach Ziel und Zweck der Predigt eine prominente Rolle.»Denn wenn das allgemeine Ziel der Predigt die Förderung der menschlichen Freiheit durch das Gewisswerden der Gebundenheit dieser Freiheit in Gott ist, dann wird es in der Predigt darum gehen, Hindernisse des Verstehens, der Motivation und des Empfindens bewusst zu machen und so dem Hörer zu helfen, diese zu beseitigen – bzw. wenigstens darum, als Prediger keine ungewollten Hindernisse aufzurichten«.[121] Die Bestimmung der Predigt als zielorientierte religiöse, speziell gottesdienstliche Rede gilt als unhintergehbar.[122] Konkretisiert werden die möglichen Ziele der Predigt – unter Rezeption der drei genera dicendi – als »Erneuern, Verbessern und Vertiefen«, denn auch »für die Predigt gilt das Bestreben der erneuerten Einsicht, des veränderten Handelns und der vertieften Einfühlung durch den Redevorgang«.[123] Damit stellt die Predigt innerhalb des Gottesdienstes als darstellendem Handeln dasjenige Element dar, in dem aufgrund des rhetorischen Prinzips das wirksame Handeln, das Wirken-Wollen auf das Bewusstsein am stärksten zur Geltung kommt.

4. Die Integration von rhetorischen und ästhetischen Perspektiven in der Frage nach der Predigtabsicht

Treten wir einen Schritt zurück und fassen zusammen: Einzelne, an ästhetischen Modellen orientierte homiletische Entwürfe strukturieren die Theoriebildung im Ausgang von der Wahrnehmung des Hörers als einer in religiösen Fragen selbstproduktiven Kraft. Dagegen rücken Überlegungen, die sich stärker an rhetorischen Fragen orientieren, den Prediger und die Predigerin als diejenigen Personen, die dem Hörer eine auf Zustimmung zielende Deutung seiner Lebens- und Erfahrungswelt anbieten, ins Zentrum. Im Gefolge dieser Überlegungen erfährt die hermeneutische Leistungskompetenz der Predigtpersonen eine verstärkte Berücksichtigung. Diskutiert werden könnte freilich, ob auf diesem Weg den predigenden Personen nicht genau jene Aufgabe wieder zugemutet wird, von der die Vertreter der sogenannten ästhetischen Wende diese aus bestimmten Gründen zu entlasten suchten beziehungsweise suchen.[124] Auch bleibt zu

---

120 A.a.O., 423. Zugleich wird dieses Ziel der Predigt als das Gleichzeitig-Werden der Hörer mit dem »Ursprungsgeschehen des Evangeliums« bezeichnet (470).
121 A.a.O., 469.
122 A.a.O., 427.
123 A.a.O., 469.
124 Vgl. *Gräb*, Predigtlehre, 9f.

fragen, ob nicht durch die Zuschreibung der biblischen wie kulturellen Deutungskompetenz an den Prediger und die Predigerin – trotz der geforderten Diskursivität – ein hierarchisches Gefälle in den Predigtprozess eingeschrieben bleibt, nämlich: Ich, der Prediger rede mit dem Hörer über sein Leben und das bedeutet: Ich, der Prediger, überzeuge den Hörer von meiner Deutung seiner Situation und greife damit verändernd in seine Lebens- und Weltdeutung ein.[125]
Um diese mögliche Hierarchisierung zu meiden, ist es hilfreich, im Blick zu behalten, dass Reden stets ein Handeln in sozialen Kontexten ist. Jede Rede, also auch die Predigt ist eine soziale Handlung. Die Predigt findet im Kontext eines christlichen Gottesdienstes statt. Sie ist immer auf die Kirche als Sozialgestalt des christlichen Glaubens bezogen. Die Predigt ist religiöse Rede im gottesdienstlichen Kontext. Nach evangelischem Verständnis ist die Predigt damit gar eine wesensbestimmende Äußerung der Kirche. Was Kirche ist, wird durch Predigt und Sakramentshandeln, also durch den Gottesdienst dargestellt. Entsprechend gilt: Absicht und Zweck der Predigt werden immer auch durch deren Bezug auf die Kirche bestimmt. Praktisch-theologische Ekklesiologie und Homiletik sind nach reformatorischem Verständnis dauerhaft verbunden (vgl. CA VII) und miteinander zu verknüpfen.[126] Auf diesem Weg aber sind auch die religiösen Subjekte, welche die Kirche als Gemeinschaft der Gläubigen bilden, konstitutiver Bestandteil der homiletischen Theoriebildung. Und eben deshalb lassen sich Zweck und Ziel der Predigt nicht unter Absehung von den Hörern und ihrer religiösen Lebensdeutungskompetenz bestimmen. Was in der jüngeren homiletischen Diskussion als rhetorisches und (rezeptions-)ästhetisches Argument behandelt wird, lässt sich mit dem rhetorischen Argument verbinden, indem man den sozialen Kontext der Predigt theologisch qualifiziert und berücksichtigt sowie rhetorische wie

---

[125] Zur Problematik der entsprechenden Formulierung von Ernst Lange siehe auch *Gräb*, Predigtlehre, 48–50. Gräb gewichtet freilich die Selbstständigkeit des Hörers bei Lange stärker. Die im Anschluss an Langes Impulse entwickelte Hermeneutik der Lebenswelt von Gräb bezieht sich auf das Programm der hermeneutischen Ethnographie von Clifford Geertz. Allerdings ist auch dessen Programm gelegentlich in den Verdacht der Hierarchisierung geraten. Dessen oft zitierte Rede vom »über die Schulter schauen« wurde als eine Verweigerung der Begegnung von Angesicht zu Angesicht kritisiert. Vgl. *Clifford Geertz*, Dichte Beschreibung. Beiträge zum Verstehen kultureller Systeme. Übersetzt v. Brigitte Luchesi / Rolf Bindemann (stw 696), Frankfurt a.M. 1987, 259. Siehe bei Gräb z.B. *ders.*, Predigtlehre, 45ff.61ff.
[126] Vgl. die Beobachtung bei *Heinrich Bassermann*, Die Bedeutung der praktischen Theologie in der Gegenwart (1879), jetzt in: *ders.*, Beiträge zur praktischen Theologie. Gesammelte Aufsätze und Vorträge, Leipzig 1909, 1–14, 9 (Hervorh. im Orig.): »Kurz, dem Protestanten und der protestantischen Kirche genügt es nicht, zu wissen: in dieser Kirche wird gepredigt, katechisiert, Seelsorge getrieben usw., sondern es erhebt sich hier von selbst die Frage: *warum* wird hier und warum in dieser Weise gepredigt, katechisiert usw., ist diese Tätigkeit der Kirche und die Art ihrer Ausübung auch die richtige, dem Zwecke und Wesen unsrer Kirche entsprechende, oder muß sie verändert, durch eine andere ergänzt, oder vielleicht gar ersetzt werden?«.

ästhetische Perspektiven religions- und christentumstheoretisch rückkoppelt. Dann aber zeigt sich, dass die Predigt aufgrund ihrer Begründung und ihres Kontextes ein besonderer Redefall ist.

In der Frage nach der Predigtabsicht laufen demnach zwei Linien zusammen: Aus der rhetorischen Bestimmung der Predigt folgt die Einsicht, dass die Predigt eine Rede ist. Und eine Rede benötigt ein Ziel, ein rednerisches τέλος. Wer redet, muss etwas wollen, sonst braucht er nicht zu reden. Die Predigt benötigt eine Absicht, eine Intention. Die rezeptionsästhetische Betrachtung der Predigt schärft die Einsicht, dass diese Absicht nicht unter Absehung der Hörer festgelegt werden kann und dass die Hörer über die Rezeption des Gehörten selbst entscheiden. Die rezeptionsästhetische Perspektive profiliert im Hinblick auf das Individuum die rhetorische Einsicht, dass die Rede eine soziale Handlung ist und dass dieses soziale Moment eine eigenständige Dignität hat und auch nicht an der Individualität der Hörer vorbei gedacht werden kann. Von hier aus ist zu überlegen, wie sich das Einverständnis, auf das die Predigt zielt, sachangemessen bestimmen lässt. Welche Konsequenzen ergeben sich aus der Einsicht, dass der soziale Kontext der Predigt die christliche Kirche und deren Gottesdienstpraxis darstellt? Darüber wird im Folgenden ausführlicher zu reden sein. Zunächst aber ist festzuhalten, dass die Predigt als intentionale Rede keine strategischen Kommunikationsverfahren wählen kann und darf, die Grundeinsichten und -anliegen der christlichen Religion und speziell eines protestantischen Kirchenverständnisses übergehen.

Die Frage nach der Predigtabsicht und damit nach Grund, Ziel und Inhalt der Predigt erweist sich also als geeignet, zwei Linien der gegenwärtigen homiletischen Debatte zusammenzuführen und zwischen ästhetischen und rhetorischen Schwerpunkten in der Predigttheoriebildung zu vermitteln und mögliche Einseitigkeiten zu vermeiden.[127] Beide Argumentationslinien beziehen sich auf Schleiermachers Predigtverständnis, dessen Voraussetzungen und Implikationen. Meines Erachtens ist in Schleiermachers Bestimmung des Gottesdienstes und der Predigt als einem darstellenden Handeln diese Vermittlung von rhetorischen und ästhetischen Perspektiven bereits angelegt: Einerseits ist die Predigt eine religiöse Rede und als solche Teil des sittlichen Handelns der Kirche. Als

---

[127] Auch Gräb vermittelt zwischen ausgewählten rezeptionsästhetischen Ansätzen der Homiletik (v.a. Gerhard Marcel Martin und Wilfried Engemann) und einem rhetorischen Predigtverständnis. Die Rezeptionsästhetik habe »vor allem dafür gesorgt, dass die Hörenden als aktive Rezipienten in den Blick kamen, als solche, die an der Botschaft der Predigt mitarbeiten. [...] Sie hat das Hören der Predigt als einen konstruktiven und interpretativen Vorgang aufgefasst, der die emotive, kognitive und voluntative Selbsttätigkeit der Hörenden verlangt« (*ders.*, Predigtlehre, 294). Gräb holt im Gesamthorizont seiner Argumentation die »rezeptions*ästhetische* Wirkung der Predigt« rezeptions*theologisch* bzw. rezeptions*religiös* ein, eben indem er der Predigt den Zweck zuschreibt, im Hörer »religiöse Selbstdeutungsvollzüge« auszulösen (a.a.O., 300, Hervorh. im Orig.).

darstellendes Handeln aber ist die Predigt auch und gerade als Rede dem Gebiet der Kunst zuzuordnen. Die Rede vom darstellenden Handeln verbindet Kunst und Religion und kontextualisiert das gottesdienstliche Handeln der Kirche in ihrem anderweitigen Handeln.[128] Diese Vermittlungsleistung von Schleiermachers Darstellungstheorie gilt es nun nachzuzeichnen.

---

[128] Vgl. hierzu *Norbert Gutenberg*, Über das Rhetorische und das Ästhetische – Ansichten Schleiermachers, in: Jahrbuch Rhetorik 19 (2002), 68–91.

II. Begründung und Beschreibung der Predigtabsicht im Anschluss an Schleiermachers Predigtverständnis

Schleiermachers Predigtverständnis integriert und fundiert die Frage nach Absicht und Zweck der Predigt und des Gottesdienstes in ein konsistentes religiös-theologisches Theoriekonzept. Denn Schleiermachers Predigtverständnis ergibt sich aus seinem Verständnis der Religion. Dieses aber kann nur angemessen und sachgemäß verstanden werden, wenn sein Verständnis der Kirche und der Dogmatik einbezogen werden. Im Hinblick auf das Predigtverständnis sind also Überlegungen des späteren Schleiermachers mit Einsichten, die sich aus den »Reden über die Religion« ableiten lassen, zu verbinden. Überlegungen zu Schleiermachers Darstellungstheorie sind also – in der gebotenen Kürze und auf die homiletische Frage hin orientiert – zu verbinden mit Schleiermachers Religionsverständnis, seinem Verständnis von Kirche und dem Verständnis der Dogmatik. Letzteres werde ich aus noch darzulegenden Gründen auf die Christologie zuspitzen. Diese Rückkopplung des Predigt- wie auch Gottesdienstverständnisses ermöglicht es, Teileinsichten auf einen umfassenderen Theorierahmen zu beziehen und sie von hier aus als das zu lesen, was sie sind – »Theorie der Theile« und nicht des Ganzen. Wenn man nämlich, so Schleiermacher selbst, »aus allem organischen Zusammenhang herausgerissen ist, so ist man auch dem Zufall preisgegeben, und darum ist die specielle Theorie so sehr unbefriedigend; man hält sich an die gegenwärtige zufällige Form, es kann keine richtige Anschauung des Verhältnisses der verschiedenen Theile entstehen«.[129]

1. Voraussetzungen von Schleiermachers Predigtverständnis

Drei Fragenkreise sind im Folgenden abzuschreiten: Erstens ergibt sich Schleiermachers Verständnis der Predigt aus seinem Verständnis der Reli-

---

[129] *Schleiermacher*, Praktische Theologie, 67. – Vgl. zum Folgenden auch: *Christian Albrecht*, Schleiermachers Predigtlehre. Eine Skizze vor dem Hintergrund seines philosophisch-theologischen Gesamtsystems, in: *ders. / Martin Weeber* (Hg.), Klassiker der protestantischen Predigtlehre. Einführungen in homiletische Theorieentwürfe von Luther bis Lange (UTB 2292), Tübingen 2002, 93–119; *Isolde Karle*, Den Glauben wahrscheinlich machen. Schleiermachers Homiletik kommunikationstheoretisch beobachtet, in: ZThK 99 (2002), 332–350.

gion, denn die Predigt ist eine religiöse Rede. Wie aber lässt sich Schleiermachers Religionsverständnis homiletisch und speziell im Hinblick auf die Frage nach der Predigtabsicht beschreiben? Wie ist Religion beziehungsweise Frömmigkeit als die »Basis aller kirchlichen Gemeinschaften«[130] homiletisch genauer zu bestimmen (1.1)? Die religiöse Rede hat einen sozialen Kontext – die Kirche. Die Predigt ist religiöse Rede im Kontext der Kirche. Deshalb ist zweitens zu fragen: Welches Verständnis von Kirche kommt hier zum Tragen? Welche homiletischen Konsequenzen ergeben sich aus dieser Rückkopplung des Predigtverständnisses an das Kirchenverständnis (1.2)? Drittens ist zu überlegen, welche Dogmatikkonzeption zugrunde gelegt wird und welche Bedeutung diese für das Predigtverständnis hat. Für Schleiermachers Verständnis der Dogmatik sind bekanntlich zwei Markierungen von besonderer Relevanz. Zum einen behandelt die Dogmatik im Sinne Schleiermachers die zu einem bestimmten Zeitpunkt in einer jeweiligen Kirchenpartei geltende Lehre.[131] Neben der generellen Traditionsanknüpfung ist sie also besonders durch den Charakter der Geschichtlichkeit bestimmt. Zum zweiten ist Dogmatik Ausdruck und Darstellung des christlichen Selbstbewusstseins. In den Worten von G. Scholtz: »Theologische Dogmatik trägt nicht im Namen der Schriftauslegung, der Tradition oder der Vernunft Lehren über Gott vor, sondern legt den Inhalt der lebendigen, gegenwärtigen, christlichen Frömmigkeit dar«.[132] Dogmatik ist Glaubenslehre und christliche Glaubenssätze sind entsprechend »Auffassungen der christlich frommen Gemütszustände in der Rede dargestellt«.[133] Weil nun freilich das christlich-fromme Selbstbewusstsein bei Schleiermacher nur in Bezogenheit auf den Erlöser Jesus Christus gedacht werden kann – es gibt kein Gottesbewusst-

---

[130] *Friedrich Schleiermacher*, Der christliche Glaube nach den Grundsätzen der Evangelischen Kirche im Zusammenhange dargestellt, 2. Aufl. 1830/31, als 7. Aufl. hg. v. *Martin Redeker*, Berlin / New York (1960) 1999, 2 Bde., § 3, Leitsatz, I, 14. Vgl. hierzu u.a. *Ulrich Barth*, Christentum und Selbstbewußtsein. Versuch einer rationalen Rekonstruktion des systematischen Zusammenhanges von Schleiermachers subjektivitätstheoretischer Deutung der christlichen Religion, Göttingen 1983 sowie *Christian Albrecht*, Schleiermachers Theorie der Frömmigkeit. Ihr wissenschaftlicher Ort und ihr systematischer Gehalt in den Reden, in der Glaubenslehre und in der Dialektik (SchlA 15), Berlin / New York 1994, 203ff.
[131] Vgl. v.a. *Friedrich Schleiermacher*, Kurze Darstellung des theologischen Studiums zum Behuf einleitender Vorlesungen (1811/1830), hg. v. *Dirk Schmid* (de-Gruyter-Texte), Berlin / New York 2002, KD² § 97, 177: »Die zusammenhängende Darstellung der Lehre wie sie zu einer gegebenen Zeit, sei es nun in der Kirche im Allgemeinen, wann nämlich keine Trennung obwaltet, sonst aber in einer einzelnen Kirchenparthei geltend ist, bezeichnen wir durch den Ausdrukk Dogmatik oder dogmatische Theologie«. – Schleiermachers Dogmatik »Der christliche Glaube« versteht sich entsprechend ausweislich des Untertitels als »Darstellung«.
[132] *Gunter Scholtz*, Die Philosophie Schleiermachers (EdF 217), Darmstadt 1984, 135.
[133] *Schleiermacher*, Der christliche Glaube, § 15, Leitsatz, I, 105.

sein ohne christologische Vermittlung[134] – und weil es deshalb keine andere Möglichkeit gibt, »an der christlichen Gemeinschaft Anteil zu erhalten, als durch den Glauben an Jesum als den Erlöser«,[135] ist es im Hinblick auf die Frage nach der Predigtabsicht hilfreich, die Christologie als homiletischen Ernstfall der Glaubenslehre zu behandeln (1.3). Damit wird einer Einsicht Rechnung getragen, die bereits E. Hirsch formuliert hat: »Schleiermachers Glaubenslehre hat nur *einen* positiven Inhalt: die Lehre vom Erlöser und von der Erlösung. Mit ihr steht und fällt in Schleiermachers eignen Augen das Ganze. Schleiermachers Lehre von Christus und der aus der Kraft seines Lebens uns wiedergebärenden Gnade ist das Herzstück seiner Dogmatik«.[136] Ergibt sich Schleiermachers Verständnis der Predigt aus seinem Verständnis der Religion, so wird es vertieft durch sein Verständnis der Kirche und zugespitzt durch sein Verständnis des Erlösers, denn auch seine Fassung der Christologie lässt sich als »Resultat seiner religionsphilosophischen Theorie der Frömmigkeit« lesen,[137] so dass in der Zusammenschau gilt: »Die Hinwendung zur Lehre von der Kirche ist neben der Hinwendung zur Christologie die entscheidende Signatur der durch sein (d.i. Schleiermachers) Werk eingeleiteten theologischen Epoche«.[138]

1.1 Der religionstheoretische Ausgangspunkt: Das Individuelle der Religion als ein bestimmtes Lebensgefühl

Religion ist nach Schleiermacher bekanntlich weder Metaphysik noch Moral. Sie gehört weder dem Bereich der theoretisch-spekulativen Welterklärung an noch dient sie der Begründung oder Entfaltung von Moral. Sie ist daher auch etwas anderes als das Für-Wahr-Halten von Überzeugungen. Religion ist nicht identisch mit den unterschiedlichen Manifestationen und Objektivierungen von Religion. Entsprechend sind Religion und Kirche bleibend zu unterscheiden, gerade weil der eigentliche Gegenstand und Zweck von Kirche Frömmigkeit, also Religion und deren re-

---

134 Vgl. z.B. a.a.O., § 91, II, 29–31.
135 A.a.O., § 14, Leitsatz, I, 94.
136 *Emanuel Hirsch*, Geschichte der neuern evangelischen Theologie im Zusammenhang mit den allgemeinen Bewegungen des europäischen Denkens (1954), neu hg. u. eingeleitet v. *Albrecht Beutel* (Emanuel Hirsch Gesammelte Werke 9), Waltrop 2000, 330 (Hervorh. im Orig.).
137 *Christian Danz*, Grundprobleme der Christologie (UTB 3911), Tübingen 2013, 119.
138 *Hans-Joachim Birkner*, Schleiermachers Christliche Sittenlehre im Zusammenhang seines philosophisch-theologischen Systems (TBT 8), Berlin 1964, 114. – Die folgenden Darlegungen beanspruchen in keinerlei Hinsicht, eine vollständige Rekonstruktion von Schleiermachers Religions-, Theologie- oder Dogmatikkonzeption bieten zu können. Darstellung finden ausschließlich diejenigen Aspekte, die für die hier interessierende Fragestellung von Relevanz sind. Auch werde ich im Folgenden auf werkimmanente wie rezeptionsgeschichtlich bedingte Differenzierungen verzichten.

flexive wie handelnde Praxis ist.[139] In den Worten Gräbs: »Was die Religion ursprünglich ist, dessen wird man nur ansichtig, wenn man sich nicht an ihre Objektivationen hält, ihre gegenständlichen Sedimentierungen in Vorstellungen, Meinungen, Lehrsätzen, Theorien und Moralsystemen, mit denen ihr zwangsläufig immer auch die Funktionalisierung für fremde Interessen zuteil geworden ist. Was die Religion im Ursprung ihres Entstehens ist, das erfährt man nur im Akt authentischer, wiederum ursprünglich eigener Selbsterfahrung«.[140] Daher ist Religion ursprünglicher als die theologische Reflexion derselben. Die theologischen Wissenschaften sind als Objektivierungen von Religion »aus dem christlichen Glauben entstanden [...], nicht umgekehrt der christliche Glaube aus den theologischen Wissenschaften«.[141] Entstanden sind diese im Sinne Schleiermachers zum Zweck »eine[r] zusammenstimmende[n] Leitung der christlichen Kirche«.[142] Am Anfang ist die Religion, nicht die Theologie als »Apparat« der Kirchenleitung.[143]

Die Formulierungen, die Schleiermacher zur Beschreibung dieses religiösen Lebensgefühls heranzieht, sind ebenso bekannt wie diskutiert. Religion ist »Anschauung und Gefühl«, »Sinn und Geschmak fürs Unendliche«[144] oder – so die Formulierung beim späten Schleiermacher – »eine

---

[139] Ich verwende die Begriffe »Religion« und »Frömmigkeit« hier zur Bezeichnung des gleichen Sachverhaltes, bin mir aber sehr wohl bewusst, dass dieser Sachverhalt gerade bei Schleiermacher diskussionsbedürftig ist – der späte Schleiermacher spricht bekanntlich von »Frömmigkeit« und nicht von »Religion«. In anderen Kontexten wäre eine ausführlichere Entfaltung notwendig. Im Hinblick auf die Frage, wie sich Absicht und Inhalt der Predigt bestimmen lassen, scheint mir diese Zusammenziehung der Begriffe aber vertretbar. Auch die direkte Verbindung der Rede von »Religion« und der Rede vom »Glauben« geschieht hier bewusst. Denn noch immer gilt, dass das christliche Wort für eine dem Christentum verpflichtete religiöse Reflexions- und Handlungspraxis schlichtweg »Glaube« ist. Vgl. *Ulrich H.J. Körtner*, Wiederkehr der Religion? Das Christentum zwischen neuer Spiritualität und Gottvergessenheit, Gütersloh 2006, 81.

[140] *Gräb*, Predigt als Mitteilung, 175.

[141] *Friedrich Schleiermacher*, Die christliche Sitte nach den Grundsätzen der evangelischen Kirche im Zusammenhang dargestellt (1843). Aus Schleiermacher's handschriftlichem Nachlasse und nachgeschriebenen Vorlesungen hg. v. *L. Jonas*, Berlin ²1884, neu hg. u. eingeleitet v. *Wolfgang Erich Müller* (Theologische Studien-Texte 7.1 u. 7.2), 2 Bde., Waltrop 2009, 16. – Martin Weeber hat differenzierte Überlegungen zur Relevanz und Rezeption der Unterscheidung von Religion und Theologie für die Dogmatik vorgelegt. Vgl. *ders.*, Unterscheidungen – Zuordnungen – Äquivalente. Über Problemstellungen der Dogmatik, in: *Christian Albrecht / Friedemann Voigt* (Hg.), Vermittlungstheorie als Christentumstheorie, Hannover 2001, 147–171.

[142] *Schleiermacher*, Kurze Darstellung KD², § 5, 142.

[143] Ebd.

[144] *Friedrich Schleiermacher*, Über die Religion. Reden an die Gebildeten unter ihren Verächtern (1799), hg. v. *Günter Meckenstock* (de-Gruyter-Texte), Berlin / New York 2001, 79f. Bekanntlich hat Schleiermacher »Anschauung« und »Gefühl« später unterschieden.

Bestimmtheit des Gefühls oder des unmittelbaren Selbstbewußtseins«,[145] genauer, das Selbstbewusstsein, »schlechthin abhängig« zu sein, »oder, was dasselbe sagen will, als in Beziehung mit Gott bewußt« sein.[146] Religion ist – so lässt sich für die hier interessierende Frage zuspitzen und zugleich vereinfachen – in ihrem Kern eine bestimmte Haltung und Gestimmtheit gegenüber dem Leben. Sie ist eine bestimmte Form der Welt- und Selbstdeutung des Menschen und steht für einen »besonderen Umgang mit der endlichen Wirklichkeit«.[147] Religion ist »reflektiertes Endlichkeitsbewusstsein«.[148] Dieses Lebensgefühl ist bestimmt durch »den Primat des Empfangens vor und in allen Weisen menschlicher Tätigkeit und weist deshalb über sich hinaus auf eine ihm [dem Menschen; RC] externe Bedingung seiner selbst«.[149] Religion ist das am Ort des Individuums beheimatete Gefühl der Bezogenheit auf Gott.[150] »Religiöses ›Sich-seiner-selbst-als-in-Beziehung-mit-Gott-befindlich-Wissen‹ heißt, den eigenen geschichtlichen und naturgegebenen Standpunkt in der Welt perspektivisch auf den ›Fluchtpunkt‹ Gott hin zu deuten«.[151]
Für dieses Lebensgefühl aber gilt: Es ist seinem Wesen nach nicht andemonstrierbar. Man kann es nicht lehren. Es ist nur darstellbar. Wäre es andemonstrierbar, also lehrbar, dann wäre es seinem Wesen nach menschlich. Der Mensch aber erlebt sich im Vollzug der religiösen Lebensdeutung immer als ein Gesetzter, als »schlechthin abhängig«. Er findet sich als ein Unvertauschbarer vor. »Was sich demonstriren läßt, ist rein menschlich; aber das Christenthum hat sich immer dafür ausgegeben, nicht durch einen rein menschlichen Prozeß entstanden zu sein und zu bestehen, sondern durch einen göttlichen, und zwar nicht einen allgemeinen sondern einen besonderen göttlichen«.[152] Religion als ein bestimmtes Lebensgefühl ist das Ansichtig-Werden der Bedingungen, in denen man

---

145 *Schleiermacher*, Der christliche Glaube, § 3, Leitsatz, I, 14.
146 A.a.O., § 4, Leitsatz, I, 23.
147 *Gräb*, Predigt als Mitteilung, 178.
148 *Danz*, Grundprobleme, 121.
149 *Gerhard Ebeling*, Luther und Schleiermacher, in: Internationaler Schleiermacher-Kongreß Berlin 1984, hg. v. *Kurt-Victor Selge* (SchlA 1/1), Berlin / New York 1985, 21–38, 30 (auch in: *ders.*, Lutherstudien. Bd. III. Begriffsuntersuchungen – Textinterpretationen – Wirkungsgeschichtliches, Tübingen 1985, 405–427). Ebeling hat gezeigt, dass die wesentliche Pointen dieser Bestimmung von Religion sich mit Luthers Bestimmung des Glaubens in konstruktive Beziehung setzen lassen (a.a.O., 31).
150 Dem Protestantismus eignet der Vorzug, dieses Moment des Individuellen am deutlichsten zur Anschauung zu bringen. Vgl. hierzu u.a. *Martin Rössler*, Protestantische Individualität. Friedrich Schleiermachers Deutung des konfessionellen Gegensatzes, in: *Arnulf von Scheliha / Markus Schröder* (Hg.), Das protestantische Prinzip. Historische und systematische Studien zum Protestantismusbegriff, Stuttgart/Berlin/Köln 1998, 55–75.
151 *Inken Mädler*, Kirche und bildende Kunst der Moderne. Ein an F. D. E. Schleiermacher orientierter Beitrag zur theologischen Urteilsbildung (BHTh 100), Tübingen 1997, 96.
152 *Schleiermacher*, Christliche Sitte, 8. Siehe u.a. auch a.a.O., 75.

sich immer schon vorfindet und Reflexion auf diese Bedingungen. Schleiermachers Gefühlsbegriff bleibt der Reflexion zugänglich, denn nur auf diesem Weg kann das Gefühl zum Gedanken und damit mitteilbar werden. Dieses »Lebensgefühl«, angesiedelt zwischen Abhängigkeit und Freiheit, ist das gemeinsame Moment aller ansonsten hochgradig differenten religiösen Praktiken und Frömmigkeitsäußerungen.
Wenn nun aber Religion als ein individuelles Lebensgefühl verstanden wird, also eine religiöse Lebens- und Weltdeutung am Ort des Individuums, dann stellt sich die Frage: Wie wird dieses Gefühl kommunikabel, gerade wenn es nicht andemonstrierbar ist? Denn kommuniziert werden muss dieses Lebensgefühl, weil erstens jedes »Innere [...] ein Aeußeres werden [will], sich darstellen in allem Lebendigen«[153] und weil zweitens »ein Bewußtsein das nicht in die Erscheinung heraustritt sich verliert«.[154] Das individuelle Gefühl muss sozial werden, damit es sich nicht verflüchtigt.

1.2 Die ekklesiologische Vertiefung: Das Gesellige der Religion oder die Kirche als Frömmigkeitsgemeinschaft

Die religionsanthropologisch begründete Geselligkeit von Religion ist bei Schleiermacher eine notwendige Voraussetzung von Kirchenbildungen.[155] »Ist Religion einmal, so muß sie nothwendig auch gesellig sein: es liegt in der Natur des Menschen«,[156] so lautet die bekannte Formulierung beim frühen Schleiermacher. Der gleiche Sachverhalt in den Worten des reifen Schleiermacher: »Das fromme Selbstbewußtsein wird wie jedes wesentliche Element der menschlichen Natur in seiner Entwicklung notwendig auch Gemeinschaft«.[157] Religion drängt zur Gemeinschaft. Das gesellige Moment der Religion ist mit dem individuellen gleichursprünglich. Denn zum Wesen der Religion gehört das Prinzip des wechselseitigen und lebendigen Mitteilens und Empfangens.[158] Diese Notwendigkeit des wechselseitigen Mitteilens und Empfangens, also die Notwendigkeit religiöser Kommunikation, lässt sich mindestens zweifach begründen: Zum einen bedürfen – wie bereits erwähnt – Gefühle und Bewusstseinszustände der Kommunikation. Zum andern erweist sich das individuelle religiöse Erleben als grundsätzlich unvollendet. Das Ganze, auf das sich die Religion bezieht, geht im Individuellen nie vollständig auf. Religiöse Kommunikation öffnet das Individuelle auf das Ganze hin und schließt es an

---

[153] *Schleiermacher*, Praktische Theologie, 737.
[154] A.a.O., 157.
[155] Wenn im Folgenden von »religiös« die Rede ist, dann ist ab sofort immer der Bezug auf die christliche Religion gemeint.
[156] *Schleiermacher*, Reden über die Religion, 135.
[157] *Schleiermache*r, Der christliche Glaube, § 6, Leitsatz, I, 41.
[158] Die homiletische Relevanz dieses Sachverhaltes hat besonders betont *Karle*, Den Glauben wahrscheinlich machen, 333–337.

dieses an. Sie ist es, »die den einzelnen nicht in sich verschließt und mit sich allein läßt«.[159] Im wechselseitigen Mitteilen und Empfangen verbinden sich Individuelles und Gemeinschaftliches der Religion auf das Ganze hin. »Allein der Mensch wie er erscheint, entwikkelt sein inneres an anderen Menschen«.[160]

Kirchen lassen sich also zunächst begreifen als historisch bedingte Gemeinschaftsformen zum Zweck religiöser Kommunikation, »lediglich die organisierte Gemeinschaft derer, die Religion ausüben«.[161] Sie sind auf dem Gebiet des Christentums zunächst einmal funktionale Größen zur Organisation der gemeinschaftlichen Religionsausübung. Sie sind diejenigen Gemeinschaften, »in welcher der Einzelne sein persönliches religiöses Gefühl zugleich als ein mit anderen gemeinsames erfahren kann und deshalb nach dessen Darstellung und Fortpflanzung strebt«.[162] Das individuelle religiöse Gefühl muss, um an andere Individuen kommunizierbar zu sein, wiederholt werden können und eben dieser »innerhalb bestimmter Grenzen sich immer erneuernde[...] Umlauf des frommen Selbstbewußtseins und eine innerhalb derselben geordnete und gegliederte Fortpflanzung der frommen Erregungen« bildet die Kirche.[163]

Um es auf die protestantische Kirche zuzuspitzen: Sie stellt als religiöse Gemeinschaft »eine in der Verfaßtheit des menschlichen Geistes gesetzte Notwendigkeit« dar[164] und lässt sich nicht anders denn als religiöse Gemeinschaft verstehen. Als solche steht sie neben anderen großen Gemeinschaftsformen menschlichen Lebens – neben Familie, Volk/Staat und freier Geselligkeit. Als Organisationsform des Religiösen ist die Kirche damit zunächst ein Thema der Ethik.[165] Innerhalb der Glaubenslehre wird sie deshalb zunächst in den einleitenden »Lehnsätzen aus der Ethik« themati-

---

159 *Gräb*, Predigt als Mitteilung, 181.
160 *Schleiermacher*, Praktische Theologie, 68.
161 *Thomas Lehnerer*, Die Kunsttheorie Friedrich Schleiermachers (Deutscher Idealismus 13), Stuttgart 1987, 360. – Zu Schleiermachers Ekklesiologie vgl. u.a. *Wilfried Brandt*, Der Heilige Geist und die Kirche bei Schleiermacher (SDGSTh 25), Zürich 1968; *Christoph Dinkel*, Kirche gestalten – Schleiermachers Theorie des Kirchenregiments (SchlA 17), Berlin / New York 1996, v.a. 50–101; *Eilert Herms*, Schleiermachers Lehre vom Kirchenregiment, in: *ders.*, Menschsein im Werden. Studien zu Schleiermacher, Tübingen 2003, 320–399; *Holger Werries*, Alles Handeln ein Handeln der Kirche. Schleiermachers Ekklesiologie als Christologie (MThSt 115), Leipzig 2012 und noch immer *Trutz Rendtorff*, Kirche und Theologie. Die systematische Funktion des Kirchenbegriffs in der neueren Theologie, Gütersloh 1966, 115–167.
162 *Werries*, Alles Handeln, 77. Vgl. auch *Reiner Preul*, Kirche als Bildungsinstitution, in: *ders.*, Die soziale Gestalt des Glaubens. Aufsätze zur Kirchentheorie (MThSt 102), Leipzig 2008, 130–149, 138: »Die Kirche ist keine Heilsanstalt und kein Gnadeninstitut, sondern sie dient der Bildung des christlichen Lebens in seiner ganzen Breite und Fülle. Sie hat also instrumentellen Charakter«.
163 *Schleiermacher*, Der christliche Glaube, § 6, I, 45.
164 *Albrecht*, Theorie der Frömmigkeit, 256.
165 Schleiermacher schreibt der »Ethik« bekanntlich die Funktion einer allgemeinen Geschichts- und Kulturtheorie zu. Siehe Kap. II.2.

siert. Ist Frömmigkeit die »Basis aller kirchlichen Gemeinschaft«,[166] so ist die Kirche nichts anderes »als eine Gemeinschaft in Beziehung auf die Frömmigkeit«.[167] Der Zweck der christlichen Gemeinschaft, die als Kirche bezeichnet wird, besteht im »Erhalten, Ordnen und Fördern der Frömmigkeit«.[168] Kirche wird also zunächst als eine kulturphilosophisch-ethische Größe und als eine der großen Gemeinschaftsformen menschlichen Lebens vorgestellt. Diese Denkfigur wird dann in die theologische Ekklesiologie überführt: »Die christliche Kirche bildet sich durch das Zusammentreten der einzelnen Wiedergebornen zu einem geordneten Aufeinanderwirken und Miteinanderwirken«.[169] Durch den Hinweis auf die Wiedergeburt wird dem in der Ethik verhandelten Verständnis der Kirche als Form der menschlichen Vergemeinschaftung zum Zweck der Religionskommunikation in der Glaubenslehre der Gedanke der unsichtbaren Kirche beigestellt.

Die Ekklesiologie erweist sich zunächst also als Funktion der Religions- wie auch der Kulturtheorie. Sie ist eine Theorie religiöser Gemeinschaft speziell für das Gebiet des Christentums. Als solche ist sie für Konzeption und Selbstverständnis der Theologie im Ganzen zentral. Theologie als die »interessierte Selbstwahrnehmung von gemeinschaftlicher Frömmigkeit in komplexen und höherentwickelten Gesellschaften« ist immer schon und immer auch Ekklesiologie.[170] Schleiermachers Religionsverständnis kann wohl nur dann sachgemäß und umfassend verstanden werden, wenn sein Verständnis der Kirche als Ausdruck des geselligen Charakters der Religion einbezogen wird. Von hieraus ist es plausibel, dass die Beschreibung der Predigt und ihrer Absicht diese immer auch als eine soziale, genauer: kirchliche Handlung zu konzeptionalisieren hat.

Die christlichen Kirchen wie die christliche Frömmigkeit haben »ihren Ursprung und ihren bleibenden Mittelpunkt in der als Tat Jesu erfahrenen Erlösung«.[171] Die Kirchen dienen der geschichtlichen Vermittlung der Christuserfahrung. Dieser Bezug auf den Erlöser ist das allen christlichen Kirchen Gemeinsame und zugleich dasjenige Moment, an welchem sich Differenzen und Unterscheidungen zur Darstellung bringen. Denn die Christologie ist – wie bereits dargelegt – das Zentrum der Dogmatik, welche die in der jeweiligen Kirche jeweils geltenden Glaubenssätze entfaltet.

---

166 *Schleiermacher*, Der christliche Glaube, § 3, Leitsatz, I, 14.
167 A.a.O., § 3.1, I, 15.
168 A.a.O., § 3.1, I, 16.
169 A.a.O., § 115, Leitsatz, II, 215.
170 *Ralf Stroh*, Schleiermachers Gottesdiensttheorie. Studien zur Rekonstruktion ihres enzyklopädischen Rahmens im Ausgang von »Kurzer Darstellung« und »Philosophischer Ethik« (TBT 87), Berlin / New York 1998, 35.
171 *Birkner*, Schleiermachers Christliche Sittenlehre, 115.

1.3 Die christologische Zuspitzung: Das Erlösungshandeln Christi als entscheidendes Kriterium für Religion und Kirche

Der Ausgangspunkt der Überlegungen war die Beschreibung von Religion als einem bestimmten Lebensgefühl, einer spezifischen deutenden Lebens- und Welthaltung. Im Falle des Christentums ist diese Lebenshaltung und dieses Lebensgefühl bestimmt durch seinen Bezug auf Christus, den Erlöser, denn – so der bekannte Leitsatz aus §11 der Glaubenslehre: »Das Christentum ist eine der teleologischen Richtung der Frömmigkeit angehörige monotheistische Glaubensweise, und unterscheidet sich von andern solchen wesentlich dadurch, daß alles in derselben bezogen wird auf die durch Jesum von Nazareth vollbrachte Erlösung«.[172] Das Lebensgefühl Christi aber ist prägnant zu beschreiben als ein Gefühl der dauernden Bezogenheit auf Gott. An eben diesem Lebensgefühl gewinnt der Glaubende durch die von Christus »vollbrachte Erlösung« Anteil. Ist Frömmigkeit derjenige Ort, wo »das Selbstbewußtsein verbunden ist mit dem Bewußtsein des höchsten Wesens«,[173] so bedeutet dies im christlichen Sinn: allein vermittelt und ermöglicht durch den Erlöser erfährt der Mensch sich als auf Gott bezogen und in Gemeinschaft mit Gott. »Das christliche Selbstbewußtsein weiß [...] von keiner Gemeinschaft mit Gott außer durch den Erlöser«.[174] Christologie und auch Soteriologie erweisen sich als konstitutiv für eine Religionstheorie des Christentums.
Daher orientiert sich auch die Entfaltung von Schleiermachers Kirchenbegriff an Person und Werk Christi. Die christliche Kirche ist die Gemeinschaft derer, die durch den Heiligen Geist ihr Leben im Horizont der Erlösungstat Christi verstehen und deuten und dies kommunizieren. Sie ist Christi Werk in der Geschichte. Die Ekklesiologie »gründet im Gesamt- und Totaleindruck Christi auf seine Schüler bzw. Jünger. Die christliche Kirche ist der Ort bzw. die lebendige, nämlich als Einheit existierende Sozialexistenz, welche als eine aus vielen Einzelpersonen bestehende Einheit und damit eben ihrerseits als ›Einzelperson‹ diesen Gesamteindruck Christi fortsetzt«.[175] Die Verbindung von Individual- und Sozialgestalt des Glaubens, die die Kirche leistet, ist in dieser Rückbindung der Ekklesiologie an die Christologie angelegt. Leben und Werk eines Einzelnen werden Grund und Ursache der Gemeinschaft all derer, die an seinem Erlösungshandeln – und zwar je als Einzelne – Anteil gewinnen und dies kommunizieren.
Sind die Kirchen bestimmt als die Gemeinschaft derer, die ihr auf Christus bezogenes und an ihn gebundenes religiöses Lebensgefühl kommuni-

---

172 *Schleiermacher*, Der christliche Glaube, § 11, Leitsatz, 1, 74.
173 *Schleiermacher*, Christliche Sitte, 31.
174 A.a.O., 78. Diesen Gemütszustand beschreibt Schleiermacher an anderer Stelle auch als »Freude an Gott« oder als »Freude an dem Herrn« (a.a.O., 41, im Orig. hervorgeh.). Siehe auch *ders.*, Praktische Theologie, 106.
175 *Werries*, Alles Handeln, 9.

zieren, dann stellt sich die weitergehende Frage, worin sich die christlichen Kirchen voneinander unterscheiden. Zugespitzt: Wie lässt sich aus dieser Bestimmung der Kirche eine Bestimmung der spezifisch protestantischen Kirche ableiten? Und wie wird innerhalb der religiösen Gemeinschaft »protestantische Kirche« Religion kommuniziert? Auch hier gilt: Zunächst im Wechsel von Mitteilen und Empfangen. In der protestantischen Kirche als Gemeinschaft von Gläubigen aber gibt es, in Unterscheidung zur katholischen Kirche, keine stiftungsmäßige Kommunikationshierarchie und damit auch keine Hierarchie von Mitteilen und Empfangen. Leitend ist die Idee vom Priestertum aller Gläubigen. Kommuniziert wird ein bei allen gleichermaßen und gleichwertig vorhandenes religiöses Gefühl, das sich aktual einmal stärker empfangend, einmal stärker mitteilend darstellt. Da aber die religiöse Kommunikation aufgrund des Öffentlichkeitscharakters und der organisatorischen Größe der Kirche einer verlässlichen Ordnung bedarf, gibt es die strategische Ordnungseinheit des Predigtamtes. Diese Ordnung aber ist historisch und kulturell variabel. Innerhalb der Glaubenslehre wird das Predigtamt bei Schleiermacher theologisch entfaltet als »Fortsetzung der Tätigkeiten Christi« und ist mit der Lehre von der Schrift, Abendmahl und Taufe verbunden. Innerhalb der Christlichen Sitte entwickelt Schleiermacher eine konkrete Anordnung und Handlungsbeschreibung des Predigtamtes. Hier entfaltet er die Kirche als den Mittelpunkt des ethischen Prozesses. Alles Handeln lässt sich »als Handeln der Kirche« beschreiben.[176] Predigt und Gottesdienst sind wesentlicher Bestandteil des ethischen Programmes der Kirche. Hier hat das Predigtamt seinen strukturellen Ort.

Der Bezug der christlichen Kirchen auf Christus legt freilich noch eine weitere Differenz zwischen protestantischer und speziell katholischer Kirche offen: Der Protestantismus denkt in religiösen Fragen vom Individuum zur Gemeinschaft bei gleichzeitiger Gleichursprünglichkeit. Man könne, so Schleiermacher, den Gegensatz zwischen Protestantismus und Katholizismus »vorläufig« dahingehend bestimmen, »daß ersterer das Verhältnis des Einzelnen zur Kirche abhängig macht von seinem Verhältnis zu Christo, der letztere aber umgekehrt das Verhältnis des Einzelnen zu Christo abhängig von seinem Verhältnis zur Kirche«.[177]

Dass im bisherigen Gang der Argumentation sowohl auf Denkfiguren der Glaubens- wie der Sittenlehre zurückgegriffen wurde, zeigt, dass sich das Wesen der Frömmigkeit im konkreten Vollzug nach Schleiermacher durch zwei Momente näher bestimmen lässt: Einerseits durch »das Interesse an dem Gegenstande des religiösen Gebietes« und andererseits durch den »impetus, [...] de[n] Antrieb, der zwar in ein Handeln übergehen muß, aber in verschiedenen Menschen und zu verschiedenen Zeiten in

---

176 *Schleiermacher*, Christliche Sitte, VI (Vorwort von Ludwig Jonas).
177 *Schleiermache*r, Der christliche Glaube, § 24, Leitsatz, I, 137.

ganz verschiedenem Maaße«.[178] »Interesse« am Gegenstand der Religion, also »Interesse« an der menschlichen Bezogenheit auf Gott drückt sich in der nachdenkenden Hin- und Zuwendung zu diesem Gegenstand aus. Religion ist immer auch Ergriffensein und Reflexion, Zuneigung zu den und intellektuelle Auseinandersetzung mit den Gegenständen der Religion. Dieses Interesse führt innerhalb der Theologie in das Gebiet der Dogmatik und manifestiert sich als Glaubenslehre.[179] Zugleich aber ist Religion stets auch ein »Antrieb« zum Handeln. Dies führt innerhalb der Theologie in das Gebiet der christlichen Sittenlehre.[180] Dieses Handeln ist je nach individueller Gemütsverfassung und Begabung sowie gemäß den jeweiligen Umständen unterschiedlich konturiert. Aber ohne den Impuls zur handelnden Gestaltwerdung ist der christliche Glaube nicht zu denken. Denken und Handeln gehören auf dem Gebiet der Religion zusammen. Für den christlichen Glauben gilt also, dass er stets »zwei Richtungen [hat], eine nach dem Gedanken, eine andere nach der That«.[181] Zur bleibenden Aufgabe theologischer Wissenschaft und kirchlichen Handelns gehört die Unterscheidung, welche Gegenstände welchem Bereich zuzuordnen sind. Und vermutlich lässt sich manche Kritik an der erlebten Predigtpraxis auf Verwechslungen eben genau an diesem Punkt festmachen – Fragen der Reflexion werden mit Fragen des Handelns, Probleme der Dogmatik mit solchen der Ethik vermischt oder verwechselt.

Für die Predigt gilt nun, dass sie Gedanke und Tat, Denken und Handeln gleichermaßen ist. Nach der Seite des Handelns wird sie von Schleiermacher als darstellendes Handeln bestimmt. Unter der Voraussetzung, dass die Predigt als religiöse Rede im Raum der Kirche durch ihren bleibenden Bezug auf Christus bestimmt ist, sind nun die Voraussetzungen und Implikationen der Bestimmung der Predigt als darstellendes Handeln zu entfalten.

2. Die Beschreibung der Predigt als darstellendes Handeln

Die Kategorien des wirksamen und darstellenden Handelns entfaltet Schleiermacher zunächst innerhalb der verschiedenen Konzeptionen der »Ethik«, also jener Disziplin, der er im Rahmen seines Wissenschaftssystems »die Funktion einer fundamentalen Theorie der Geistes- und Geschichtsprinzipien« zuweist. Als »eine Art allgemeiner Geistes- und Geschichtstheorie«[182] hat sie die »Strukturen, Gesetze und Formen geschichtlichen Le-

---

178 *Schleiermacher*, Christliche Sitte, 22 (im Orig. hervorgeh.).
179 Vgl. a.a.O., 23.
180 A.a.O., 28: »Die religiöse Sittenlehre sezt immer voraus das religiöse Selbstbewußtsein unter der Form des Antriebes«.
181 A.a.O., 24 (dort Anm.).
182 *Albrecht*, Schleiermachers Predigtlehre, 99.

bens«[183] zum Gegenstand. Wirksames und darstellendes Handeln, dort als organisierendes und symbolisierendes beziehungsweise erkennendes Handeln benannt, beschreiben zunächst und grundlegend menschliches Handeln in der geschichtlichen Wirklichkeit.[184] Werden Gottesdienst und Predigt als darstellendes Handeln beschrieben, dann sind sie – durch die Verknüpfung der Christlichen Sitte mit der Ethik zunächst zu verstehen als Teil dieses allgemeinen menschlichen Handelns. Unterschieden ist es durch seinen spezifischen Ort, die Kirche. Die Christliche Sitte bietet »eine geordnete Zusammenfassung der Regeln, nach denen ein Mitglied der christlichen Kirche sein Leben gestalten soll«[185] sowie eine Darstellung des damit verbundenen Handelns der Kirche. Glaubenslehre und Christliche Sitte haben ein gemeinsames Moment darin, dass sie die Kirche als Gemeinschaft der Gläubigen voraussetzen. Zur Konturierung der Voraussetzungen und Implikationen, die eine Beschreibung von Gottesdienst und Predigt als darstellendes Handeln aus sich entlassen, wird im Folgenden hauptsächlich auf die Christliche Sitte Bezug genommen. Es werden ausschließlich diejenigen Aspekte erläutert, die für die Frage nach der Predigtabsicht Relevanz haben.

2.1 Lust, Unlust und relative Seligkeit als Impulse zu wirksamem und darstellendem Handeln

Sowohl für die individuelle christliche Frömmigkeit als auch für die Frömmigkeitspraxis der Kirche gilt, dass sie sich nie im Zustand der Vollendung erleben. Der Glaubende wie die Gemeinschaft der Gläubigen erfahren sich in ihrer Bezogenheit auf Gott immer als gebrochen. Die ungetrübte Gemeinschaft mit Gott ist unter den Bedingungen des menschlichen Lebens nicht auf Dauer stellbar. Das christliche Bewusstsein ist immer im Prozess des Werdens zu denken. Es bleibt »immer noch etwas übrig [...] von unvollkommener oder gänzlich mangelnder Gemeinschaft mit Gott durch Christum«.[186] Die Seligkeit als jener Zustand, »in welchem uns nichts mangelt in unserem eigenen Bewußtsein«,[187] ist unter irdischen Bedingungen nicht vollständig einholbar. Denn der Mensch lebt in der Spannung von Fleisch und Geist, von niederer und höherer Funktion. Dieser Sachverhalt wird in der menschlichen Erfahrung im Wechsel der Gefühlszustände von »Lust« und »Unlust«[188] beziehungsweise

---

183 *Birkner*, Schleiermachers Christliche Sittenlehre, 37.
184 Vgl. *Friedrich Schleiermacher*, Ethik (1812/13) mit späteren Fassungen der Einleitung, Güterlehre und Pflichtenlehre. Auf der Grundlage der Ausgabe von Otto Braun hg. u. eingeleitet v. *Hans-Joachim Birkner* (PhB 335), 2., verbesserte Aufl., Hamburg 1990, 35ff.
185 *Schleiermacher*, Christliche Sitte, 1.
186 A.a.O., 34.
187 A.a.O., 36.
188 Im Hinblick auf die Abbildung dieses Sachverhaltes in der Glaubenslehre vgl. *Albrecht*, Schleiermachers Theorie der Frömmigkeit, 203ff.

von Sünden- und Gnadenbewusstsein vorstellig. Im Zustand der »Lust« überwiegt die Annäherung an die ungebrochene Gemeinschaft mit Gott. »Lust« ist das Lebensgefühl intensiver Gottesgemeinschaft. Die Seite des Fleisches kommt dem Geist entgegen. Das Fleisch will Werkzeug des Geistes sein. Im Zustand der »Unlust« ist dieses Lebensgefühl eingetrübt und abgeschwächt. Unlust ist der Zustand »der Trennung von Gott und der Unfähigkeit die Trennung aufzuheben«. Der Mensch ist geradezu »in Widerstreit mit Gott«.[189] Das Fleisch widerstrebt dem Geist. »Lust« und »Unlust« gehören gleichermaßen zum religiös-christlichen Lebensgefühl. Das christliche Leben lässt sich als Wechsel von Lust und Unlust beschreiben. Lust und Unlust nehmen jeweils zu oder ab. In jedem einzelnen Moment bewusster Frömmigkeit sind Lust und Unlust, Anfechtung und Zuversicht, Sünden- und Gnadenbewusstsein in je unterschiedlichem Maße mitgesetzt. Als konstitutive Momente des christlich-frommen Bewusstseins hat Schleiermacher »das Wissen des Frommen von Gott bestimmt, das in Form zunehmender oder abnehmender Lust beziehungsweise Unlust in Erscheinung tritt und im Hinblick auf das quantitative Überwiegen des einen oder des anderen Faktors gemessen werden kann«.[190]

Der gleiche Sachverhalt bildet sich auch in der Kirche ab. So ist zwar das Gesamtleben der Gläubigen, also die Kirche durch den Geist beseelt. Da sich die Kirche aber zugleich in und aus der Welt bildet, sind immer auch Momente von Welt, also von »Unlust« präsent. Dieser Sachverhalt markiert den Unterschied von sichtbarer und unsichtbarer Kirche. »Dadurch, daß die Kirche sich aus der Welt nicht bilden kann, ohne daß auch die Welt einen Einfluß auf die Kirche ausübt, begründet sich für die Kirche selbst der Gegensatz zwischen der sichtbaren und unsichtbaren Kirche«.[191]

Lust und Unlust entlassen aus sich zwei für das gemeinschaftliche christliche Leben konstitutiven Handlungsformen.[192] Die Erfahrung der »Unlust« ist der Impuls zum »wiederherstellenden« oder »reinigenden« Handeln«. Der angefochtene Glaube, die Eintrübung und Brechung der Verbundenheit mit Gott soll einer positiven Veränderung zugeführt werden. Das wiederherstellende und reinigende Handeln zielt auf eine positive

189 *Schleiermacher*, Christliche Sitte, 36.
190 *Mädler*, Kirche, 166.
191 *Schleiermacher*, Christlicher Glaube, § 148, Leitsatz, II, 384 (im Orig. teilw. hervorgeh.).
192 Vgl. hierzu *Birkner*, Schleiermachers Christliche Sittenlehre, v.a. 113ff. sowie dann auch *Martina Kumlehn*, Symbolisierendes Handeln. Schleiermachers Theorie religiöser Kommunikation und ihre Bedeutung für die gegenwärtige Religionspädagogik, Gütersloh 1999; im Hinblick auf die Predigt *Ulrich Bogun*, Darstellendes und wirksames Handeln bei Schleiermacher. Zur Rezeption seines Predigtverständnisses bei F. Niebergall und W. Jetter, Tübingen 1998 sowie *Mädler*, Kirche, 163ff. – Die bei Schleiermacher zusätzlich eingezogene Unterscheidung von individuellem und identischem Handeln wird im Folgenden nicht eigenständig thematisiert.

Veränderung des religiösen Gemütszustandes, des Glaubens. Das Gefühl der »Lust« ist der Impuls zur Erweiterung. Der Mensch will aus diesem Zustand heraustreten und ihn an andere weitergeben, ihn vermehren. Hier spricht Schleiermacher vom »verbreitenden Handeln«. Auch dieses Handeln will verändernd auf die Bewusstseinszustände anderer wirken. Beide – wiederherstellendes und reinigendes sowie verbreitendes Handeln – werden von Schleiermacher bekanntlich als wirksames Handeln bezeichnet. Beide kommen aus dem Gegensatz von Fleisch und Geist. Beide sind Handeln aus Differenzerfahrung. Deshalb sind beide Handlungsformen Modi der Zustandsveränderung. »Je größer die Entfernung von Gott, um so größer ist zugleich der Antrieb, diesen Zustand durch reinigendes und wiederherstellendes Handeln zu verändern. Und je kleiner sie ist, um so größer ist der Drang zu verbreitendem, christlichen Handeln«.[193] Ist der äußere Zweck, der das wirksame Handeln auslöst und motiviert, erfüllt, so kommt das Handeln an sein Ende.[194]

Im Wechsel von Lust und Unlust bildet sich die christliche Seligkeit als eine »werdende«[195] Seligkeit ab. Nun aber gibt es im christlichen Leben auch Momente »relativer« Seligkeit, also Momente, in welchen Geist und Fleisch zusammenstimmen, »der Zustand der freien Herrschaft des Geistes über das Fleisch, das Bewußtsein der Seeligkeit, der ungetrübte Zustand in der schwebenden Mitte zwischen Lust und Unlust«.[196] Diese relative Seligkeit ist nicht die absolute Seligkeit. Sie ist vielmehr eine Ahnung derselben. Für einen Moment stellt sich im Bewusstsein des Glaubens Befriedigung ein. Diese »innere Bestimmtheit des Selbstbewußtseins«[197] will der Mensch äußerlich fixieren. Er will sie darstellen, »[d]en Moment fixiren«[198] und auf diesem Wege wiederholbar und mitteilbar machen. Dieses Handeln bezeichnet Schleiermacher als darstellendes Handeln. Es findet sich in Spiel und Kunst. »Es bleibt uns also nur übrig zu sagen, daß zwischen den Momenten der Lust und der Unlust Momente der Befriedigung nothwendig eintreten, daß aber in diesen nicht absolute Seeligkeit gesetzt sein kann, sondern nur relative, die Impuls sein, und in Handeln ausgehen muß. In welches Handeln aber? Offenbar nur in ein solches, welches […] nicht dazu bestimmt ist, eine Veränderung irgend einer Art hervorzubringen […], welches Ausdrukk des inneren ist ohne eigentliche Wirksamkeit zu sein. So alles, was wir, wenn es in einer niederen und formlosen Gestalt erscheint, Spiel, wenn in einer höheren und ausgebildeten, Kunst nennen. Beides ist ein wirkliches Handeln, hat aber keine bestimmte Tendenz, etwas im Verhältnisse des Menschen zur Welt zu ändern; es ist nicht auf die Erreichung eines Zwekkes gerichtet,

193 *Mädler*, Kirche, 167.
194 Vgl. *Schleiermacher*, Christliche Sitte, 516f.
195 Vgl. a.a.O., 38.
196 A.a.O., 527 (im Orig. hervorgeh.).
197 A.a.O., 51.
198 A.a.O., 49.

sondern zweckklos; es ist kein solches, dem eine bestimmte Lust oder Unlust, eine momentane Bestimmtheit des Lebens zum Grunde liegen müßte, sondern es geht uns aus dem allgemeinen Lebensbewußtsein hervor,
das die innerste Quelle aller momentanen Bestimmtheit des Daseins
ist«.[199]
Die Theorie des darstellenden Handelns ist also zunächst eine spezifische
Kommunikationstheorie. Es handelt sich um eine »Aeußerung der Begeisterung«.[200] Während wiederherstellendes und verbreitendes Handeln
verändernd wirken wollen, bringt das darstellende Handeln zur Anschauung. Es hat »keinen anderen Zwekk [...], als das eigene Dasein für andere
aufnehmbar zu machen«.[201] Weil »der Zustand selbst [nicht] irgend wie
geändert werden soll«,[202] ist es von einer äußeren Veranlassung, einem
äußeren Zweck unabhängig. Es ist vielmehr »allein gegeben durch den
Grundcharakter des ganzen menschlichen Wesens«.[203] Dieser »Grundcharakter« ist – wie oben dargestellt – gekennzeichnet durch das Bedürfnis nach Mitteilen und Empfangen. Weil der Mensch nicht ohne Gemeinschaft gedacht werden kann, gehört die Kommunikation der Gemütszustände, das wechselseitige Mitteilen und Empfangen, zum Menschsein. Das darstellende Handeln ist entsprechend eng verbunden mit der
Idee von Gemeinschaft. Es ist geradezu bedingt »durch die Idee der Gemeinschaft«.[204] Gemeinschaft und darstellendes Handeln sind gleichursprünglich. »Das Aeußerlichwerden der inneren Bestimmtheit des Selbstbewußtseins, das darstellende Handeln, beruht auf Gemeinschaft und
bringt Gemeinschaft hervor«.[205] Weil das darstellende Handeln Momente relativer Seligkeit zur Anschauung bringt, fixiert und mitteilt, ist es
grundsätzlich nicht abschließbar.
Allerdings bleiben darstellendes und wirksames Handeln stets aufeinander
bezogen und ineinander verwoben. Zum christlichen Leben gehört stets
beides – darstellendes und wirksames Handeln, das Handeln nach
Grundsätzen und das gestaltende Handeln nach Zielerwägungen. Zugleich ist in jeder Handlung immer ein Moment des jeweils anderen. Am
darstellenden Handeln ist immer ein wirksames Moment und das wirksame Handeln ist nicht ohne das Moment des Darstellenden zu denken.
Das jeweils andere wird bei Schleiermacher nicht auf null gesetzt. Keine
Handlungsform schließt die andere aus.[206] Es handelt sich nicht um absolute, sondern um relative Gegensätze. Es sind Gegensätze und Unter-

---

[199] A.a.O., 48 (im Orig. teilw. hervorgeh.). Vgl. auch die Übersicht bei *Meyer-
Blanck*, Gottesdienstlehre, 28.
[200] *Schleiermacher*, Christliche Sitte, 83.
[201] A.a.O., 50 (vgl. 30–75: »Schematismus für die christliche Sittenlehre«).
[202] A.a.O., 49.
[203] A.a.O., 517 (im Orig. hervorgeh.).
[204] A.a.O., 509 (im Orig. hervorgeh.).
[205] A.a.O., 512f.
[206] Vgl. a.a.O., 67.

scheidungen zum Zwecke der Anschauung. »Denn nun giebt es keine einzelne Handlung, die ausschließlich der einen Form angehörte, sondern jede wahrhaft sittliche Handlung repräsentirt und fixirt auf gewisse Weise die ganze Aufgabe«.[207] Daher gilt: Keine Handlungsform kann dispensiert werden. Sie erweisen sich als komplementär, bedingen sich und legen sich wechselseitig aus.[208]

Dem wirksamen Handeln ordnet Schleiermacher bekanntlich die Bereiche der Kirchenzucht und Buße sowie des Unterrichts zu. Gottesdienst und Predigt werden als darstellendes Handeln gefasst. »Der Freude am Herrn an sich, abgesehen von aller Differenz als Lust oder Unlust, entspricht das rein darstellende Handeln, dessen allgemeiner Typus der Gottesdienst ist«.[209] Im darstellenden Handeln, also in Gottesdienst und damit auch Predigt zeigt sich das Wesen der Kirche als einer christlich-religiösen Frömmigkeitsgemeinschaft (vgl. CA VII). Die Kirche als *religiöse* Gemeinschaft ist pointiert eine »Gemeinschaft des darstellenden Handelns«.[210]

2.2 Das darstellende Handeln in Gottesdienst und Predigt – Implikationen und Folgerungen

Innerhalb der Christlichen Sitte unterscheidet Schleiermacher einen Gottesdienst im engeren und einen im weiteren Sinn.[211] Letzterer bezeichnet das christlich-tugendhafte Leben und wird hier nicht näher behandelt, weil das Hauptinteresse auf der Predigt liegen soll. Der Gottesdienst im engeren Sinn wird von Schleiermacher unterschieden in einen häuslichen und einen öffentlichen Gottesdienst. Wir betrachten nur letzteren. Dieser ist als darstellendes Handeln Ausdruck des ungetrübten Zustandes »in der schwebenden Mitte zwischen Lust und Unlust«.[212] Welche Implikationen und Folgerungen legen sich aus dieser Zuordnung nahe? Sechs Aspekte sollen ausgeführt werden.

Erstens: Noch einmal ist zu betonen, dass das darstellende Handeln der Kirche immer bezogen bleibt auf deren wirksames Handeln. Weil die reale, irdische Kirche nicht im Zustand absoluter Seligkeit ist, lässt sich ihr Handeln nicht auf das darstellende Handeln beschränken. Da »die er-

---

[207] A.a.O., 82.
[208] Vgl. a.a.O., 55 (im Orig. hervorgeh.).
[209] A.a.O., Beilage A, § 53, 17. Vgl. auch *Dinkel*, Kirche gestalten, 91.
[210] *Birkner*, Schleiermachers Christliche Sittenlehre, 119. Die Unterscheidung in innere und äußere Sphäre, die Schleiermacher in der »Christlichen Sitte« vornimmt, wird hier hintenan gestellt.
[211] Zu Schleiermachers Gottesdienstverständnis siehe u.a. *Christoph Albrecht*, Schleiermachers Liturgik. Theorie und Praxis des Gottesdienstes bei Schleiermacher und ihre geistesgeschichtlichen Zusammenhänge, Göttingen 1963; *Christoph Dinkel*, Was nützt der Gottesdienst? Eine funktionale Theorie des evangelischen Gottesdienstes (PThK 2), Gütersloh ²2002, 184ff. sowie *Stroh*, Schleiermachers Gottesdiensttheorie.
[212] *Schleiermacher*, Christliche Sitte, 527 (im Orig. hervorgeh.).

scheinende Kirche immer nur unvollendet ist: so folgt, daß so lange die
Kirche in der Entwikkelung ist, weder das wiederherstellende noch das
erweiternde Handeln entbehrt werden kann. Denken wir uns dagegen die
Kirche vollendet: so kann weder Raum sein für das eine noch für das andere, sondern nur für das darstellende«.[213] Erst die Kirche im Zustand der
Vollendung, also im schlechterdings erfüllenden und schlechthin beseli-
genden Zustand kann ihr Handeln ausschließlich auf den Gottesdienst,
auf Darstellung beziehen. Weil dann, so die Überzeugung des christlichen
Glaubens, nichts mehr da sein wird, was noch zu wünschen wäre und
sich dem Heil und der ungetrübten Gottesgemeinschaft widersetzen würde. Die Gemeinschaft der Gläubigen in Vollendung feiert den ewigen
himmlischen Gottesdienst. Die sichtbare, empirische Kirche dagegen bedarf immer auch des wirksamen, also des reinigenden und verbreitenden
Handelns. Predigt und Gottesdienst als darstellendes Handeln bleiben
immer bezogen auf dasjenige kirchliche Handeln, welches dem wirksamen Handeln zuzuordnen ist, auch und gerade weil sie von diesem unterschieden sind: »Das darstellende Handeln der Kirche unterscheidet sich
aber von ihrem wirksamen Handeln dadurch, daß es nicht an dem orientiert ist, was der Kirche zu ihrer eigenen Vollkommenheit noch fehlt,
sondern an dem, was sie kraft der durch Jesus von Nazareth vollbrachten
Erlösung schon ist«.[214] Die Tatsache, dass der Gottesdienst und damit
auch die Predigt eingebettet sind in den vielschichtigen Gesamtprozess
religiöser Kommunikation und kirchlichen Handelns ist gerade auch im
Hinblick auf einen gegenwärtig zu beobachtenden Funktions- und Be-
deutungswandel von Gottesdienst und Predigt für das religiöse Selbstverständnis der Kirche noch weiter auszuwerten.
Bei dieser Auswertung gilt es freilich einen zweiten Aspekt der Darstellungstheorie im Blick zu behalten. Es hat sich nämlich gezeigt, dass das
darstellende Handeln »die eigentliche Basis der religiösen Gemeinschaft«[215] bildet. In Gottesdienst und damit auch in der Predigt verdich-
tet sich das ethische Programm der Kirche. Hier wird dargestellt, was
Kirche ihrem Wesen nach ist – Ort der Gemeinschaft mit Gott und Ort
religiöser Kommunikation. Daher kann die zentrale Bedeutung, die die
Kirchen dem Gottesdienst und speziell die protestantischen Kirchen der
Predigt beimessen, nicht einfach aufgegeben und auf andere kirchliche
Handlungsfelder übertragen werden.[216]
Damit ist aber bereits ein dritter Aspekt angedeutet: Das darstellende
Handeln der Kirche in Gottesdienst und Predigt setzt den Glauben und

213 A.a.O., 87.
214 *Eberhard Jüngel,* Der Gottesdienst als Fest der Freiheit. Der theologische Ort des
Gottesdienstes nach Friedrich Schleiermacher (1984), in: *ders.,* Indikative der Gnade –
Imperative der Freiheit. Theologische Erörterungen IV, Tübingen 2000, 330–350,
345.
215 Zitiert bei *Birkner,* Schleiermachers Christliche Sittenlehre, 115.
216 Vgl. unten Kap. III.2.1.

die Gemeinschaft der Gläubigen voraus, denn das »innere, das auf religiösem Gebiet zur Darstellung kommt, ist die Gemeinschaft mit Gott«.[217] Das darstellende Handeln stellt diese Gemeinschaft dar, nicht her. Deshalb ist das darstellende Handeln »nur für diejenigen da, die unter sich in der Identität des Gefühls sind«.[218] Gottesdienst und Predigt setzen (primär) das Bewusstsein einer »relativen Befriedigung« und nicht das des Mangels voraus.[219] Es geht nicht darum, den Glauben als eine »innere Bestimmtheit des Selbstbewußtseins«[220] allererst zu schaffen. Vielmehr wird dieser als ein jeweils individueller und doch Allen gemeinschaftlicher im Sinne des Priestertums aller Gläubigen vorausgesetzt.[221] Das darstellende Handeln ist »Ausdrukk unseres gemeinsamen christlichen Zustandes«[222] und einer »gemeinsamen Wahrheit«.[223] Der Gottesdienst ist die »darstellende Mittheilung und mittheilende Darstellung des *gemeinsam* christlichen Sinnes«.[224] Beziehungsweise: »Der Glaube ist das Princip des gemeinschaftlichen; wo dies noch nicht ist, sondern erst hervorgebracht werden soll, da ist kein Gottesdienst«.[225] Unter dieser Voraussetzung kann der Gottesdienst dann auch allererst schaffen, was er voraussetzt. »[G]esezte Erfahrung« und »vorauszusezende Empfänglichkeit« korrespondieren einander.[226] Prominent hat Schleiermacher diese Einsicht in der Vorrede zur ersten Ausgabe seiner Predigten zusammengefasst. Dort heißt es: »Andern wird freilich Manches wunderlich vorkommen; zum Beispiel, daß ich immer so rede, als gäbe es noch Gemeinen der Gläubigen und eine christliche Kirche; als wäre die Religion noch ein Band, welches die Christen auf eine eigenthümliche Art vereinigt. Es sieht allerdings nicht aus, als verhielte es sich so: aber ich sehe nicht, wie wir umhin können, dies dennoch vorauszusezen. Sollen unsere religiösen Zusammenkünfte eine Missionsanstalt sein, um die Menschen erst zu Christen zu machen: so müßten wir ohnedies ganz anders zu Werke gehen. Soll aber von ihrem Verhältniß zum Christenthum gar nicht die Rede sein: so sehe ich nicht ein, warum vom Christenthum die Rede ist. Vielleicht kommt auch die Sache dadurch wieder zu Stande, daß man sie voraussezt; wenigstens giebt es nichts verderblicheres für unsere religiösen Vorträge, als das Schwanken zwischen jenen beiden Ansichten, ob wir als zu

---

217 *Jüngel*, Gottesdienst, 344.
218 *Schleiermacher*, Christliche Sitte, Beilage A, § 79, 26.
219 *Schleiermacher*, Christliche Sitte, 51.
220 Ebd.
221 Vgl. z.B. a.a.O., 518ff. Hier liegt für Schleiermacher ein dezidiert protestantisches Moment.
222 A.a.O, 518.
223 *Schleiermacher*, Praktische Theologie, 261.
224 A.a.O., 145 (Hervorh. v. RC).
225 A.a.O., 70.
226 *Schleiermacher*, Christliche Sitte, 515 (im Orig. hervorgeh.).

Christen reden sollen, oder als zu Nichtchristen«.[227] Nach dem bisher
Ausgeführten ist deutlich, dass es sich hier gerade nicht um eine empirische Zustandsbeschreibung, sondern um eine religionstheoretisch fun-
dierte Kommunikationstheorie handelt.[228] Es geht um die Haltung des
Predigers. Gottesdienst und Predigt zielen primär also nicht auf ein Über-
zeugtwerden, sondern gehen von einem Überzeugtsein aus.

Viertens stellt sich die Frage, wie sich von hier aus Absicht, Zweck und
Wirkung des darstellenden Handelns in Gottesdienst und Predigt näher
bestimmen lassen. Das darstellende Handeln ist nämlich nicht – wie in
der Wirkungsgeschichte dieser Kategorien häufig geschehen – in dem
Sinn als zweckfreies Handeln zu bestimmen, dass es keine Wirkabsicht
kennt und ziellos agiert. Werden Gottesdienst und Predigt als darstellendes Handeln verstanden, so bedeutet dies vielmehr, dass Absicht und
Zweck des Handelns einerseits und seine Wirkung andererseits nicht in
eins gesetzt und in der Konsequenz als methodisch operationalisierbar
behandelt werden. »Wenn wir das darstellende Handeln angesehen haben
als ein In sich bleiben, sofern nämlich kein Erfolg dadurch bezwekkt
wird, aber auch als ein Aus sich hinausgehen, sofern der innere Zustand
Erscheinung wird: so muß es doch nun auch etwas sein, wodurch eben
das innere ein äußeres ein anderen wahrnehmbares wird. Wird auch kein
Erfolg, das Wort im engeren Sinne genommen, angestrebt: so ist das Darstellen des inneren doch etwas gewolltes«.[229] Gottesdienst und Predigt
erfolgen nicht absichtsfrei. Sie haben eine Intention – das individuelle
religiöse Bewusstsein als ein gemeinschaftliches zur Darstellung zu bringen und zu kommunizieren. Dieses religiöse Bewusstsein ist – wie ausgeführt – abhängig »von der Urtatsache, aus welcher die Gemeinschaft
selbst als eine zusammenhängende geschichtliche Erscheinung hervorge-
gangen ist«,[230] im Falle des Christentums die »Erscheinung des Erlösers
in der Geschichte«.[231] Durch die Kommunikation dieses Christusglau-
bens »kommt es zur Lebensgemeinschaft der einzelnen Glaubenden mit
Christus und zur Gemeinschaft der Glaubenden untereinander«. Im Gottesdienst ereignet sich die »gegenseitige Einwirkung der unio cum Christo
und der Gemeinschaft der Gläubigen«.[232] Individueller Glaube und Sozialgestalt des Glaubens wirken im Gottesdienst wechselseitig aufeinander.
Weil also religiöse Kommunikation unter religiös gestimmten Menschen

---

227 Predigten von *F. Schleiermacher*. Erste Sammlung. Dritte Auflage, Berlin 1816,
o.P., [Xf].
228 *Karle*, Den Glauben wahrscheinlich machen, 339 spricht im Anschluss an Niklas
Luhmann von einem »fiktiven Konsens«, den Schleiermacher »im Hinblick auf den
Glauben unterstellt« und der es den Skeptikern, Zweiflern und der Kirche Fernste-
henden ermöglicht, sich »durch die selbstverständliche, gelassene, lichte Darstellung
christlichen Lebens« religiösen Fragen zu öffnen.
229 *Schleiermacher*, Christliche Sitte, 522f.
230 *Schleiermacher*, Der christliche Glaube, § 10, Zusatz, 71.
231 A.a.O., § 13, Leitsatz, 86.
232 *Jüngel*, Gottesdienst, 340.

Absicht und Zweck des gottesdienstlichen Handelns ist, wird in diesem (und zunächst und wesentlich in nichts anderem) die religiöse Gemeinschaft nach außen und öffentlich als eine solche dargestellt. »Der eigentliche Zwekk der religiösen Gemeinschaft ist […] die Circulation des religiösen Interesses, und der Geistliche ist darin nur ein Organ im Zusammenleben. Es kann also hier von so einem einzelnen Zwekke gar nicht die Rede sein, denn die religiöse Gemeinschaft selbst ist Zwekk. Alles was einzelnes hervortritt in der kirchlichen Gemeinschaft, den einzelnen bessern und belehren, das sind die Mittel«.[233] Wird also im Vollzug des darstellenden Handelns der Einzelne verändert oder belehrt, so lässt sich dies gerade nicht als die Absicht des Handelns beschreiben – dies würde zu sachinadäquaten Verzeichnungen führen. Vielmehr handelt es sich um eine »Accidens der Thätigkeit in Beziehung auf den einzelnen«.[234] Eben deshalb beruht die »ganze belebende Kraft […] darauf, daß das belebende Princip als vorhanden vorausgesezt wird. Der öffentliche Gottesdienst ist eigentlich nur für die Menschen die religiös sind«.[235] Deren Lebensgefühl soll bestärkt, erbaut, inspiriert oder orientiert werden. Als Folge einer solchen Transformation spricht Schleiermacher dann von einem »erhöhte[n] religiöse[n] Bewußtsein«.[236] In diesem Sinne liegt der Zweck des darstellenden Handelns nicht außerhalb seiner selbst, sondern ist auf ein erhöhtes Bewusstsein der Beteiligten ausgerichtet. Der Mensch kann seiner selbst in erhöhtem Maße bewusst werden. Die auf äußere Zwecke ausgerichteten wirksamen Tätigkeiten erlauben dies nicht. Damit ist das darstellende Handeln aber ebenso wenig absichtsfrei wie dann auch wirkungslos.[237]
Der Gottesdienst ist seinem Wesen nach deshalb weder als eine katechetische, missionarische noch wissenschaftliche Veranstaltung zu bestimmen.

---

[233] *Schleiermacher*, Praktische Theologie, 65f. (8m Orig. teilw. hervorgeh.).
[234] A.a.O., 66. Vgl. auch *Schleiermacher*, Christliche Sitte, 515 (im Orig. teilw. hervorgeh.): »Das darstellende Handeln als solches ist also für die einen in vollkommnerem Grade, als für die anderen; für die einen ist es nothwendig eine Erwekkung und Erweiterung ihres Selbstbewußtseins unter der Form der Seeligkeit, für die anderen ist es nichts, als eine ihnen dargebotene Anschauung. […] Das eine zeigt uns daher das Element des verbreitenden Handelns in dem darstellenden, das andere das darstellende rein an und für sich«.
[235] *Schleiermacher*, Praktische Theologe, 73.
[236] A.a.O., 72.
[237] Anders *Werries*, Alles Handeln, 268. – Vgl. auch die entsprechende Predigt von *Schleiermacher*, Der Werth des öffentlichen Gottesdienstes, in: Friedrich Schleiermacher's sämmtliche Werke. Zweite Abtheilung. Predigten. Erster Band, Berlin 1834, 170–184, dort z.B. 171f. (Hervorh. RC): »Erinnert euch daher jetzt mit mir an den *sichtbaren Nuzen*, den ihr doch gewiß in einzelnen Fällen aus eurer Gegenwart an den Orten der gemeinschaftlichen Andacht gezogen habt; überzeugt euch, daß nicht ein zufälliger Umstand, sondern die beständigen Einrichtungen dieser Zusammenkünfte, wie ihr sie immer wieder gefunden hattet, die Ursache davon waren, und geht dann mit euch zu Rathe, ob ihr nicht Gott für die Gelegenheit dazu dankbar sein sollt und ob ihr sie nicht noch besser hättet benuzen können«.

Rücken entsprechende Anliegen in die Wesensbestimmung des Gottesdienstverständnisses ein und werden dessen eigentlicher Zweck, dann
droht der Gottesdienst seine religiös-belebende Kraft zu verlieren. Diese
speist sich gerade daraus, dass der Gottesdienst vor religionsfremden Zu-
mutungen und Zweckentfremdungen geschützt bleibt. Und weder Metaphysik noch Lehre noch Moral ließen sich als Wesen der Religion ausmachen. Außerdem bringen diese möglichen Zweckentfremdungen ein dem
Geist des Protestantismus widersprechendes Moment der Unter- beziehungsweise Überordnung in den Gottesdienst. Es stehen sich dann nämlich Gläubige und Ungläubige, Gebildete und Zu-Belehrende, Moralisch-
Versierte und Moralisch-zu-Orientierende und so weiter gegenüber. Diese Art der »Duplicität« widerspricht aber dem protestantischen Gedanken
»der absoluten Gleichheit aller gläubigen Christo gegenüber« (sic!).[238]
Das ist das Problem all derjenigen Konzeptionen, die den Gottesdienst
und damit auch die Predigt theologisch als wirksames Handeln qualifizie-
ren. Das Gegenüber von Laien und Pfarrer ist vielmehr als Wechselwir-
kung von Mitteilen und Empfangen zu beschreiben. So ist zwar in dem
Geistlichen »ein höherer Grad der religiösen Stimmung erregbar […] und
ein höherer Grad der religiösen Mitempfindung als in den einzelnen Ge-
meinegliedern«.[239] Diese Differenz aber ist keine, die die grundsätzliche
religiöse Gleichheit der Christen konterkariert, sondern ist begründet in
der für die religiöse Kommunikation konstitutiven Duplizität von Mitteilen und Empfangen. Die Predigt ist deshalb Kommunikation der den
Predigern und Hörern gemeinschaftlichen Glaubenserfahrung und des
dieser Erfahrung verbundenen Lebensgefühls.[240]
Fünftens kontextualisiert der Christusbezug der in Gottesdienst und Predigt kommunizierten Frömmigkeit diese in der Geschichte des Christentums. Gerade die Predigt lässt sich als Kontinuum des Christentums über
die Geschichte hinweg begreifen, prägte doch diese Kommunikationsform bereits die erste Gestaltwerdung des Christentums. Die Menschen
sind gerade dadurch Christen geworden, »daß ein Christ darstellte, was in
ihm war, und es mittheilte auch in der Form der Rede; also durch Darstellung der christlichen Lehre. Wo aber ist der Anfang? In Christo, in
welchem ursprünglich, vor allen Darstellungen und Mittheilungen, dasjenige ist, was Menschen zu Christen macht, und von welchem es ausgegangen ist«.[241] Gottesdienst und Predigt setzen das Handeln Christi in
der Kirche fort. Sie schließen an die Praxis, an die Erfahrung und an das
Glaubensleben des Erlösers an. Der gegenwärtige Glaube beginnt nicht
bei sich. Er ist nicht selbstreferentiell. Der Glaube hat immer einen Bezug
auf Vorgängiges, nämlich auf die in Schrift und Überlieferung bewahrten

---

238 *Schleiermacher*, Christliche Sitte, 521.
239 *Schleiermacher*, Praktische Theologie, 143.
240 Vgl. unten Kap. III.1.
241 *Schleiermacher*, Christliche Sitte, 17.

Einsichten früherer Glaubenskommunikation in Wesen und Inhalt des Glaubens. Diese Einbindung gegenwärtiger religiös-gottesdienstlicher Kommunikation in den Horizont des Geschichtlichen, der Bezug auf den Ursprungsimpuls durch Jesus Christus selbst und auf die in der Schrift bewahrten Erinnerungen daran ist das wesentliche verbindende Element ökumenischer Gottesdienst- und Predigtpraxis. Zugleich aber verschaffen sich Differenzen hier am markantesten Geltung. So trägt die Darstellung des Glaubens und damit das Handeln der Kirche immer historisch bedingte, regional kontingente und konfessionell motivierte Züge.[242] Entsprechend versteht Schleiermacher alle Ausführungen in der Christlichen Sitte als historisch bedingt. Alle Beschreibungen verdanken sich einem bestimmten historischen Kontext und bilden diesen ab. Zu einer anderen Zeit, unter anderen Umständen gelten andere Zuschreibungen. Veränderbarkeit und Wandlungsfähigkeit werden innerhalb des Protestantismus zu denjenigen Prinzipien, mittels welcher sich Gegenwart konstruktiv und nicht museal auf Vergangenes und damit auf Tradition bezieht. Wer nämlich »ein schlechthin unveränderliches in der christlichen Lehre aufstellen« will, der kann es immer nur auf Kosten der Bestimmtheit«.[243] Veränderbarkeit ist Prinzip, Wandlungsfähigkeit Ausdruck religiöser Vitalität und Prägnanz. Bezogen auf den Gottesdienst bedeutet dies: Auch dieser ist in seiner Form nicht überzeitlicher Natur. Er ist in Entwicklung begriffen.

Sechstens ist daran zu erinnern, dass der Gottesdienst als darstellendes Handeln dem Handeln im Alltag gegenüber steht, welches als zweck- und effizienzorientiertes Handeln zum Bereich des wirksamen Handelns gehört. Der Gottesdienst stellt eine notwendige Unterbrechung des Alltags und seiner erfolgsorientierten Geschäftigkeit dar. Weil es unter den Bedingungen des Alltags zu einer Zurückdrängung des religiösen Bewusstseins kommt, dieses aber zum Menschsein gehört, gehen Menschen zur Stärkung und Erbauung dieses Lebensgefühls in den Gottesdienst. Sie fühlen »das Bedürfniß nach Belebung und Erhöhung des Bewußtseins, und die giebt der öffentliche Cultus«.[244] Zur näheren Beschreibung dieses Sachverhaltes greift Schleiermacher die Kategorie des »Festes« auf. Der Gottesdienst gleicht einem Fest, das den Alltag unterbricht, indes auf ihn bezogen bleibt, ihn prägt und auf ihn zurückwirkt.[245] Auch für das Fest ist das Gemeinschaftliche konstitutiv, denn es behält »nur seinen eigentlichen Charakter wenn es aus dem Gemeingeist und der geschichtlichen

---

242 Vgl. a.a.O., Beilage A, §§ 33–35, 11f.
243 *Schleiermacher*, Christliche Sitte, 11.
244 *Schleiermacher*, Praktische Theologie, 72.
245 Vgl. a.a.O., 70. Siehe hierzu besonders *Dietrich Rössler*, Unterbrechung des Lebens. Zur Theorie des Festes bei Schleiermacher (1993), jetzt in: *ders.*, Überlieferung und Erfahrung. Gesammelte Aufsätze zur Praktischen Theologie, hg. v. *Christian Albrecht / Martin Weeber* (PThGG 1), Tübingen 2006, 51–57.

Ursache ein natürliches Erzeugniß ist, ohne Nebenabsicht und ohne eine besondere Wirkung zu bezwekken«.[246] So auch – wie dargelegt – das darstellende Handeln in Gottesdienst und Predigt: Es setzt die christlich-kirchliche Gemeinschaft voraus und bringt sie stets erneuernd hervor.[247] Im Fest wie im Gottesdienst zeigt sich die für das darstellende Handeln charakteristische Verschränkung von menschlicher Aktivität bei gleichzeitiger Passivität.

In der Zuordnung des Gottesdienstes zum darstellenden Handeln verbindet Schleiermacher liturgisch-homiletische Fragen mit ästhetischen, ist doch auch die Kunst darstellendes Handeln. Schleiermacher spitzt im Hinblick auf Gottesdienst und Predigt zu: »Kunst ist die Form, Religion der Stoff«.[248] Dies soll nun ausführlicher erläutert werden.

2.3 Die Kunst als Form des darstellenden Handelns im Gottesdienst

Weil Religion ein Lebensgefühl ist, das der Darstellung bedarf und auf Darstellung, also Kommunikation zielt, deshalb kann das Wesen dieser religiösen Mitteilung nicht anders denn als Kunst gedacht werden. Kunst nämlich ist jene Kulturform, die in besonderer Weise ein Lebensgefühl auszudrücken, zu bestärken und zu formen vermag. Deshalb ist das darstellende Handeln seiner Form nach Kunst. »Religion ist Gefühl, und zwar ein bestimmtes Gefühl, Kunst dagegen ist Darstellung und Mitteilung von Gefühl – zunächst unabhängig von dessen besonderer Bestimmtheit«.[249] Kunst macht das individuelle Gefühl allgemein darstellbar und mitteilbar. »Alle Kunst hat in der Darstellung ihr Wesen, und alles, was nichts anderes sein will als Darstellung, ist Kunst«.[250] Kunst ist in Bezug auf den Gottesdienst etwas anderes als Religion. Während das eine seinem Wesen nach Gefühl ist, ist das andere seinem Wesen nach die Darstellung dieses Gefühls. Der darzustellende Inhalt von Gottesdienst und Predigt ist Religion, die Form dieser Darstellung aber ist Kunst. Im Gedanken der Darstellung bleiben Inhalt und Form unterscheidbar aufeinander bezogen, so dass auf keinen Fall gefolgert werden kann, dass die Kunst Mittel zum Zweck ist.

Dieser Sachverhalt ist von bleibender Relevanz für die Bestimmung des Verhältnisses von Ästhetik und Rhetorik innerhalb der homiletischen Theoriebildung. Drohen im gegenwärtigen homiletischen Diskurs diese

---

246 *Schleiermacher*, Praktische Theologie, 70. Im Modus der »Darstellung« aber kennt das Fest dann durchaus »Effecte« (a.a.O., 736).
247 Vgl. *Birkner*, Schleiermachers Christliche Sittenlehre, 116.
248 *Schleiermacher*, Praktische Theologie, 789. Siehe auch a.a.O., 77.
249 *Lehnerer*, Kunsttheorie, 346. Vgl. hierzu *Schleiermacher*, Praktische Theologie, 75.
250 A.a.O., 71. Vgl. auch ebd. (im Orig. hervorgeh.): »Selbst wenn wir auf die Rede zurückgehen und sagen, es sei ein Unterschied zwischen christlicher Rede und Schönrednerei: so wird doch bei der Theorie der christlichen Rede auf die Kunst Rücksicht genommen«.

beiden Perspektiven argumentatorisch gelegentlich auseinander zu driften, so bleiben sie bei Schleiermacher aufgrund der integrativen Rückkopplung der Darstellungstheorie in das theologische Gesamtsystem aufeinander bezogen und miteinander verknüpft. Die Predigt ist deshalb prägnant zu bestimmen als Rede-Kunst, und Rhetorik ist diejenige »ästhetische« Disziplin, mit der die Homiletik notwendig verbunden ist. Der Zusammenhang von Rhetorik und Homiletik ist von hier aus in der Sache selbst begründet und lässt sich nicht gegen den Zusammenhang von Ästhetik und Homiletik ausspielen. Der gleiche Sachverhalt gilt auch in umgekehrter Richtung. Ästhetische und rhetorische Bestimmungsmomente des Gottesdienstes greifen also ineinander. Zugleich sind beide, Ästhetik und Rhetorik, aufgrund der Verbindung mit dem Konzept des darstellenden Handelns ethisch konturiert und dogmatisch fundiert.[251] Durch den Einbezug der Kategorie der Kunst in die der Ethik entlehnte Darstellungstheorie zum Zweck der Beschreibung kirchlichen Handelns[252] bleiben auch Liturgie und Predigt strikt aufeinander bezogen. Unterschieden werden sie durch ihre Referenzgrößen: Die Predigt steht primär für das Moment des Individuellen, die Liturgie für das Moment des Allgemeinen. Gerade in dieser Unterschiedenheit legen sich Liturgie und Predigt wechselseitig aus und halten den Eigenwert des jeweils anderen präsent. Das eine ohne das jeweils andere ergibt keinen vollständigen Gottesdienst. Für die Predigt bedeutet das: »Weil die religiöse Rede immer individualisirend ist und die Selbstthätigkeit des einzelnen in Anspruch nimmt: so ist nicht leicht möglich daß diese allein stehe; dies gäbe keinen zwekkmäßigen unvollständigen Gottesdienst, für den der rein individuelle Charakter sich am wenigsten schikkt«.[253] Die Predigt benötigt die Liturgie, damit das Gesellige der Religion und die Kirche als Sozialgestalt derselben präsent bleibt und es nicht zur Verflüchtigung des Gemeinschaftsgedankens kommt. Denn »im liturgischen Elemente [wird] die größere Kirchenverbindung repräsentirt«, da »die Liturgie zugleich einen symbolischen Charakter hat, entweder Gesinnungen oder Vorstellungen enthaltend die als der ganzen Kirchengemeinschaft mit jedem einzelnen gemeinsame angesehen werden« sollen.[254] Die Liturgie steht – nach dem Prinzip der Freiheit – für die Einheit der Kirche, die Predigt dagegen ist Ausdruck der Individualität von Prediger und Gemeinde. Sie »hat ihre Dignität als mittelbarer Ausdrukk der innern Lebenserre-

---

[251] Vgl. *Michael Meyer-Blanck*, Die praktisch-theologische Grosswetterlage: Diskurse, Bezüge, Forschungsrichtungen, in: Ästhetik und Ethik. Die öffentliche Bedeutung der Praktischen Theologie, hg. v. *Thomas Schlag / Thomas Klie / Ralph Kunz*, Zürich 2007, 11–24, 18f.
[252] Zum Zusammenhang von Ethik und Gottesdiensttheorie vgl. *Schleiermacher*, Praktische Theologie, 733.
[253] A.a.O., 133f.
[254] A.a.O., 167.

gung«.[255] Liturgie und Predigt leisten daher die anspruchsvolle und heikle »Vermittlung«[256] von individueller Religion und deren sozialer Gestaltwerdung im geschichtlich-kulturellen Raum der (protestantischen) Kirche. Für diese Vermittlung zwischen der Subjektivität individueller Religion und den prinzipiellen und damit allgemeinen Perspektiven des Christentums sind Liturgie und Predigt unverzichtbar. Sie halten den Öffentlichkeits- und damit Allgemeinheitsanspruch des Christentums im Bewusstsein und setzen zugleich die jeweils individuell-subjektive religiöschristliche Lebensdeutung in ihr Recht.

Für die äußere gemeinschaftliche Darstellung der inneren Individualität kommt nun der Kunst entscheidende Bedeutung zu, denn sie bringe, so Schleiermacher, das »Maaß« in den Gottesdienst. Dieser Gedanke schließt an die oben dargestellte Beobachtung an, dass die Funktion von Kirche als religiöser Gemeinschaft im Ordnen und Fördern von Frömmigkeit besteht. Genau dies leistet in Bezug auf den Gottesdienst die Kunst. Ist der Gottesdienst nämlich auf öffentliche und gemeinschaftliche religiöse Kommunikation angelegt, so bedarf er einer Ordnung und eines Maßes, nach welchen diese Kommunikation auf eine für alle verständliche und nachvollziehbare Weise vonstatten geht. Das »Maaß« und daher die Kunst garantieren Ordnung und Öffentlichkeit. »Wollen wir keine Kunst im Cultus: so wollen wir auch keine große Kirche; und wollen wir eine große Kirche: so müssen wir auch die Kunst im Cultus wollen. Die große Kirche nämlich kann nicht bestehen ohne eine allgemeine Aeußerung der religiösen Erregtheit«.[257] Weil die Kunst die Unmittelbarkeit des religiösen Gefühls in eine mitteilbare Form bringt, sichert sie die Funktionsfähigkeit religiöser Kommunikation im öffentlichen Raum. Sie macht das dem Individuum eigene religiöse Lebensgefühl allgemein darstellbar und damit mitteilbar. Indem das religiöse Gefühl in eine Form, also in Kunst gegossen wird, kommt es zu der für die Kunst typischen und für größere Religionsgemeinschaften notwendigen Mischung »von einem ursprünglichen Erlebnisimpuls und dessen ausdrücklicher Mitteilungsgestalt«.[258]

Zu diesem Zweck greifen die Kirchen in ihrem gottesdienstlichen Handeln auf bereits vorhandene Darstellungsmittel der Kunst zurück. Vorfindliche Kunstformen verschiedenster Art werden kombiniert. Der Gottesdienst selbst schafft keine Kunstformen. Würde er diese nämlich allererst hervorbringen müssen, wäre sein Charakter als darstellendes Handeln

---

[255] A.a.O., 108.
[256] A.a.O., 157.
[257] A.a.O., 78.
[258] So eine Formulierung im Hinblick auf Christian Palmer, die freilich auch bezüglich Schleiermacher in Anschlag gebracht werden kann, bei *Volker Drehsen*, Christian Palmer. Die Predigt als Kunstwerk, in: *ders. / Friedrich Schweitzer / Birgit Weyel* (Hg.), Christian Palmer und die Praktische Theologie (Interdisziplinäre Studien zur Praktischen Theologie 1), Jena 2013, 53–74, 58f.

konterkariert. Damit erfolgt die Gestaltung des Gottesdienstes »in enger Korrelation mit der jeweiligen Kunstentwicklung eines spezifischen Kulturkreises«.[259] Auch deshalb ist die konkrete Gottesdienstpraxis auf Veränderbarkeit hin angelegt. Für Schleiermacher selbst haben gerade in Bezug auf den evangelischen Gottesdienst diejenigen Kunstformen, die auf Sprache beruhen, einen Vorrang. Dies liegt am Charakter der in diesem Gottesdienst zur Darstellung gelangenden Religion, welche »ganz geistig ist und ausgedrükkt werden muß weit mehr in Worten als in symbolischen Handlungen; wie wir überhaupt sehen daß alle eigentliche Kraft im Christenthum überall in das Wort gelegt ist«.[260] Entsprechend interessieren ihn Lied, Gebet und Predigt. Die textfreie musikalische Gestaltung bleibt in der Behandlung eher marginal.[261] Die bildende Kunst gilt für den christlichen Gottesdienst als »Beiwerk«.[262]

Spitzen wir die Überlegungen auf die Predigt zu: Worin liegt das eigentliche Proprium der Predigt als »Rede-Kunst«? Die Predigt ist die in die rhetorische Form gebrachte gedanklich-reflexive Fassung des religiösen Gemütszustandes. »In so fern nun das religiöse Bewußtsein in mir Gedanke ist, und ich mir im Denken meiner bewußt bin: so kann ich es nur mittheilen durch die Rede; ist es als Gefühl in mir: so kann und muß ich es durch Bewegung und Geberde ausdrükken«.[263] Predigt ist Arbeit am Gedanken, gedankliche Bearbeitung des religiösen Gefühls. Sie ist rhetorischen Kunst im Modus der Reflexion. Weil aber der »Gedanke zugleich als Bewegung an mich gekommen sein [muß], wenn er in mir Bewegung sein soll«,[264] werden die die Rede begleitenden Künste wie Mimik und Musik auch dargestellt.[265] Die Rede-Kunst bildet freilich das argumentatorische Zentrum in Schleiermachers Gottesdienstverständnis. Daran lässt sich das spezifisch protestantische Profil eines Gottesdienstes festmachen, rückt doch im Gegensatz der katholische Kultus symbolische Handlungen ins Wesenszentrum. »Daß die redende Kunst das Centrum des Cul-

---

259 *Mädler*, Kirche, 181.
260 *Schleiermacher*, Praktische Theologie, 108.
261 Vgl. z.B. *Schleiermacher*, Christliche Sitte, 528 sowie auch *ders.*, Praktische Theologie, 75.
262 A.a.O., 744.
263 A.a.O., 81 (im Orig. teilw. hervorgeh.). Vgl. die entsprechende Zusammenfassung bei Dietrich Rössler: »Predigt ist die Mitteilung des zum Gedanken gewordenen frommen Selbstbewußtseins mit dem Ziel, das religiöse Bewußtsein der Gemeinde als das durch Jesus Christus begründete Bewußtsein der Gnade zu stärken und die Teilnahme am Gesamtleben der Christen, wie es aus dem Wirken des heiligen Geistes hervorgeht, zu vertiefen« (*Dietrich Rössler*, Grundriß der Praktischen Theologie, Berlin / New York ²1994, 372)
264 *Schleiermacher*, Praktische Theologie, 81. Denn: »Das Bewußtsein kann einem anderen mitgetheilt werden durch die Rede, ebenso durch Bewegungen und Geberden« (ebd.).
265 Hier zeigt sich der enge Bezug von Predigt und Liturgie, auch wenn Bewegung und Gebärde der Rede funktional zugeordnet werden (vgl. z.B. a.a.O., 109f.).

tus ist, ist klar; wäre es nicht, so müßte man die symbolischen Handlungen dazu erheben, denn ein drittes ist nicht möglich«.[266] Evangelischer Gottesdienst ist ein kommunikatives Geschehen im Medium des Wortes. Wenn nun die Predigt das religiöse Lebensgefühl im Modus der Reflexion zur Darstellung und damit zur Kommunikation bringen soll, ist sie einer wesentlichen Voraussetzung bedürftig: Sie ist auf die persönliche religiöse Ergriffenheit und Begeisterung des Predigers angewiesen, denn »der religiöse Act ist allemal ein erregter, und Begeisterung findet immer dabei statt«.[267] Gemeint ist dabei nicht die Kommunikation subjektiver Überzeugungen und Meinungen. Vielmehr muss die individuelle religiöse Begeisterung und Ergriffenheit als Allgemeine zur Sprache gebracht werden. Nur so ist die Predigt allgemein anschlussfähig. Begeisterung ist nicht Erregtheit,[268] sondern verpartnert sich – zumindest im Fall der öffentlichen religiösen Rede – mit Besonnenheit. Diese wird gewährleistet durch den Bezug auf das allen Gemeinsame der Religion, auf das gleichsam »Objektive«. »Der religiöse Redner will und soll die religiösen Momente als seinen eigenen Zustand darstellen, aber nur wiefern sie übereinstimmend sind mit der objectiven Allgemeinheit der besonderen religiösen Form in der religiösen Gemeinschaft«.[269] Reflexion als Kunstmodus der Predigt ist also stets Beides: Begeisterung und Besonnenheit, Ergriffenheit und Nachdenklichkeit, Zuneigung und Abwägen, Unmittelbarkeit und Selbstdistanzierung. Predigt als Rede-Kunst ist auch in diesem Sinn die Kunst der Vermittlung und diese Vermittlung erfolgt im Modus der Reflexion. Reflexion ist Arbeit am Gedanken unter der Voraussetzung eigener emotionaler Ergriffenheit.

Weil die Predigt bei der Kommunikation religiöser Gemütszustände auf die Mitte von individueller Ergriffenheit und allgemeiner Anschlussfähigkeit zielt, hat sie bei der Wahl der probaten sprachlichen Darstellungsmittel ebenfalls auf die »Mittellage« zu achten. Diese »Mittellage« bezeichnet Schleiermacher als das Populäre. Populäre Sprache der Predigt ist weder akademisch[270] noch volkstümelnd. Sie ist weder trivial noch artifiziell. »Alles plebeje und gelehrte und dem literarischen Verkehr ausschließlich angehörende ist ausgeschlossen, und zwischen diesen liegt das religiöse Sprachgebiet und der Ort dessen was für die Gemeine populär ist«.[271]

Die Verdichtung, die Schleiermachers Predigtverständnis durch die Zuordnung zum Bereich des darstellenden Handelns erfährt, wird besonders deutlich, wenn man sich in der gebotenen Kürze die Wir-

---

266 A.a.O., 116.
267 A.a.O., 111.
268 Vgl. ebd.
269 A.a.O., 119f.
270 »Würden die wissenschaftlichen Ausdrükke dominiren: so würde sie [die Predigt] nicht mehr Rede, sondern Dissertation sein« (a.a.O., 120). Zur Sprache der Predigt siehe unten Kap. IV.3.
271 A.a.O., 123 (im Orig. teilw. hervorgeh.).

kungsgeschichte dieser Zuordnung vergegenwärtigt und dabei besonders die unterschiedlichen Theoriekonzeptionen, die den einzelnen Ansätzen zugrunde liegen, in den Blick nimmt.

3. Historisch-systematische Vertiefungen

Die Relevanz der Unterscheidung von darstellendem und wirksamem Handeln erweist ihre hermeneutische wie heuristische Leistungskraft bis in gegenwärtige Fragestellungen hinein. Die homiletischen und liturgischen Diskussionen seit dem 19. Jahrhundert lassen sich bis in die jüngste Gegenwart auch als Auseinandersetzung mit der von Schleiermacher vorgenommenen Zuordnung des Kultus und der Predigt zum Bereich des darstellenden Handelns rekonstruieren.[272] Allerdings werden die Kategorien des wirksamen und darstellenden Handelns im Fortgang der Diskussion vergröbernd verwendet. Während bei Schleiermacher – wie dargestellt – das je andere nicht gleich null gesetzt,[273] sondern lediglich zum Zweck der Anschauung eine relative Schwerpunktsetzung innerhalb einer idealen Theorie markiert wird, werden die Begrifflichkeiten in der Folgezeit aus unterschiedlichen Gründen einseitig zur Geltung gebracht. Bereits im 19. Jahrhundert wurden diejenigen homiletischen Entwürfe, die die Predigt ausschließlich und mit dem notwendigen Mut zur Einseitigkeit als darstellendes Handeln interpretiert haben, als Theorien der »Kultuspredigt« benannt. Ihnen gegenüber standen Theorien der »Missionspredigt«. Diese Unterscheidung wird bis in die Gegenwart rezipiert.[274] Ihr eignet der Vorzug der prägnanten Abgrenzung. Allerdings vermag sie aufgrund ihrer Zuspitzung nicht in letzter Deutlichkeit zu zeigen, dass unter denjenigen Theorien, die die Predigt als wirksames Handeln verstehen, nicht alle als Absicht und Zweck der Predigt »Mission« benennen und dass der Begriff der »Mission« innerhalb dieser Theorien mit unterschiedlichen Akzenten beschrieben wird – evangelistisch, erwecklich, lehrend oder sozial. Auch fußen unterschiedliche homiletische Theorien, auch wenn sie stärker ein Konzept des wirksamen Handelns favorisieren, auf je unterschiedlichen Voraussetzungen.

Die Unterscheidung von darstellendem und wirksamem Handeln geht von zwei verschiedenen Formen des Weltbenehmens aus. Diese bringen im Hinblick auf Gottesdienst und Predigt unterschiedliche Christen-

---

[272] So z.B. jüngst bei *Luca Baschera / Ralph Kunz*, Der Gottesdienst der Kirche im Widerspiel von formativem und expressivem liturgischen Handeln, in: *ders. / ders. / Angela Berlis* (Hg.), Gemeinsames Gebet. Form und Wirkung des Gottesdienstes (Praktische Theologie in reformiertem Kontext 9), Zürich 2014, 9–37.
[273] Vgl. z.B. *Schleiermacher*, Die christliche Sitte, 55.
[274] Vgl. die Darstellung in *Friedrich Wintzer*, Die Homiletik seit Schleiermacher bis in die Anfänge der ›dialektischen Theologie‹ in Grundzügen (APTh 6), Göttingen 1969, v.a. 47ff.

tumsanschauungen, Kirchen- und dann auch Christusbilder zur Darstellung.[275] Dies herauszustellen, ist die Funktion der folgenden Skizze der Wirkungsgeschichte von Schleiermachers Kategorien. Um diese Differenzen deutlich werden zu lassen, werde ich die Kategorien der Kultus- und Missionspredigt meiden und schlicht von »überwiegend darstellendem« sowie »überwiegend wirksamem Handeln« sprechen. Außerdem lege ich einen Schwerpunkt auf solche Konzeptionen, die das gottesdienstliche Handeln als überwiegend wirksames Handeln begriffen haben und begreifen. Dafür gibt es mindestens zwei Gründe: Zum einen verortet sich vorliegende Studie selbst in der Tradition von Schleiermachers Darstellungstheorie. Eine Darstellung der davon unterschiedenen Positionen und Argumente vermag das eigene Anliegen prägnanter hervortreten zu lassen. Zum zweiten überwiegen auch in der Geschichte der homiletischen wie liturgischen Theorie diejenigen Entwürfe, die für die Bestimmung der Predigtabsicht das wirksame Moment stark machen.

Es werden im Folgenden sowohl homiletische als auch liturgische Ansätze dargestellt. Dabei werde ich die jeweiligen Grundmotive in den Positionen an Vertretern des 19. Jahrhunderts darstellen, um dann die herausgearbeiteten Argumentationsfiguren auch in ausgewählten Entwürfen des 20. Jahrhunderts und der Gegenwart zu benennen.[276] Dabei geht es immer um den sonntäglichen Gemeindegottesdienst und dessen Predigt.

3.1 Gottesdienst und Predigt als überwiegend darstellendes Handeln

Schleiermachers Verständnis der Predigt als darstellendes Handeln wurde innerhalb der Predigttheorie in solchen Ansätzen rezipiert, in denen die Absicht der Predigt über deren Stellung innerhalb des Gemeindegottesdienstes bestimmt wurde (daher »Kultuspredigt«). Von hier aus wurde und wird Schleiermachers Darstellungstheorie in solchen liturgietheoretischen Ansätzen rezipiert, die den Gottesdienst als ein ästhetisches Geschehen und als Handeln der Gemeinde zu beschreiben suchen. Für das Gebiet der Predigt soll auf die Homiletik von *Christian Palmer* (1811–1875) zurückgegriffen werden, welche – erkennbar an ihrer hohen Auflagenzahl – im 19. Jahrhundert ausgesprochen wirkmächtig war. Palmers »Evangelische Homiletik« ist in ihrer Auflagengeschichte dezidiert von der durch Schleiermacher motivierten Auseinandersetzung, ob denn die Predigt darstellendes oder wirksames Handeln sei, bestimmt. Palmer bezieht Gottesdienst und Predigt konsequent auf die real anwesende Gottesdienstgemeinde als eine Gemeinschaft von Gläubigen. Pointiert heißt

---

275 Vgl. hierzu ausführlich unten Kap. III.3.
276 Die folgende Darstellung beansprucht keinerlei Anspruch auf Vollständigkeit. Es geht vielmehr um die Herausarbeitung einschlägiger und wirkmächtig gewordener Argumentationsfiguren. Im Hintergrund stehen auch Einsichten und Ergebnisse meiner Habilitationsschrift, die hier in einen veränderten Fragekontext eingestellt und weitergeführt werden.

es: Der »Begriff der Predigt setzt den der Gemeinde und ihres Gottesdienstes voraus«.[277] Die Predigt ist integraler Bestandteil des Gemeindegottesdienstes. Absicht und Zweck der Predigt sind aus der Einheit des
Gottesdienstes als einem Handeln der Gemeinde abzuleiten. Weil die
Predigt innerhalb eines christlichen Gottesdienstes stattfindet und weil
die Hörer sich zu diesem freiwillig einfinden, deshalb sind sie als Christen
anzusprechen, wohl wissend, dass auch die gottesdienstliche Gemeinde
ein corpus permixtum ist. Es sei, so Palmer, schlechterdings undenkbar,
innerhalb der Predigt den Begriff der Gemeinde zu ignorieren und sich
an vermeintlich Unbekehrte zu wenden, diesen Begriff in der Liturgie,
also in Gebet und Gesang, dann aber vorauszusetzen und so zu reden und
zu singen, als sei die anwesende Gemeinde selbstverständlich eine Versammlung gläubiger Christen.[278] Absicht und Zweck der Predigt stehen
unter der gleichen Voraussetzung wie die Absicht des gesamten Gottesdienstes. Der Gottesdienst kennt nur eine Absicht.
Weil der Gottesdienst von Palmer im Anschluss an Schleiermacher als
»Fest« bestimmt wird, lässt er sich mit ästhetischen Kategorien beschreiben. Denn zum Fest gehört die Kunst. Sie »erscheint als das angemessene
Medium, um über das Moment der Sinnreflexion hinaus den Überschus-
scharakter des Festes zur sinnfälligen Darstellung zu bringen«.[279] Daher
lässt sich auch die Predigt als rhetorisches Kunstwerk, nämlich als Festre-
de bestimmen.[280]
Inhaltlich bestimmt ist die Predigt durch ihren Bezug auf die christliche
Wahrheit, nämlich das in Christus als Erlöser erschienene Heil. »Predigen
heißt: im Namen Gottes das Heil, das der Menschheit in Christi Person
und Werk erschienen und für sie vorhanden ist, durch lebendiges Zeugniß zur Annahme darbieten«.[281] Darbieten meint in Bezug auf die sonntägliche Gemeindepredigt ein »stets neu erzeugen, stets auf seinen Grund
zurückgehen«,[282] weniger ein allererst Hervorbringen. Zu diesem Zweck
ist »die evangelische Lehre ruhig in ihrem innern Zusammenhange« dar-
zustellen, dabei »ihr selbst es überlassend, sich im Geiste des Hörers Geltung und Folgeleistung zu verschaffen«.[283] Die Predigt meidet einen fordernden, mahnenden, strafenden oder belehrend-erzieherischen Gestus.
»Uns ist die Predigt zunächst nicht dazu da, den Zuhörer zu irgend einem
Ziel hinzutreiben, denn unsere Zuhörer sind eine Gemeinde, die bereits
dem Herrn angehört, die ihren Glauben im Gottesdienste, in Gebet, Ge-

---

277 *Christian Palmer*, Evangelische Homiletik, Stuttgart 1842, 1.
278 Vgl. a.a.O., 5.
279 *Drehsen*, Palmer, 58.
280 Vgl. hierzu z.B. ausführlich *Palmer*, Homiletik, 321ff.
281 *Christian Palmer*, Evangelische Homiletik, 2., verbesserte Aufl., Stuttgart 1845,
1. – Auch für Palmers Homiletik ließe sich die Bestimmung der Predigtabsicht an der
Schnittstelle von Religionstheorie, Ekklesiologie und Christologie nachweisen.
282 *Palmer*, Homiletik², 18.
283 *Palmer*, Homiletik¹, 3 (im Orig. teilw. hervorgeh.).

sang, Sakramentsfeier etc. bereits bekennt«.[284] Das Anregungspotential
der Predigt und ihre Wirkungsabsicht entspringen also nicht extrinsi-
schen Motiven, »sondern einzig und allein der Vorgabe, ›die Gemeinde
als Gemeinde im Gegensatz gegen jede andere Corporation, als populus
Dei‹ anzusprechen«.[285]
Die von Palmer in die Wege geleitete Rezeption der Kategorie des »darstellenden Handelns« fand nicht nur in homiletischen Debatten,[286] sondern auch in liturgischen Kontexten eine markante Rezeption. Hervorzu-
heben ist hier u.a. die »*Ältere liturgischen Bewegung*«[287] am Übergang vom
19. zum 20. Jahrhundert. *Julius Smend* (1857–1930) und *Friedrich Spitta*
(1852–1923) haben sich vor allem in der von 1896 bis 1941 erschienenen
»Monatsschrift für Gottesdienst und kirchliche Kunst« (MGKK) gegen
zeitgenössische historisierende und kirchenamtlich-restaurative Tendenzen in der Liturgik und Gottesdienstpraxis gewandt und für ein Verständnis des Gottesdienstes als Kunst und Darstellung des Glaubens stark
gemacht. Ihre Überlegungen zielen auf einen modernitätsfähigen Gottesdienst[288] und eine wirklichkeitsorientierte, weil gegenwartssensible Predigt.[289] Der Gottesdienst ist Feier aus und im Glauben, nicht Aufforde-
rung zum Glauben. Er setzt die Gemeinde voraus und stellt sie entsprechend dar, nicht her. Die christliche Gemeinde komme, so Smend, zum
Gottesdienst zusammen, um »in ungehinderter Klarheit und Unmittelbarkeit gemeinsam zu erleben, was Gott den Seinen bereitet hat, sich dies
Heil vor Augen zu stellen und in gemeinsamer Hinnahme seine Wahrheit
und Wirklichkeit neu zu erfahren«.[290] Der Gottesdienst ist eine religiöse
Veranstaltung für religiöse Menschen. Er ist der Ort des gemeinschaftli-

284 *Christian Palmer*, Evangelische Homiletik, 4., verbesserte Aufl., Stuttgart 1857,
364. Palmers Rede vom »Ziel« erfolgt mit anderem Akzent als der Begriff im Rahmen
dieser Studie verwendet wird.
285 *Drehsen*, Palmer, 62. Das Palmerzitat findet sich in *Palmer*, Homiletik[4], 488.
286 Vgl. die Hinweise bei *Wintzer*, Homiletik, 47ff.
287 Vgl. hierzu *Konrad Klek*, Erlebnis Gottesdienst. Die liturgischen Reformbestrebungen um die Jahrhundertwende unter Führung von Friedrich Spitta und Julius
Smend (VLH 32), Göttingen 1996. – Einen Überblick über die der Älteren liturgischen Bewegung vorausliegenden Theorien des Gottesdienstes als darstellendes Handeln findet man bei *Georg Rietschel*, Lehrbuch der Liturgik. Bd. 1: Die Lehre vom
Gemeindegottesdienst, 2., neubearbeitete Aufl. v. *Paul Graff*, Göttingen 1951, 35f.
Verwiesen wird hier u.a. auf Karl Immanuel Nitzsch, Friedrich Köster, Friedrich Eh-
renfeuchter, Richard Rothe, Alexander Schweizer, Ludwig Schöberlein und Heinrich
Bassermann.
288 Vgl. das Motto der Zeitschrift: »Die Lebenden haben Recht«.
289 Vgl. z.B. *Julius Smend*, Zur Frage der Kultusrede, in: Theologische Abhandlungen. Festgabe zum 17. Mai 1902 für Heinrich Julius Holtzmann, Tübingen/Leipzig
1902, 213–241, 215f.
290 *Julius Smend*, Der evangelische Gottesdienst. Eine Liturgik nach evangelischen
Grundsätzen in vierzehn Abhandlungen dargestellt, Göttingen 1904, 9.

chen darstellenden Handelns.[291] Hier bringt sich das soziale Moment der christlichen Religion zur Darstellung. Als gemeinschaftliche Feier des Glaubens wird der Gottesdienst ein religiöses Erlebnis. Der Gottesdienst vermittelt – wie Spitta formulieren konnte – »das Gefühl unendlicher Weite, de[n] Schauer dämmerhafter Unbegreiflichkeit«.[292] Auch die Predigt hat sich diesem Duktus einzufügen. Entsprechend fordert Smend: »Die Predigt im Gottesdienst muß gottesdienstlichen Charakters sein, muß in das Erlebnis der Feier selbst den Wert des Kirchgangs verlegen«.[293] Sie darf und soll keine »nüchterne[] Lehrrede« sein, denn wo »der Gottesdienst zur Schule erniedrigt ist, begreift man es, daß der Geistliche nicht daran denkt, mit seinem ganzen Verhalten in Harmonie zu treten zu der Erhabenheit und Herrlichkeit des Zeugnisses von dem, was unsres Daseins Schönheit und aus dem Verborgenen still wirkende Kraft ausmacht«.[294] Daher bedarf die Predigt jenes »warmen Ausdruck[s] der Empfindung«,[295] welcher sich im Einverweben in den mystischen, weil geschichtlichen (und eben nicht lehrhaften) Charakter des Christentums einstellt. So verstanden ist die Predigt auf diejenigen liturgischen Elemente, welche unmittelbar das Gefühl ansprechen (zum Beispiel das Gebet), konstitutiv angewiesen. Sie steht im Kontext des liturgischen Wechselverkehrs zwischen Chor und Gemeinde, welcher die Begegnung mit Gott »menschlich *vermittelt*«.[296] Eine einseitige Fokussierung auf die Predigt als Zentrum und Wesen des Gottesdienstes ist eine »falsche Überspannung der evangelischen Eigenart«,[297] Verzerrung des dialogischen Charakters des Gottesdienstes, Aushebelung seines Festcharakters sowie Aufkündigung der gemeinschaftlichen Zuordnung von Kunst und Kult zum Bereich des darstellenden Handelns.[298]
Diese Einbeziehung der gesamten Liturgik in eine ästhetische Theorie des Gottesdienstes ist in der aktuellen Liturgie deutlich rezipiert worden. So hat in diesem Sinn *David Plüss* (2005/2007) das Programm einer »per-

---

[291] Vgl. *Klek*, Erlebnis, 58: »Das gottesdienstliche Erlebnis hat also seine bestimmte Identität im Ineinander von Gottesbegegnung und Gemeinschaftserfahrung«.
[292] *Friedrich Spitta*, Zur Reform des evangelischen Kultus. Briefe und Abhandlungen, Göttingen 1891, 84. Diese Formulierungen zeigen eine Differenz zu Schleiermachers Religions- und Liturgieverständnis. »Bei Schleiermacher werden Zustände des Subjekts, bei Spitta […] äußere Zeichen theologisch kategorisierend gedeutet« (*Michael Meyer-Blanck*, Liturgie und Liturgik. Der Evangelische Gottesdienst aus Quellentexten erklärt, 2., aktualisierte Aufl., Göttingen 2009, 217). – Vor dem Hintergrund dieses Gottesdienstesverständnisses wird die distanziert-kritische Haltung Spittas und Smends gegenüber Agenden verständlich.
[293] *Smend*, Der evangelische Gottesdienst, 38. Smend anerkennt durchaus den Eigenwert anderer Predigtgattungen wie Missions- und Evangelisationspredigt, aber eben nicht für den sonntäglichen Gemeindegottesdienstes (vgl. *Klek*, Erlebnis, 68).
[294] *Spitta*, Reform, 85.
[295] A.a.O., 84.
[296] *Klek*, Erlebnis, 223 (Hervorh. im Orig.).
[297] *Spitta*, Reform, 84.
[298] Vgl. hierzu sehr differenziert *Klek*, Erlebnis, 108–113.

formativen Ästhetik des Gottesdienstes« vorgelegt und den eigenen Ent-
wurf ausdrücklich in eben jene liturgiegeschichtliche Tradition, die den
Gottesdienst als darstellendes Handeln versteht, eingezeichnet.[299] Er
rechnet hierher neben Schleiermacher gerade die Ältere liturgische Bewegung sowie Wilhelm Löhe, die Berneuchener Bewegung und die Arbeiten
von Peter Cornehl.[300] Plüss entwickelt in Abgrenzung zu einer semiotisch
argumentierenden und auf Sinndeutungsprozesse abhebenden Liturgik
eine liturgische Theorie, in deren Zentrum die Vorstellungen der kulti-
schen Performanz und damit die Präsenz und Körperlichkeit liturgischer
Vollzüge steht. Der Mensch sei, so Plüss im Anschluss unter anderem an
Christoph Wulf und Erika Fischer-Lichte, ein szenisch verfasstes Wesen.
Kommunikation erfolge im Vollzug von Szenen, also mimetisch, gestisch,
körperlich. Daher ist auch Religion ihrem Wesen nach szenisch, also körperlich zu bestimmen. Die körperliche Dimension des Gottesdienstes
lässt sich als eine notwendige Dimension des Ästhetischen beschreiben
und ist auch auf die Predigt zu beziehen. Die Predigt ist – wie der gesamte Gottesdienst – eine Inszenierung des biblischen Textes.[301] Deutlich
unterschieden werden deshalb das Manuskript der Predigt und die Predigt selbst. Letztere ist wesentlich und nicht beiläufig als ein körperliches
In-Szene-Setzen von Texten zu verstehen.»Die Predigt unterscheidet sich
vom Predigtmanuskript in grundlegender Weise. Das eine ist ein *Text*,
das andere eine *Inszenierung*. Die Predigt ist die stimmhafte Rede einer
körperlich präsenten Person zu einer ebenfalls körperlich präsenten Gemeinde an einer prominenten Stelle des Gottesdienstes in einem dafür
gebauten und ausgestatteten Raum zu einem bestimmten Anlass«.[302]
Auch hier wird also die Vorstellung der Gemeinde in die Bestimmung
der Predigt konstruktiv einbezogen.
Freilich erwies sich gerade dieser Bezug auf die Gemeinde innerhalb der
homiletisch-liturgischen Debatte als neuralgischer Punkt einer Beschreibung des Gottesdienstes und der Predigt als darstellendes Handeln. Es
legte sich unter Umständen die Beobachtung nahe, dass der Gottesdienst
und die Predigt dann nicht nur der Würdigung des Vorfindlichen dien-
ten, sondern seiner exklusiven Affirmation.[303] Kritische Rückfragen wur-

---

[299] Vgl. den bereits erwähnten Band: *Plüss*, Gottesdienst als Textinszenierung. Perspektiven einer performativen Ästhetik des Gottesdienstes.
[300] Peter Cornehl hat sich nach einer stark restaurativen Phase innerhalb der Liturgik ausgesprochen verdient gemacht um einen Wiederanschluss an die schleierma-
chersche Bestimmung des Gottesdienstes.
[301] Plüss grenzt sich sowohl ab von der Vorstellung, Gottesdienst und Predigt seien
Ritualisierungen des Mythos, also ein »Rekurs auf das Ewiggleiche zum Zwecke seiner
Stabilisierung, Integration und Prolongation« (so Manfred Josuttis) als auch von der
Bestimmung des Gottesdienstes als einer »Inszenierung des Evangeliums« (so Michael
Meyer-Blanck); vgl. *Plüss*, Gottesdienst, 239–243, 239.
[302] *Plüss*, Texte inszenieren, 119 (Hervorh. im Orig.).
[303] Darauf hat z.B. Konrad Klek hingewiesen und herausgestellt, dass sich die Got-
tesdienstkonzeption von Spitta und Smend mit ihrer leitenden Bestimmung des Got-

den laut: Welches intentionale Potential bietet eine so verstandene Predigt und ein so verstandener Gottesdienst im Hinblick auf eine Veränderung und Transformation von individueller und sozialer Wirklichkeit?
Läuft eine vereinseitigte Bestimmung des Gottesdienstes und der Predigt
als darstellendes Handeln Gefahr, eine möglicherweise veränderungsbe-
dürftige Wirklichkeit zu affirmieren und damit auch zu sanktionieren?
Zielt sie nicht auf eine Binnenmarginalisierung der anwesenden Gemeinde?

Diejenigen Theorien, die Gottesdienst und Predigt stärker als wirksames
Handeln fassen, orientieren sich bei der Bestimmung von Aufgabe und
Absicht der Predigt deutlicher an den Nicht-Anwesenden beziehungsweise an denen, die »nur« aus Traditions- und nicht aus Glaubensgründen
am Gottesdienst partizipieren. Die Konzepte gehen markant von einer
Opposition von Kirche und religionsferner und glaubensdistanzierter Gesellschaft aus. Die Notwendigkeit des wirksamen Handelns bezieht sich
daher entweder auf die Glaubenskonstitution des Einzelnen, auf eine
Transformation der Gesellschaft oder liegt in einer Verknüpfung der beiden Perspektiven – die Veränderung des Ganzen kann nur durch die Veränderung der Glaubenshaltung vieler Einzelner erfolgen. Die diesen Konzepten zugrundeliegenden Argumentationsmuster sind plural und setzen
unterschiedliche Akzente. Geht man diesen Differenzen nach, eröffnen
sich jedoch erstaunliche Perspektiven und Parallelen innerhalb der Wirkungsgeschichte.

3.2 Gottesdienst und Predigt als überwiegend wirksames Handeln

Im Verlauf des 19. Jahrhunderts erfährt speziell die missionarisch-evange-
listische Predigtabsicht eine vielgestaltige argumentative Entfaltung.[304]

---

tesdienstes als darstellendes Handeln als »Paradefall *affirmativer* Kultur des Bildungs-
bürgertums« lesen lässt (*Klek*, Erlebnis, 147, Hervorh. im Orig.).
[304] Die Ursprünge der im Folgenden vorgestellten Argumentationsmuster lassen sich
mindestens bis in den Pietismus zurückverfolgen und schließen an die dort etablierten
Fassung des Wiedergeburtsgedankens an, der ergänzend zur Taufe eine individuelle
Bekehrung nötig erscheinen lässt. So forderte August Hermann Francke (1663–
1727), »die Kennzeichen eines noch unbekehrten, und eines wahrhaftig bekehrten
Menschen« in der Predigt regelmäßig, »klar und deutlich« darzulegen, so »daß ein
ieder sich selbst leicht danach prüfen könnte, zu welcher Classe er gehörete, zu den
Unbekehrten, oder zu den Bekehrten.« Deshalb sei es unabdingbar, »daß nicht nur
den Leuten gesagt werde, *daß* sie sich bekehren *sollen* / und daß sie die Kraft von
Christo dazu empfangen haben; sondern daß ihnen auch dabey in einer ieglichen
Predigt, (ob gleich bald kürtzer, bald ausführlicher,) die gantze Ordnung der wahren
Bekehrung gezeiget werde, WIE sie zur gründlichen Erkäntniß ihres Seelen-
Zustandes, und zu einer wahren Bekehrung gelangen, WIE sie aus ihrem Verderben
errettet, und WIE sie in einen bessern Zustand gesetzet werden können, also, daß ein
ieder aus einer ieglichen Predigt gleichsam eine gnugsame Antwort auf die Frage
kriegt: *Wie soll ichs angreiffen / daß ich ein wahres Kind Gottes / und Erbe des ewigen
Lebens werde?*« (*August Hermann Francke*, Send-Schreiben vom erbaulichen Predigen

Zuerst ist hier ein schrifthermeneutisches Argument auszuführen, das in zweierlei Hinsicht in Anschlag gebracht wird. Zum einen wird die missionarische Absicht der Predigt als in der Bibel selbst begründet angesehen. Weil die Bibel missionarische Verkündigung fordert, habe diese einen nicht aufgebbaren Ort im christlichen Gottesdienst. So begründete *Rudolf Stier* (1800–1862), unter anderem Dozent an der seinerzeit neugegründeten Basler Missionsschule, Absicht und Zweck der Predigt im direkten Rückgriff auf den matthäischen Missionsbefehl (Mt 28,18–20). Die Schrift als vom Geist inspiriertes Wort Gottes liefert selbst die Begründung für Wesen, Inhalt und Form der Predigt. Predigtabsicht und Predigtinhalt sind im strengen Sinne Schriftauslegung. Eben deshalb lässt sich inhaltlich und intentional zwischen Missions- und Kirchenpredigt nicht unterscheiden. Beide dienen als Zeugnis (κήρυγμα) der Verbreitung des Evangeliums, welches auf die Rettung des Sünders zielt. Das »Bekenntniß der Kirche« bleibt daher stets eins »mit dem Zeugniß der Mission: die Kirche predigt, ist selbst eine Mission an Alles außer ihr und an Alles, was in ihr noch nicht vollkommen ist«.[305] Die missionarische Predigt kennt nur ein Ziel und eine Absicht – die »Erweckung eines neuen geistigen Sinnes und Lebens in den Zuhörern, Mittheilung einer durch das von Gott dazu eingesetzte Wort vermittelten Geistesgabe«.[306] Eine wesentliche Voraussetzung hierfür ist die Wiedergeburt des Predigers selbst. Dennoch ist die Predigt nicht »als Ausdruck eines Christenthums einer Person, sondern obenan als Wort Gottes im Munde seines verordneten Boten«[307] zu verstehen. Die missionarische Predigt argumentiert mit einem Junktim, nämlich der Vorstellung der Objektivität des göttlichen Wortes und der notwendigen individuellen Frömmigkeit des Predigers. Objektivität des Wortes und Individualität der Glaubenspraxis verbinden sich hier auf prägnante Weise, denn das objektive Gotteswort ist Grund und Ursache des individuellen Glaubens. Deshalb ist die Predigt »nicht eine bloße Darstellung des Gemeinglaubens, vielmehr ein Erzeugungs-, Erneuerungs- und Förderungsmittel für denselben; als solches kommt sie aber eben nicht unvermittelt nur aus dem Geiste der Gemeinde, sondern aus dem Worte, welches dieser Geist bewahrt und bezeugt«.[308]

[1725], in: *ders.*, Predigten II, hg. v. *Erhard Peschke* [TGP Abt. II: August Hermann Francke Schriften und Predigten, 10], Berlin / New York 1989, 3–10, 3.5, Hervorh. im Orig.). – Vgl. zum Folgenden auch die Darstellung bei *Martin Schian*, Neuzeitliche Predigtideale, in: MPTh 1 (1904), 88–109. Beide Texte wiederabgedruckt in: *Ruth Conrad / Martin Weeber* (Hg.), Protestantische Predigtlehre. Eine Darstellung in Quellen (UTB 3581), Tübingen 2012, 95–102 und 137–156.
[305] *Rudolf Stier*, Grundriß einer biblischen Keryktik, oder einer Anweisung, durch das Wort Gottes sich zur Predigtkunst zu bilden. Mit besonderer Beziehung auf Mission und Kirche. Zunächst für im Glauben an Gottes Wort Einverstandene, 2., berichtigte u. sehr vermehrte Aufl., Halle 1844, 156 (im Orig. teilw. hervorgeh.).
[306] A.a.O., 187f. (im Orig. teilw. hervorgeh.).
[307] A.a.O., 170.
[308] Ebd.

Hier wird das zweite Moment der schrifthermeneutischen Argumentationsfigur deutlich: Die Absicht und der Zweck der Predigt werden mit der Vorstellung von der Selbstwirksamkeit des göttlichen Wortes verknüpft. Die Bestimmung der Predigtabsicht wird rückgebunden an die Lehre von der Schrift als göttlichem Wort und dessen Unverfügbarkeit. Die Predigt ist demnach auch insofern wirksames Handeln, als dass Gott in und durch sein Wort selbst wirksam handelt. Es ist die menschlich unverfügbare und methodisch nicht abbildbare Selbstwirksamkeit des göttlichen Wortes, die die menschliche Predigtrede zum wirksamen Handeln macht. Das, was die Predigt zu wollen hat, nämlich Bekehrung und Wiedergeburt, lässt sich nicht an dieser Selbstwirksamkeit vorbei oder über sie hinweg beschreiben. Diese Verbindung der Frage nach Zweck und Ziel der Predigt mit der Vorstellung des selbstwirksamen Gotteswortes wirft – in verschiedenen Nuancierungen über Karl Barth, Eduard Thurneysen, Hans Joachim Iwand und Rudolf Bohren – lange Schatten bis in die Gegenwart.[309]

Neben das schrifthermeneutische Argument tritt als zweite Argumentationslinie die krisendiagnostische beziehungsweise verfallstheoretische. Weil Entchristlichung und Entkirchlichung beharrlich fortschreiten, kann und darf die Predigt bei den Hörern den christlichen Glauben nicht länger einfach voraussetzen. Sie kann den Hörer nicht auf etwas ansprechen, was entweder gar nicht oder nur in Gestalt eines dumpfen, persönlich nicht angeeigneten »Kirchenglaubens« vorhanden sei. Solche Denkfiguren bringen den Gedanken, dass die sichtbare Kirche ein corpus permixtum sei, negativ zur Geltung. Sichtbare und unsichtbare Kirche sollen im Bereich des Sichtbaren deckungsgleich gemacht werden. Es geht um die Sammlung der wahrhaft Gläubigen, also derer, die das Heilshandeln Christi unmittelbar, persönlich und aktiv bejahen. Deshalb muss die Predigt die heilsrelevanten Fragen thematisieren und dem Hörer den Glauben zuallererst als eine ihn persönlich – in Zeit und Ewigkeit – treffende Lebenshaltung anempfehlen. Sie muss ihn gewinnen und überzeugen. Neben der vorausgesetzten Bibelunmittelbarkeit speist diese Argumentation ihr Selbstverständnis aus dem deutlichen »Bewußtsein der Distanz zur Kultur der eigenen Gegenwart«.[310]

---

[309] Vgl. z.B. *Eduard Thurneysen*, Die Aufgabe der Predigt, in: *Gert Hummel* (Hg.), Aufgabe der Predigt (WdF CCXXXIV), Darmstadt 1971, 105–118, 105: »Das *Wort im Worte*: das ist das zentrale Geheimnis und das daraus entspringende zentrale Problematik jeder Predigt« (Hervorh. im Orig.); *Hans Joachim Iwand*, Homiletik-Vorlesung. Nachschrift aus dem illegalen Predigerseminar Bloestau, in: *ders.*, Predigten und Predigtlehre. Bearbeitet, kommentiert u. mit Nachworten versehen v. Albrecht Grözinger / Bertold Klappert / Rudolf Landau / Jürgen Seim (Nachgelassene Werke NF 5), Gütersloh 2004, 417–507, bes. 448–453.462–467; *Rudolf Bohren*, Predigtlehre, München ³1971.

[310] *Martin Weeber*, Kultivierte Kulturdistanz. Die Homiletik Theodor Christliebs, in: Klassiker der protestantischen Predigtlehre. Einführungen in homiletische Theo-

Beispielhaft findet sich diese Argumentationslinie bei *Theodor Christlieb* (1833–1889), Professor für Praktische Theologie in Bonn und neben Elias Schrenk (1831–1913) einer der Mitinitiatoren der deutschsprachigen, aus dem Angelsächsischen inspirierten, Gemeinschaftsbewegung. Christlieb war selbst mehrere Jahre in London als Pfarrer tätig gewesen. Er begründet die Notwendigkeit missionarischer Predigt mit der Entkirchlichung breiter Gesellschaftsschichten, insbesondere der Arbeiterklasse. Diese Entkirchlichung mache – im Sinne einer Entchristlichung – auch vor und in der Kirche nicht Halt. In der Kirche zu sein, ja gar den Gottesdienst zu besuchen, bedeute noch lange nicht, gläubig zu sein. Deshalb wird die »homiletische Behandlung aller als kirchlich Gläubiger [...] leicht zu einer gefährlichen Fiktion; daher eine Theorie der bloss erbaulichen Gemeindepredigt, die in allen Hörern nicht etwa bloss den gemeinsamen objektiven Kirchenglauben, sondern wirklichen persönlichen Herzensglauben voraussetzt, im Unterschied von der Anleitung auch zur Erweckung, respektive Neugründung des Glaubens in den von ihm Abgefallenen je länger je mehr für unsere Bedürfnisse unzureichend und unfruchtbar zu werden droht«.[311] Differenziert wird zwischen einem allgemeinen, wenig individuell-spezifischen Glauben und einem Herzensglauben, der sich einer persönlichen Wiedergeburt verdankt. Der unverbindliche Kirchenglaube hat seine Wurzeln in einer zu engen Verbindung von Kirche, Kultur und Gesellschaft. Wahrer Glaube äußert sich deshalb in Welt- und Kulturdistanz. Da nun innerhalb eines christlichen Gottesdienstes immer auch wahre Gläubige anzutreffen sind, lässt sich die Absicht der Predigt sachgemäß nur als eine doppelte bestimmen: Erweckung und Erbauung. Hier wird strukturell in den Predigtbegriff integriert, was von Schleiermacher aus religionshermeneutischen Erwägungen und aus Zweckmäßigkeitsgründen zurückgewiesen wurde.[312]

Interessanterweise hat diese kulturdistanzierte, missionarische Position selbst ebenfalls eine doppelte Wirkungsgeschichte. Die erste ist unter dem Schlagwort »soziale Predigt« bekannt geworden. Auch hier wird argumentiert, dass nur eine bewusste Distanzierung der Kirche von der soziokulturellen Zeitgenossenschaft die (Wieder-)Bekehrung breiter Massen in Gang zu bringen vermöge. Nur eine Massenbekehrung aber sei in der Lage, gesellschaftlich-soziale Missstände dauerhaft zu überwinden. Der christliche Glaube wird als rettender Gegenentwurf zu einer sich moralisch und sozial im Niedergang befindenden Gesellschaft forciert. Weil der »Endzweck der Predigt das Seligwerden der Hörer in des Herrn Ge-

---

rieentwürfe von Luther bis Lange, hg. v. *Christian Albrecht / Martin Weeber* (UTB 2292), Tübingen 2002, 144–160, 144.
[311] *Theodor Christlieb*, Homiletik. Vorlesungen, hg. v. *Theodor Haarbeck*, Basel 1893, 7f.
[312] Vgl. oben das unter Anm. 227 ausgewiesene Zitat.

meinschaft«[313] sei, habe die Predigt Buß-, Evangeliums- und Heiligungs-predigt zu sein.[314] Ohne Ansehen des Standes und der Person habe die Predigt zuerst den Einzelnen zum Glauben an die ewigen Güter Gottes einzuladen und nur von hier aus und nur in dieser Perspektivierung dürfe das Soziale thematisiert werden. Der Glaube hilft dem Einzelnen, diessei-tige Ungerechtigkeit auszuhalten und es am individuellen Ort als das Gottgegebene zu ertragen. Denn eben dieses Ausharren im Unrecht – und nicht die Revolte dagegen – ist das sittlich Richtige. Wer »an die Ewigkeit wieder glauben gelernt hat, der meint nun eben nicht länger, daß die Lösung der sozialen Frage in der Zuerkennung des gleichen An-rechts auf die irdischen Güter an alle bestehe, der weiß, daß ihre Lösung sich vermittelt durch Anerkennung der gleichen *überirdischen* Anlage und Bestimmung aller, eine Anerkennung, welche mit der Achtung der natür-lichen sozialen Unterschiede zusammenbesteht«.[315] Die Bekehrung vieler Einzelner führt zu einem neuen, christlichen Gemeinsinn. Dieser vermag die bestehende Gesellschaft in eine bessere zu transformieren. »Wir müs-sen predigen, als wollten wir die ganze Welt bekehren, ja nicht bloß als wollten wir es, sondern wir müssen es wollen. Aber die Bekehrung wird und muß immer Einzelbekehrung sein«.[316] Eben darin nämlich »liegt die Bedeutung der Glaubenspredigt für das soziale Leben, daß sie Menschen schafft, die nicht bloß die Theorie der Liebe anerkennen, sondern die sie leben, weil sie um des Glaubens willen sich nicht mehr trennen können von den Andern, sich nicht mehr vereinzeln können«.[317] Die Bekehrung des Einzelnen ist das Medium, das eine gottgegebene Gesellschaftsord-nung, aber von Gott abgefallene Gesellschaft, in eine gottgefällige, weil gläubige Gesellschaftsformation zu verwandeln vermag. So präsentiert sich das Christentum vor allem als Gegenentwurf zu radikalrevolutionä-ren Umsturzvorstellungen der Sozialdemokratie. Weil als ideale Gegenge-sellschaft konzeptionalisiert, kann und muss die Kirche »das Gewissen des Volkes sein«.[318] Die Umgestaltung der Gesellschaft in eine christliche

---

[313] Christus ist unser Friede. Soziale Zeitpredigten und Betrachtungen, gesammelt u. hg. v. Lic. *[Ludwig] Weber*. 1. Sammlung. Mit einer Einleitung des Herausgebers: Über die soziale Predigt in unserer Zeit, Göttingen 1892, VII. Ähnlich auch *[Hermann] Cremer*, Die soziale Frage und die Predigt, in: Bericht über die Verhandlungen des Fünften Evangelisch-sozialen Kongresses, abgehalten zu Frankfurt am Main am 16. und 17. Mai 1894. Nach den stenographischen Protokollen, Berlin 1894, 11–22, 13f.
[314] Diese Trias findet sich bei [*Weber]*, Christus ist unser Friede, VIII–XIII; ähnlich aber auch in anderen Texten zu diesem Thema.
[315] A.a.O., XI (Hervorh. im Orig.).
[316] *Cremer*, Soziale Frage, 22.
[317] A.a.O., 20f. An anderer Stelle setzt Cremer sich daher dezidiert von Grundvo-raussetzungen der schleiermacherschen Darstellungstheorie ab und betont, nichts sei »weniger die Aufgabe der Predigt, als die Darstellung des Gemeindebewußtseins« (*Hermann Cremer*, Die Aufgabe und Bedeutung der Predigt in der gegenwärtigen Krisis, Berlin 1877, 17, im Orig. hervorgeh.).
[318] *Weber*, Christus ist unser Friede, VIII.

Gesellschaft wird als Lösung für das Problem sozialer und sittlicher Verwerfungen propagiert. Damit aber kommt tendenziell ein hierarchisches
Gefälle in das Verhältnis zwischen Liturg beziehungsweise Prediger und
Gemeinde – dem kritisch-distanzierten Gegenüber von Kirche und Gesellschaft korrespondiert ein hierarchisches Gegenüber von Prediger beziehungsweise Liturg und Gemeinde. Dies zu verhindern ist dagegen ein
zentrales Anliegen der Darstellungstheorie. Auch an einem anderen Punkt
ist eine Differenz zu notieren. Gottesdienstformen mit einem starken
Willen, die christliche Gemeinde zumindest in Teilen als Gegengesell-
schaft zu etablieren, schaffen sich im liturgischen Vollzug allererst diese
spezielle Gemeinde, da die traditionelle Gemeinde immer als zu wenig
erweckt gilt, entweder religiös oder politisch oder beides.[319]
Haben schon die vorgestellten Konzepte der »sozialen Predigt« um 1900
die Wahrnehmung der Lebenswirklichkeit als conditio sine qua non einer
»erfolgreichen«, weil wirkmächtigen Predigt propagiert,[320] so verschafft
sich diese Perspektive an anderer Stelle in der Geschichte der homiletischen Theorie deutlicher Geltung. Hierbei handelt es sich um die zweite,
eher indirekte Wirkungsgeschichte der dargestellten kulturdistanziert-
evangelistischen Argumentationslinie. Auf die Wahrnehmung einer wach-
senden Distanz zwischen Kirche und zeitgenössischer Gesellschaftskultur
lässt sich immer auch mit dem Impuls reagieren, religiöse Überlieferung
und Gegenwartsbewusstsein nicht weiter auseinanderdriften zu lassen.
Statt aber beide im Gedanken der Mission und Wiedererweckung kon-
frontativ gegenüberzustellen, werden sie konstruktiv aufeinander bezogen.
Sämtliche Programme einer sogenannte »modernen Predigt«, die um 1900
im weitesten Sinne einer liberalen Theologietradition zuzuordnen sind

---

[319] Diese Argumentationsmodelle finden sich auch in politischen Liturgien im 20.
Jahrhundert wie z.B. dem » Politischen Nachtgebet«. Dort werden Politik und christlicher Glaube dergestalt aufeinander bezogen, »daß das Evangelium kritisch und ent-
werfend auf gesellschaftliche Zustände wirken muß« (*Fulbert Steffensky*, Arbeitsanleitung, in: Politisches Nachtgebet in Köln. Im Auftrag des ökumenischen Arbeitskreises
»Politisches Nachtgebet«, hg. v. *Dorothee Sölle / ders.*, Stuttgart/Berlin/Mainz 1969,
7–12, 7f.). Die Liturgie selbst versteht sich als politische Information, Konfrontation,
Diskussion und Aufruf zur Aktion, weshalb Peter Cornehl aufgrund des umfangrei-
chen Informationsteils einen autoritären Gestus der Liturgie beklagte (*Peter Cornehl*,
Öffentlicher Gottesdienst. Zum Strukturwandel der Liturgie, in: Gottesdienst und
Öffentlichkeit. Zur Theorie und Didaktik neuer Kommunikation, hg. v. *dems.* /
Hans-Eckehard Bahr [Konkretionen. Beiträge zur Lehre von der handelnden Kirche
8], Hamburg 1970, 118–196, 186–196).
[320] Vgl. *Weber*, Christus ist unser Friede, VII: »[D]arum muß das Amt der Predigt,
um allen alles zu werden, um viele zu gewinnen (1. Kor 9,19), die lebendigen Bedürfnisse der Gegenwart in dem Zeugnis von der Kanzel berücksichtigen, muß zu Menschen des 19. Jahrhunderts so reden, daß es den in ihren Herzen Gährenden, Wo-
genden und Wallenden Licht, Klarheit, Trost und Halt entgegenbringt«. Oder auch
Paul Walther, Sociale Gedanken in Anlehnung an die Sonn- und Festtags-Evangelien
mit Einleitung und Nachwort, Göttingen 1893, 5: »Die Predigt hat vielfach die Füh-
lung mit dem Volke und seinen Bedürfnissen verloren«.

und sich als neuzeitliche Predigtlehre verstehen, begleiten entsprechend die Programme einer missionarischen Predigt »wie ein nicht abwerfbarer Schatten«.[321]
Hier zeigen sich nun erstaunliche Verwandtschaften, sprechen doch auch die Vertreter eines Programms der »modernen Predigt«, besonders im ersten Drittel des 20. Jahrhunderts, davon, dass fortschreitende Entkirchlichung wie Entchristlichung eine missionarische und apologetische Absicht der Predigt notwendig machen. Die missionarische Predigt gilt – zumindest partiell – als homiletisches Vorbild, weil sie ausdrücklich auf eine klar beschreibbare Wirkung ziele. So erinnert der Breslauer Praktische Theologe *Martin Schian* (1869–1944) daran, »daß wir mit unserer Predigt an diesen Gemeinden etwas *wirken* sollen. Das ist der große Vorteil der Missionspredigt vor der Gemeindepredigt gewesen: die Missionare konnten nie vergessen, daß sie etwas *erreichen* wollten; die Gemeindeprediger haben das oft vergessen. [... S]ie haben vergessen, daß sie die Gemeinden in der Freude am Christenstand festigen und aus der Unvollkommenheit des Christenstandes zur Vollkommenheit führen sollten«.[322] Zwar habe die missionarische Gemeindepredigt den amerikanisch-drängenden Stil der Erweckungsbewegung zu meiden, deren zielorientierte Intentionalität gilt aber als nachahmenswert – denn »aufwecken muß die Predigt die schlafenden Gewissen«.[323] Ähnlich argumentiert auch der Kieler Praktische Theologe *Otto Baumgarten* (1858–1934) und fragt kritisch an, ob es denn von vornherein feststehe, »daß das Evangelium nur dem innersten Kreise der Gläubigen zu bringen ist, daß die Predigt nur eine Selbstverständigung der Gemeinde über ihren Besitz ist? Wenn sie vor hundert Jahren noch so gefaßt werden konnte – die moderne Situation macht es unmöglich: der Abfall der Massen unten und oben von einem selbstverständlichen Christentum. Also muß die Predigt auch apologetisch sein, die Verkündigung des Evangeliums auch Missionsrede, *Evangelisation*«.[324] Das Evangelistisch-apologetische ist freilich nur »ein Moment unserer Verkündigung [...] neben der Predigt an die, welche eine Geschichte haben, neben der Weiterpflege ruhiger innerer Entwickelung«.[325] Es besteht nicht nur eine geschmacksästhetische und methodische Distanz zu aller »Engländerei im kirchlichen Leben«.[326] Die moderne Predigt kann sich auch keineswegs der gedanklichen Voraussetzungen angelsächsischer und erweckungsbewegter Predigtkonzepte bedienen. Denn

---

321 *Weeber*, Kultivierte Kulturdistanz, 144.
322 *Martin Schian*, Die Predigt. Eine Einführung in die Praxis (PThH 2), Göttingen 1906, 20f. (Hervorh. im Orig.).
323 A.a.O., 25.
324 *Otto Baumgarten*, Predigt-Probleme. Hauptfragen der heutigen Evangeliumsverkündigung, Tübingen/Leipzig 1904, 1f. (Hervorh. im Orig.).
325 A.a.O., 19.
326 Vgl. unübertrefflich *Otto Baumgarten*, Art. Engländerei im kirchlichen Leben, in: RGG¹ 2 (1910), Sp. 337–339.

dort werde »über die echt deutschen intellektuellen Kämpfe um die Got-
tes- und Weltanschauung und über die geschichtlich gewordenen tiefen
Differenzierungen des Christentums in den Volksindividuen hinweg eine
Verbrüderung auf streng biblizistischem Grunde« angestrebt.[327] Die
Notwendigkeit missionarischer und apologetischer Predigt wird hier
nicht biblisch und damit auch christentumstheoretisch, sondern gegen-
wartsdiagnostisch begründet.[328] Das Programm der sogenannten »modernen Predigt« betont gegenüber Schleiermachers Darstellungstheorie
expliziter die Wirkorientierung der Predigt, teilt aber weitgehend dessen
religionstheoretische Voraussetzungen und lehnt entsprechend die Methoden der aus dem Angelsächsischen importierten Erweckungspredigt
ebenso ab wie deren Kultur- und Gesellschaftsdistanz und deren Bibli-
zismus.
Wie aber soll die glaubensschaffende Wirkung der Predigt erreicht werden, wenn in der Formfrage eine deutliche Distanz markiert wird? Zur
Beantwortung dieser Frage wurden im weiteren Umfeld der liberalen
Praktischen Theologie um 1900 zwei Modelle entwickelt. Zum einen
wird – darin einigen Vertretern der »sozialen Predigt« durchaus vergleichbar – eine stärkere und profiliertere Wahrnehmung des empirischen Pre-
digthörers und seiner Lebenswelt angemahnt.[329] Die Wirkungslosigkeit
der Predigt wird ursächlich mit mangelnden Kenntnissen über den empirischen Hörer bei den Predigern begründet. Die Prediger operieren – so
der Vorwurf – mit einem Hörerbild, das entweder vergangenen Bedingungen oder grundsätzlich dogmatischen und nicht empirischen Voraussetzungen verpflichtet ist. So hat der Marburger Praktische Theologe
Friedrich Niebergall (1866–1932) moniert, dass »häufig kluge und treue
Menschen auf Kirchenbesucher ein[reden], die in Wahrheit einmal in der
Vergangenheit zu finden waren, gegenwärtig aber nur in der konstruie-
renden Phantasie der Herrn Pfarrer vorhanden sind. Sie antworten auf
Fragen, die niemand stellt, und auf die Fragen, die jeder stellt, antworten
sie nicht«.[330]
Um diesen Missstand zu beheben, werden der Homiletik wie insgesamt
der Praktischen Theologie neue Gesprächspartner zugeführt, vor allem
Religionspsychologie und religiöse Volks- und Kirchenkunde. Empirische
Perspektiven werden als konstitutiv in den Predigtproduktionsprozess

---

[327] A.a.O., Sp. 337.
[328] Womöglich lassen sich Konzepte, die auf ein adäquates Verständnis der Gegen-
wartskultur und deren religiöse Signaturen zielen, immer auch als missionstheologi-
sche Konzepte lesen. Vgl. hierzu *Dörte Gebhardt*, Glauben kommt vom Hörensagen.
Studien zu den Renaissancen von Mission und Apologetik (APTh 64), Göttingen
2010, 62f.
[329] In der Hinwendung der Praktischen Theologie und damit auch der Homiletik
zur Empirie am Beginn des 20. Jahrhunderts präfiguriert sich die von Lange geforder-
ter Hörerorientierung (vgl. oben Anm. 38).
[330] *Friedrich Niebergall*, Die moderne Predigt, in: ZThK 15 (1905), 203–271, 203.

integriert.[331] Neben die Etablierung der Empirie in den praktisch-theologischen Diskurs tritt die pastoraltheologische Forderung der Partizipation der Prediger an der Lebenswelt der Hörer. Damit die Kenntnis des Hörers eine spezielle und konkrete und keine allgemein-plakative ist, ist es notwendig, dass der Pfarrer am alltäglichen Leben der Gemeinde partizipiert. Indem der Pfarrer »sich eifrig mit seinen Leuten die liebe lange Woche hindurch in Verbindung hält«,[332] erschließen sich ihm die sozio-kulturellen Lebensbedingungen seiner Hörer ebenso wie die je individuellen Strukturen ihrer Frömmigkeit. Die Kenntnis der Lebenswelt wird also zu einer homiletischen und kybernetischen Zentralaufgabe. Damit aber fällt die weitgehende Wirkungslosigkeit der Predigt immer auch in die Verantwortung derer, die predigen beziehungsweise derer, die die angehenden Pfarrer ausbilden.[333]

Friedrich Niebergall selbst hat den Blick dann auch darauf gelenkt, dass die Wirkung nicht nur durch eine profiliertere Kenntnis des wirklichen Hörers zu steigern sei, sondern auch durch die Verbindung von Homiletik und Gemeindepädagogik. Ist der Grundzweck der gesamten Praktischen Theologie die Entfaltung einer Theorie der Gemeindeerziehung[334] im Sinne einer Beeinflussung der religiösen Gefühle, dann lässt sich auch die Frage nach der Predigtabsicht pädagogisch profilieren[335]. Religionspädagogik ist der »gemeinsame Name für die Homiletik und die Katechetik«.[336] Deshalb dient die Predigt der Gemeindeerziehung. Sie zielt auf eine Veränderung der individuellen Wertschätzung – von den irdischen hin zu den göttlich-himmlischen Werten. »Für diese Wertgüter Sinn und Wertschätzung anzubahnen und die Überzeugung zu festigen, daß Gott

---

331 Vgl. hierzu *Conrad*, Kirchenbild, 354ff.
332 *Friedrich Niebergall*, Wie predigen wir dem modernen Menschen? Erster Teil. Eine Untersuchung über Motive und Quietive, Tübingen ³1909, 153. Auch von hier führt eine Linie zu den oben vorgestellten Forderungen Ernst Langes.
333 Genau hier ist m.E. der Punkt, an welchem der pneumatologische Vorbehalt nach CA V methodisch überrannt zu werden droht. Weil Absicht bzw. Ziel und Wirkung der Predigt nicht unterschieden werden, werden Fragen der Pneumatologie – wie bspw. die der Glaubenskonstitution – zu Fragen praktisch-theologischer Methodologie.
334 Vgl. den Untertitel von *Friedrich Niebergall*, Praktische Theologie. Lehre von der kirchlichen Gemeindeerziehung auf religionswissenschaftlicher Grundlage. 2 Bde., Tübingen 1918f.
335 Niebergall hat hierbei die Differenz zu Schleiermachers Konzept herausgestellt, welches er – freilich zu einseitig – als ein ästhetisches bestimmt: »Ist unsre Auffassung der Homiletik mehr von der Pädagogik als von der Aesthetik bestimmt, weil es sich mehr um Beeinflussung des Menschen als um Darstellung der religiösen Inhalte handelt, so wenig sich diese beiden Gesichtspunkte natürlich völlig scheiden und entgegensetzen lassen, so sehr sehen wir uns veranlaßt, die Pädagogik daraufhin anzusehen, was sie uns helfen kann« (*Niebergall*, Wie predigen wir I, 204).
336 *Friedrich Niebergall*, Theologie und Praxis. Hemmungen und Förderungen der Predigt und des Religions-Unterrichts durch die moderne Theologie (PThHB 20), Göttingen 1916, 91 (im Orig. teilw. hervorgeh.).

hinter ihnen steht, und daß Gott gerade solches uns geben will, das ist die
bleibende Aufgabe jeder christlich-kirchlichen Erziehertätigkeit und auch
der Predigt. Für diese Umwertung der Werte vorzubereiten und die Folgerungen gedanklicher und praktischer Art daraus zu ziehen, das ist es,
was der Prediger in seiner Weise jahraus, jahrein zu treiben hat«.[337] Die
Predigt ist ein teleologisch-zweckrationales Handeln. Sie will im Modus
der Erziehung wirken, ändern und helfen. Über den Gedanken der Erziehung erhält die Predigt immer auch eine ethisch-soziale und öffentliche
Aufgabe. Damit wird die argumentatorische Parallele in der Bestimmung
der Predigtabsicht zu Konzepten der »missionarischen« und der »sozialen«
Predigt« offensichtlich. Es sei, so Niebergall, »eine unabweisbare Pflicht,
die mit der Verkündigung des Glaubens an Gott verbunden ist, daß man
die Weltverhältnisse so gestalten hilft, daß in ihnen kein Hindernis liegt,
den gerechten und gütigen Gott zu verehren«.[338] Der christliche Glaube
als ein »personalistischer transzendenter ethischer Optimismus«[339] hat
weltgestaltende Wirkung. Während also in Konzepten der missionarischen Predigt das Erlösungshandeln Christi auf die individuelle Heils-
und Rettungsgewissheit bezogen ist und die Gesellschaft durch die Bekehrung vieler Einzelner eine christliche und damit bessere wird, versteht
Niebergall die dogmatischen Fragen selbst als praktische Fragen.[340] Die
Heilswahrheiten sind konkrete Wahrheiten, die ihre Konkretion nicht
jenseits, sondern in der Begegnung mit der Wirklichkeit entfalten. »Wir
brauchen mehr Wirklichkeitssinn in der Darstellung und in der Bearbeitung der Menschenseelen, damit man uns auch das Evangelium als einen
Bestandteil der Wirklichkeit abnimmt und es nicht für ein eben solches
Luftgebilde nimmt wie unsere Auffassung des Menschen«.[341]

Halten wir kurz fest: Werden Gottesdienst und Predigt schwerpunktmä-
ßig als darstellendes Handeln bestimmt, dann wird das religiöse Bewusstsein, also der Glaube in der Gemeinde zumindest im Modus der Empfänglichkeit konstruktiv vorausgesetzt. Die Gottesdienstteilnehmer und
Predigthörer kommen als religiös ansprechbare und mündige Subjekte in

---

[337] *Friedrich Niebergall,* Predigttypen und Predigtaufgaben der Gegenwart, in: ChW
39 (1925), Sp. 578–588, 579f. (mit deutlichen Anklängen an Formulierungen von
Friedrich Nietzsche). – Emil Sulze (1832–1914) hat im Rahmen seines Kirchenre-
formprogramms vorgeschlagen, der fehlenden christlichen Bildung und dem entsprechend rückläufigen oder defizitären Glauben mit Katechismuspredigten abzuhelfen.
Vgl. *Emil Sulze,* Die evangelische Gemeinde (Zimmers Handbibliothek der praktischen Theologie I, a), Gotha 1891, 67ff.
[338] *Friedrich Niebergall,* Evangelischer Sozialismus, Tübingen 1920, 16. Die Wand-
lungen, die Niebergalls Verständnis der politisch-gesellschaftlichen Funktion der Predigt in der Spätphase seines Schaffens durchlief, müssen hier hintenangestellt werden.
[339] *Niebergall,* Theologie und Praxis, 55.
[340] Vgl. auch unten zum Programm der »praktischen Exegese« (siehe Kap. III.1.2.c).
[341] *Niebergall,* Wie predigen wir I, 100.

den Blick.[342] Ein hierarchisches Verständnis von Prediger und Hörer, Liturg und Gottesdienstgemeinde wird zugunsten einer liturgisch-homiletischen Konzeption vom Priestertum aller Gläubigen überwunden. Das Verhältnis zur Kultur der eigenen Gegenwart ist positiv. Die Kategorie des darstellenden Handelns öffnet Liturgik und Homiletik für eine Rezeption ästhetischer und kulturwissenschaftlicher Perspektiven. Werden Gottesdienst und Predigt demgegenüber stärker als wirksames Handeln gefasst, dann rücken die Aspekte des Wirken- und Verändernwollens ins Zentrum. Gottesdienst und Predigt wird eine umwandelnde Funktion zugeschrieben – sie sollen Glauben wecken, gesellschaftlich-soziale Formationen ertragen und darin verändern helfen sowie den je individuellen Willen zu den ewigen Gütern hinwenden. Missionarisches, Soziales und Pädagogisches sind Modi dieser Veränderungsabsichten.

Nun kann kaum bestritten werden, dass diese Veränderungsabsichten immer auch Anliegen des Christentums sind. Die entscheidende Frage ist daher: Wie lassen sich diese Einzelziele in eine grundlegende Bestimmung der Absicht von Gottesdienst und Predigt überführen, ohne dass es zu den skizzierten problematischen Denkfolgen kommt, die eine zu einseitige Theorie des wirksamen Handelns zu entfalten droht – also ohne ein dualistisches Gegenüber von Kirche und Gesellschaft, von individueller und kirchlicher Religion, ohne eine Dauerkritik an der sichtbaren Kirche als einem corpus permixtum und ohne ein hierarchisches Gegenüber von Prediger und Gemeinde? Wie können die immer auch berechtigten und legitimen Anliegen des wirksamen Handelns in eine Darstellungstheorie eingezeichnet werden und mit den leitenden Denkfiguren dieser Theorie verbunden werden?[343] Schon Schleiermacher hat trotz prägnanter Zuordnungen der einzelnen kirchlichen Handlungsfelder zu je einer der Handlungsformen das jeweils andere nicht aufgehoben. Meines Erachtens ist diese Verbindung möglich, wenn man die materialen Frage- und Problemstellungen, die sich in den Theorieansätzen zum wirksamen Handeln finden, auf die systematischen Voraussetzungen der Darstellungstheorie bezieht, also auf Religionstheorie, Ekklesiologie und Christologie. Dies soll im nächsten Kapitel geschehen. Davor sollen jedoch die bis hierher gewonnenen Einsichten gebündelt werden.

---

[342] Diesen Sachverhalt macht Jan Hermelink völlig zu Recht zur Grundlage jeglichen Leitungshandelns in der Kirche, siehe *ders.*, Kirchliche Organisation und das Jenseits des Glaubens. Eine praktisch-theologische Theorie der evangelischen Kirche, Gütersloh 2011, 226, im Hinblick auf den Gottesdienst siehe 297.
[343] Für die Verbindung von Liturgie und Pädagogik hat entsprechende Überlegungen dargelegt *Michael Meyer-Blanck*, Das Pädagogische und die Liturgie, in: *ders.*, Agenda. Zur Theorie liturgischen Handelns (PThGG 13), Tübingen 2013, 243–256.

4. Zusammenfassung

Die Predigt ist eine religiöse Rede, die bestimmt ist durch ihren Kirchenbezug und ihren Christusbezug. Diese Bestimmung der Predigt lässt sich
ableiten, wenn man im Anschluss an Schleiermacher das Verständnis der
Kirche und das Verständnis der Dogmatik, deren Zentrum die Christologie ist, im Hinblick auf die Predigt mit dem Verständnis von Religion
verknüpft. Schleiermachers Predigtverständnis lenkt den Blick darauf,
dass die Homiletik nur als systematisch-integrative Theorie sachangemessen zu betreiben ist. Die jeweilige Dogmatik- und Ethikkonzeption ver-
dichtet sich in der Homiletik.[344] Diese stellt sich entsprechend als Verdichtungsort theologisch-kirchlicher Fragestellungen dar. Sie kann »in
gewisser Weise als das Wahrzeichen protestantischer Theologie gelten«[345]
und hat grundsätzlich einen »theologischen Theoriestatus«.[346]
Als Handeln der Kirche gehört die Predigt wie der gesamte Gottesdienst
zum Bereich des darstellenden Handelns. In Unterscheidung zum wirksamen Handeln ist es nicht an Zwecken orientiert und nicht strategisch
auf Wirkung angelegt, sondern ist ein Handeln nach Grundsätzen. Es
verdankt sich Momenten »relativer« Seligkeit und hat seinen Ort im »Zustand der freien Herrschaft des Geistes über das Fleisch, [dem] Bewußtsein der Seeligkeit, de[m] ungetrübte[n] Zustand in der schwebenden
Mitte zwischen Lust und Unlust«.[347] Es ist auf Darstellung und Zur-
Anschauung-Bringen des Glaubens angelegt. Diese Darstellung zielt auf
Stärkung, Belebung, Kräftigung und Orientierung des religiösen Lebensgefühls. Im Modus der Darstellung kann es dann auch – bei entsprechender Empfänglichkeit – allererst entwickelt werden.
Dieser integrative homiletische Theorieansatz erweist sich als geeignet,
ästhetische und rhetorische Perspektiven auf die Predigt miteinander zu
verbinden. Dieser Anspruch stand am Anfang der Überlegungen. So lässt
sich im Hinblick auf das *rhetorische* Moment der Predigt die rednerische
Absicht, die intentio, prägnanter und pointierter beschreiben. Es geht
nicht darum, irgendetwas zu wollen und sei dieses noch so gut gemeint;
auch geht es nicht darum, die persönlichen religiösen Überzeugungen
anderer mitzuteilen oder diese zu bestimmten religiös, moralisch oder
bildungsbürgerlich adäquat scheinenden Haltungen und Gesinnungen zu

---

[344] Dieser Sachverhalt lässt sich im Hinblick auf die Verknüpfung von Kirchen- und
Predigtverständnis bei Schleiermacher verdeutlichen. Innerhalb der »Praktischen
Theologie« wird kein Kirchenbegriff entfaltet. Als Technik ruht sie dort auf den Einsichten der vorausliegenden Wissenschaften und damit auch der Philosophischen wie
Historischen Theologie, also auch der Dogmatik und Ethik, auf. Gerade aus dieser
Einsicht resultiert für die Homiletik, dass sie schlechterdings nicht ohne den Dialog
mit den anderen theologischen Disziplinen auskommt. Wird dieser Sachverhalt ignoriert, reduziert sich die Homiletik selbst zur Methodenlehre.
[345] *Albrecht*, Schleiermachers Predigtlehre, 95.
[346] Ebd.
[347] *Schleiermacher*, Christliche Sitte, 527 (im Orig. hervorgeh.).

bewegen. Vielmehr geht es in der Predigt um die Kommunikation der die Anwesenden verbindenden religiös-christlichen Lebens- und Weltdeutung.[348] Diese wird bestärkt, erbaut, orientiert oder erhellend irritiert, weil nämlich die als wahr erkannte christliche Lebens- und Weltdeutung auf eine lebenslange Haltung (attitude) zielt. Als lebenslange Haltung bedarf der Glaube zu seiner Aufrechterhaltung ihm entsprechende soziale Bindungen. Der Gottesdienst ist als eine solche zu verstehen. Liturgie und Predigt pflegen diese Haltung und sind zugleich Ausdruck derselben. Gottesdienst und Predigt erfolgen also nicht nur im Auftrag der Kirche, sondern sind als darstellendes Handeln eine Wesensäußerung der Kirche, die sich selbst als religiöse Gemeinschaft versteht. Dass die Kirche als religiöse Gemeinschaft immer aus individuellen religiösen Subjekten besteht und dass die Individualität des Glaubens nicht durch eine rhetorisch motivierte Predigtabsicht überrannt werden darf – diese Einsicht wird in der *rezeptionsästhetischen* Perspektivierung der Predigt bewahrt. Gegenüber dem rhetorischen Willen zur Absicht wird hier die selbstproduktive Kraft des Hörers in religiösen Fragen betont.

Der dreifache Bezugsrahmen, der hier für die Beschreibung der Predigtabsicht herausgestellt wurde, soll im nächsten Kapitel im Hinblick auf den *Inhalt* der Predigt befragt werden: (1.) Die Predigt ist eine religiöse Rede. (2.) Sie erfolgt im Kontext der christlichen Kirchen und ist (3.) durch ihren expliziten Bezug auf Jesus Christus, den Erlöser gekennzeichnet. Das religiöse Lebensgefühl ist seinem Wesen und seiner Darstellungsform nach auf Gemeinschaft angelegt und seinem Inhalt nach nicht von Christus und dessen Erlösungshandeln zu trennen. Diese dreifache Rückkopplung und Kontextualisierung des Predigtverständnisses und der Predigtabsicht wird nun auf die materiale Ausgestaltung derselben hin entfaltet und vertieft werden. Damit wird der Zusammenhang zwischen grundsätzlicher Absicht der Predigt und der je konkreten Überführung dieser Absicht in Inhalte in den Blick genommen.[349]

---

[348] Formulierungen, wie die Predigt solle »einladen zum Glauben«, »den Glauben allererst plausibel machen«, »Freude am Christsein-wecken« etc. verwischen m.E. genau diesen Unterschied. – Innerhalb der rhetorischen Persuasionsforschung hat Knape entsprechend im Unterschied zu einem einmaligen und spezifisch situativen Persuasionsgeschehen die Vorstellung von einem immer auch prozessualen Persuasionsgeschehen entwickelt. »Prozessuale Persuasion« ziele im Unterschied zum einmaligen Persuasionsgeschehen »nach dem Wechsel auf den Nichtwechsel, eine frei ausgehandelte stabile Bindung [...], die entsprechendes Dauerverhalten nach sich zieht« (*Knape*, Zwangloser Zwang, 60f.).

[349] In den zurückliegenden Jahren werden materialhomiletische Überlegungen wieder verstärkt diskutiert. Vgl. z.B. den Sammelband *Hanns Kerner* (Hg.), Predigt konkret. Grundlinien homiletischer Ansätze, Leipzig 2011.

III. Inhalt und Absicht der Predigt

1. Die Predigt als religiöse Rede: Religiöse Lebens- und Weltdeutung als Vermittlung von Schrift und Erfahrung

1.1 Grundlegung: Religiöse Lebensdeutung als Inhalt der Predigt

Wird die Predigt als religiöse Rede verstanden, so lässt sich ihre grundlegende Absicht als Kommunikation einer religiösen, speziell der christlich-protestantischen Welt- und Lebensdeutung fassen. Die Welt-, Lebens- und Selbsterfahrungen der Menschen werden in der Predigt in den christlichen Sinnhorizont eingestellt. So dient die Predigt der Kommunikation religiöser Erfahrung. Erfahrung lässt sich beschreiben als »interpretierende Erlebnisverarbeitung«. Sie ist »die ineinander verwobene Einheit von Erlebnis und Interpretation, die Synthese von Faktum und Deutung«.[350] Die Predigt als religiöse Rede ist ihrem Wesen nach eine religiöse Deutungshandlung und damit zugleich Erfahrungskommunikation.

Das spezifisch religiöse Moment der Predigt als einer Rede zeigt sich an unterschiedlichen Punkten: Zunächst einmal ist die religiöse Absicht der Predigt durch den religiösen *Anlass* derselben bestimmt, nämlich die Tatsache, dass Religion der Kommunikation bedarf, auf Kommunikation angelegt ist und dass zu diesem Zweck in christlichen Kirchen Gottesdienst gefeiert und gepredigt wird. Der Anlass der religiösen Rede ist ein religiöser und immer, wo ein nicht-religiöser Anlass den Gottesdienst und die Predigt motiviert, verfehlen diese ihr Wesen. Dieser Anlass ist zugleich auch der *Zweck* der Predigt. Das ist eine der wesentlichen Pointen von Schleiermachers Darstellungstheorie. Die Predigt zielt auf die Stärkung und Erbauung des religiösen Lebensgefühls der Hörer. Es wird konstruktiv vorausgesetzt, dass die Predigthörer für eine religiöse Deutung ihrer Welt- und Selbsterfahrungen offen sind, ja dass sie gerade um einer solchen willen und um der Kommunikation religiöser Erfahrung willen in den Gottesdienst kommen. Die Hörer wollen und müssen nicht zu allererst von der Relevanz des christlichen Glaubens überzeugt werden, sondern wollen sich in ihrem entsprechenden Relevanzbewusstsein, kurz

---

[350] *Jörg Lauster*, Religion als Lebensdeutung. Theologische Hermeneutik heute, Darmstadt 2005, 24. Zur Predigt als zentralem Medium religiöser Erfahrungsvermittlung siehe a.a.O., 122–124.

in ihrem Glauben, erbauen, trösten, ermutigen, stärken, orientieren oder
auch heilsam irritieren lassen. Es geht nicht um die Überzeugung zur Religion, sondern um den Vollzug derselben. Die Predigt wie überhaupt der
Gottesdienst bieten Religion für Religiöse oder zumindest für solche, die
für Religion empfänglich sind. Weil der Gottesdienst eine gemeinschaftliche religiöse Praxis ist, setzt die Predigt die religiöse Mündigkeit der Hörer voraus. Sie macht homiletisch ernst mit dem Priestertum aller Gläubigen und geht davon aus: Der Hörer ist in religiösen Fragen ein selbst-
ständig urteilsfähiges und zur Deutung kompetentes Subjekt. Er ist nicht
religiös defizitär. Diese religiöse Deutungskompetenz ist grundsätzlich
unabhängig von theologischem und anderweitigem Bildungswissen der
Hörer. Die oben beschriebene Unterscheidung von Theologie und Religion lässt sich auch im Hinblick auf das Verständnis der Hörer nutzbar
machen[351] – ihnen ist Religion zuzugestehen; der Theologie als einer im
Sinne Schleiermachers kirchenleitenden Aufgabe sind sie nicht unmittelbar bedürftig.
Sind Anlass und Absicht der Predigt als religiös qualifiziert, so kennt die
Predigt auch keine anderen *Inhalte* als religiöse. Alles, was die Predigt
thematisiert, muss einen Bezug zum Religiösen im oben beschriebenen
Sinn aufweisen.[352] »Was nun die Elemente der religiösen Darstellung betrifft, das was dargestellt werden soll: so sind diese nichts anderes als die
religiösen Gemüthszustände«.[353] Im Modus der Deutung zeichnet die
Predigt die oft kontingenten und fragmentarischen Erfahrungen der Hörer in den Horizont einer umfassenden Sinnerhellung ein. Dabei bezieht
sie sich sowohl auf Erfahrungen, die den Lebenslauf irritieren oder nachhaltig verstören, wie das Widerfahrnis von Krankheit und Tod, von
Scheitern und Schuld, von Verlust und Ohnmacht als auch auf Erfahrungen des Gelingens, des unverhofften Glücks, der Daseinsgeborgenheit,
also all diejenigen Momente, die Anlass für Erleichterung, Dankbarkeit
und Zuversicht sind. Diese Erfahrungen werden auf ihr Potential zur
Transzendierung befragt und auf Transzendenz, auf Gott bezogen. »Die
religiöse Grunderfahrung ist also einerseits die Erfahrung, daß der
Mensch mehr ist, als in seinen eigenen und überschaubaren Lebensmög-
lichkeiten beschlossen ist. Es ist die Erfahrung eines erweiterten und neu
erschlossenen Lebens, das nicht selbstverständlich und nicht aus den ihm
selbst zur Verfügung stehenden Ressourcen zu gewinnen ist. Die religiöse
Sprache kennt hierfür die Formeln der ›Gnade‹ und der ›Gabe‹, und darin
sind die beiden entscheidenden Momente dieser Erfahrung bewahrt: die
Erweiterung des Lebens im Gelingen einer Situation oder einer Epoche
wie die Offenheit und Unverfügbarkeit, die dieses Gelingen charakterisie-
ren. Andererseits ist die religiöse Grunderfahrung ebenso die erfahrene
Versagung und Verweigerung von Lebensmöglichkeit: Hier wird der

---

351 Vgl. Kap. II.1.1.
352 Vgl. ebenfalls Kap. II.1.1.
353 *Schleiermacher*, Praktische Theologie, 103 (im Orig. teilw. hervorgeh.).

Mensch seiner Abhängigkeit auf die Weise der Negation inne. Die religiöse Sprache bringt das als ›Fügung‹ oder als ›Heimsuchung‹ zum Ausdruck, und auch darin sind strukturell dieselben Komponenten enthalten: die Unverfügbarkeit einer Lebenslage und ihr – in solchem Falle negativer – Ausgang«.[354] Lässt sich von hier aus die Funktion der Religion elementar als Lebens- und Weltdeutung zum Zwecke der Kontingenzbewältigung beschreiben,[355] so dient auch die Predigt der Kontingenzbewältigung, geht freilich in dieser Lebenspragmatik nicht auf. »Denn Religionen erschöpfen sich ihrem Selbstverständnis nach keineswegs in lebenspraktischer Nützlichkeit, sie leiten die Gültigkeit ihrer Deutungsmuster aus der Begegnung mit einer als übersinnlich und göttlich interpretierten Dimension der Wirklichkeit ab«.[356]

Die Verweise auf die Sprachformen, in welchen die menschlichen Welt-, Lebens- und Selbsterfahrungen religiös gedeutet und damit kommuniziert zu werden vermögen, machen diesen substanziellen Selbstanspruch des Christentums deutlich.[357] Die Einzeichnung menschlicher Erfahrungen in eine umfassende Sinnerhellung ist die Einzeichnung in die Bilder, Vorstellungen und Begriffe, die die christliche Überlieferung zur Verfügung stellt und die dem christlichen Glauben als »wahr« gelten. Unterbleibt diese Verbindung, dann ist die religiöse Rede nicht mehr als eine christliche identifizierbar.

Sinnerhellung und Transzendenzerfahrung aber werden im Christentum als Begegnung mit einem Gott benannt, der zu den Menschen spricht und der immer auch handelt. Schöpfung und Erlösung, Strafe und Vergebung, Rettung und Befreiung sind Modi seines Handelns. In der Erscheinung Christi spitzt sich die Vorstellung vom redenden und handelnden Gott personal zu. Damit aber findet die Deutung der menschlichen Erfahrungen in der christlichen Predigt in einem prägnanten, gerade nicht beliebigen Bezugshorizont statt. Religiöse Erfahrungen im biblischen Sinn sind Gotteserfahrung und auf diese bezieht sich die religiöse Welt- und Lebensdeutung der Predigt. Die Bibel liefert in Geschichten, Bildern, Begriffen, Gebeten und theologischen Denkfiguren Motive und Muster dieser Deutung von Erfahrung als Gotteserfahrung.[358] Gerade die

---

354 *Dietrich Rössler*, Die Vernunft der Religion, München 1976, 19f.
355 Vgl. a.a.O., 18: »Das religiöse Bedürfnis ist die Bedürftigkeit des Menschen, es liegt, jenseits einzelner Abhängigkeiten und besonderer Bedürftigkeiten, in der Tatsache, daß er überhaupt bedürftig ist«.
356 *Lauster*, Religion als Lebensdeutung, 21.
357 Zu den Grenzen eines rein funktionalen Religionsbegriffs und der möglicherweise damit einhergehenden substantiellen Beliebigkeit vgl. u.a. *Körtner*, Wiederkehr, 36ff.
358 Eine differenzierte und überaus erhellende Entfaltung der Perspektiven göttlichen Handelns als Grundmotive christlichen Glaubens bietet *Gerd Theißen*, Zeichensprache des Glaubens. Chancen der Predigt heute, Gütersloh 1994, 29–34; vgl. auch *ders.*, Exegese und Homiletik. Neue Textmodelle als Impulse für neue Predigten, in: *Uta Pohl-Patalong / Frank Muchlinsky* (Hg.), Predigen im Plural. Homiletische Perspektiven, Hamburg 2001, 55–67, 57–59.

homiletisch sich oft als problematisch erweisenden »Leitbegriffe christlicher Lehre«[359] wie Sünde, Christus, Gnade, Rechtfertigung sind konsequent darauf zu befragen, welches religiöse Deutungspotential sie bereithalten: Welche Gotteserfahrungen verdichten sich in diesen Begriffen? Auf welche Welt- und Selbsterfahrungen beziehen sie sich oder bilden diese ab? Wie sind diese Erfahrungen zu beschreiben? Welche Erlebnisse liegen ihnen zugrunde? Durch welche Ambivalenzen werden sie konturiert?

Es gehört zum Selbstverständnis einer religiösen Rede im kirchlichen Kontext, dass sie den religiösen Deutungsgehalt der in der Bibel überlieferten Geschichten, Denkfiguren, Modelle und Begriffe positiv und konstruktiv ansetzt und von deren Leistungskraft ausgeht. Ansonsten befindet sich die Predigt in einem auf Dauer gestellten aporetischen Zustand. Die religiöse Lebensdeutung im Kontext der christlichen Kirche ist konstitutiv auf die in den biblischen Texten präsente geschichtliche Überlieferung bezogen, erreicht doch die christliche Botschaft »den heutigen Hörer [...] nicht anders [...] als in geschichtlicher Vermittlung«.[360] Die Religiosität der Predigt und das religiöse Potential ihrer Lebens- und Weltdeutung sind daher wesentlich durch ihren Bezug auf die Schrift und die sich dort findenden Deutungsmodelle bestimmt. Schrift und Erfahrung sind die beiden Bezugspunkte der Predigt als religiöser Rede. Die Predigt als gegenwärtige religiöse Lebensdeutung ist bleibend auf die in der Bibel bereitgestellten Muster religiöser Erfahrungsdeutung bezogen.

1.2 Entfaltung: Der Schriftbezug der Predigt als Modus religiöser Erfahrungserhellung

Indem die Predigt die neutestamentlichen Texte, die den späteren Generationen Anteil geben an dem durch Jesus gestifteten »Gesamtleben der Erlösung«, welches dem »Gesamtleben der Sünde« entgegengesetzt ist[361] und dann überhaupt die biblischen Texte für den heutigen Hörer und seine Lebenswelt erschließt, auslegt und deutet, befördert sie die christliche Lebensdeutung und Lebenshaltung gegenwärtiger Hörer und verbindet so gegenwärtige Erfahrungen mit religiösen Einsichten der Überlieferung. Auslegen und Deuten meint dabei nicht, die Texte in der Weise des Unterrichts rein nach ihrem sachlichen Gehalt zu entfalten: Die Predigt zielt auf eine Entfaltung des *religiösen* Gehaltes der Texte. Für diese homiletisch-hermeneutische Aufgabe ist es nach meiner Einschätzung unab-

---

[359] *Gräb*, Predigtlehre, 35.

[360] *Hans-Joachim Birkner*, Beobachtungen zu Schleiermachers Programm der Dogmatik, in: NZSTh 5 (1963), 119–131, 129 (wiederabgedruckt in: *ders.*, Schleiermacher-Studien, eingeleitet u. hg. v. *Hermann Fischer*. Mit einer Bibliographie der Schriften Hans-Joachim Birkners von Arnulf von Scheliha [SchlA 16], Berlin / New York 1996, 99–112).

[361] Vgl. *Schleiermacher*, Der christliche Glaube, § 87, Leitsatz, 2, 15.

dingbar, die biblischen Texte als Texte zu lesen, die religiöse Erfahrungen thematisieren und »Deutungsmuster«[362] für diese Erfahrungen bereitstellen.

a. Die biblischen Texte als »Deutungsmuster für religiöse Erfahrung«

Das Verständnis der Bibel als »Ausdrucksuniversum religiöser Erfahrungen«[363] vermag im Hinblick auf die Predigt Schrift und Erfahrung dergestalt miteinander zu verbinden, dass sich weder die Kommunikation des religiösen Lebensgefühls ins Beliebige verflüchtigt, weil die gegenwärtige Lebens- und Welterfahrung das alleinige Deutungsmonopol übernimmt, noch ein fundamentalistischer Totalitätsanspruch der Schrift die gegenwärtige Erfahrung nivelliert oder manipuliert. Jörg Lauster hat einem solchen Verständnis der Schrift als Ausdruck religiöser Erfahrung luzide Überlegungen gewidmet, welche sich in homiletischer Hinsicht als weiterführend erweisen.[364] Unter den Bedingungen der Moderne, so der Ausgangspunkt bei Lauster, lässt sich die Bibel nur unter schwierigen methodischen und wissenschaftlichen Einschränkungen im wörtlichen Sinn als »Wort Gottes« verstehen.[365] Die Rede vom »Wort Gottes« sei, so Lauster, vielmehr eine »religiöse Deutungskategorie, mit der Menschen [das] innere Angesprochensein und Ergriffensein durch ein persönliches Gegenüber zum Ausdruck bringen«.[366] Die biblischen Texte erzählen, disputieren, erörtern, preisen und bedenken in ganz unterschiedlichen literarischen Formen Transzendenzeinbrüche, also Gottes- und damit Glaubenserfahrungen. Sie deuten menschliche Welt-, Lebens- und Selbsterfahrungen als Gottes- und Glaubenserfahrungen. »In den biblischen Schriften spiegelt sich das Lebensgefühl von Menschen wider, die ihr Leben im Lichte der Begegnung mit Gott deuten und interpretieren. In diesem Sinne ist die Bibel als literarisches Ausdrucksuniversum religiöser Erfahrung zu verstehen, das religiöse Deutungsmuster für den Umgang mit Transzendenz bereitstellt«.[367] Verstanden als religiöse Texte zielen die biblischen Texte – wie eine als religiöse Rede verstandene Predigt – nicht auf das Fürwahrhalten von bestimmten Glaubenssätzen respektive ethi-

---

362 *Jörg Lauster*, Zwischen Entzauberung und Remythisierung. Zum Verhältnis von Bibel und Dogma (ThLZ.F 21), Leipzig 2008, 86.
363 A.a.O., 31ff.
364 Vgl. neben *Lauster*, Entzauberung u.a. auch *ders.*, Prinzip und Methode. Die Transformation des protestantischen Schriftprinzips durch die historische Kritik von Schleiermacher bis zur Gegenwart (HUTh 46), Tübingen 2004 sowie jüngst *ders.*, Schriftauslegung als Erfahrungserhellung, in: *Friederike Nüssel* (Hg.), Schriftauslegung (Themen der Theologie 8 / UTB 3991), Tübingen 2014, 179–206.
365 Dass dies dennoch und auch wirkmächtig geschieht, bestreitet Lauster nicht. Er verweist z.B. auf die Wort-Gottes-Theologie und deren Wirkungsgeschichte oder die fundamentalistisch-evangelikale Bibelrezeption. Beide theologischen Entwicklungslinien sind allerdings voneinander zu unterscheiden. Vgl. *Lauster*, Entzauberung, 14–18.
366 A.a.O., 23.
367 A.a.O., 89f.

schen Vorschriften (zumindest nicht in erster Linie), sondern auf die
Kommunikation von Glaubenserfahrung und eines gemeinsamen Lebensgefühls, einer – wie Richard Rothe (1799–1867) es nannte – gemeinschaftlichen »Lebensfrische«.[368] Die biblischen Texte wollen Gottes- und
Glaubenserfahrungen im Medium der Schrift der gemeinschaftlichen Erinnerung zuführen und damit religiöse Erfahrungen mitteilbar und
kommunikabel machen.

Dieser Sachverhalt entfaltet seine besondere Prägnanz und seine homiletische Leistungskraft, wenn man drei Einschränkungen bedenkt, denen er
unterliegt. Die erste Einschränkung: Die biblischen Texte sind nicht die
einzige und ausschließliche Form medialer Auseinandersetzung mit religiösen Erfahrungen. Neben die Entstehung der Schrift treten die Ausbildung von Kultushandlungen und die Entwicklung von Liturgien. Kunst
und Architektur lassen sich ebenso als Deutung religiöser Erfahrung lesen
wie die Etablierung kirchlicher Institutionen, Ämter und Lehrtraditio-
nen.[369] Stehen die biblischen Texte im Kontext eines christlichen Gottesdienstes, dann sind sie immer in diese multimediale Wirkungsgeschichte
religiöser Erfahrung eingestellt: Der Gottesdienst findet in einem Kir-
chenraum, innerhalb einer historisch und kulturell gewachsenen liturgischen Gestalt und unter leitender Beteiligung einer kirchlichen Amtsper-
son statt. Der biblische Text ist nie die einzige Ausdrucksform religiöser
Erfahrung, die den Gottesdienst und damit auch die Predigt prägt. Dieser
Sachverhalt ist wesentlich, hält er doch gerade in den protestantischen
Kirchen mit ihrer Tendenz zur Zentrierung auf die Predigt die Erinnerung daran wach, dass auch im Zentrum des protestantischen Christentums nicht die »Anbetung eines Buches« steht, sondern die Begegnung
mit Gott, christologisch zugespitzt – »die Vergegenwärtigung einer Person, Jesus Christus«.[370] In der Predigt geht es also nicht darum, die Relevanz des Textes zu plausibilisieren, sondern Gott in Christus im Spiegel
des Textes als eine gegenwärtige Transzendenzerfahrung zur Sprache zu
bringen.

Bezieht sich die erste Einschränkung auf die Einbindung der biblischen
Texte in weitere, geschichtlich und kulturell entwickelte Ausdrucksdimensionen religiöser Erfahrung, so bezieht sich die zweite auf die Kontextualisierung der Schrift innerhalb gegenwärtiger Lebens- und Welterfahrung. Nicht zu jedem aktuellen Thema, das gegenwärtige Hörer um-
treibt, bieten biblische Texte unmittelbare Überlegungen, Antworten o-
der Lösungsvorschläge. Zu denken ist etwa an spezielle medizinethische
Problemstellungen am Lebensanfang oder Lebensende oder politisch-
gesellschaftliche Konflikt- und Diskurslinien, die durch Globalisierung
und multireligiöse Gesellschaften auftreten. Predigten suggerieren zuwei-

---

368 *Richard Rothe*, Zur Dogmatik, Gotha 1863, 121–356, 340 (vgl. die Hinweise bei
Lauster, Entzauberung, 76.90).
369 Vgl. a.a.O., 58.
370 A.a.O., 30.

len, die Bibel böte zu jedem aktuell relevant scheinenden oder auch seienden Thema klare Meinungs- und Handlungsoptionen, die anzuerkennen und umzusetzen nur eine Frage des guten Willens sei. Manchmal
unterschreiten Predigten, die sich entsprechenden Themen widmen,
dann sowohl das der Komplexität des Sachproblems angemessene Reflexionsniveau wie auch das bereits innerbiblisch vorhandene Differenzierungspotential. Der Preis erweist sich bei näherer Betrachtung als hoch:
In den meisten Fällen erschöpfen sich die Aussagen der Predigten zu diesen Themen im Allgemeinen und Unverbindlichen. Mögliche Gesinnungs- und Handlungsoptionen, Konsequenzen und Konkretionen erweisen sich freilich oft durch lebensstilästhetische und sozialisationsbedingte Präferenzen beeinflusst. Die Predigten verbleiben tendenziell in
einem mahnenden und fordernden Gestus, der zuweilen nicht frei ist
vom Tonfall der Besserwisserei.[371]
Aus der Einsicht in die Komplexität ethisch-sozialer Probleme und der
Erkenntnis, dass die Bibel auf die entsprechenden Probleme keine unmittelbaren, passgenauen und allgemeinverbindlichen Lösungen liefert, folgt
freilich nicht, dass das Religiös-Christliche nach seinem Selbstverständnis
nicht immer auch eine kosmologische und ethisch-soziale Dimension
hat.[372] Dies freilich ist als eine Dimension des Religiösen zur Darstellung
zu bringen, ist doch – wie dargelegt – der Inhalt der Predigt das Religiöse
und das Politische nur insofern, als es sich in Bezug zum Religiösen stehend erweist. Die Predigt wie alles kirchliche Handeln dient nicht der
Generierung politischer Überzeugungen und zielt nicht auf die Bildung
politischer Gesinnungsgemeinschaften. Die Predigt dient der individuel-

---

371 M.E. speist sich genau aus dieser Wahrnehmung die skeptisch-ablehnende Haltung, die die sog. politische bzw. ethische Predigt in der öffentlichen Wahrnehmung
erfährt und wie sie regelmäßig in empirischen Untersuchungen zu Tage tritt. Vgl.
Hanns Kerner, Die Predigt. Wahrnehmungen zum Gottesdienst aus einer neuen empirischen Untersuchung unter evangelisch Getauften in Bayern. Perspektive Gottesdienst, hg. v. *Gottesdienst Institut der Evang.-Luth. Kirche in Bayern*, Nürnberg 2007,
33 sowie die Erhebungen in der jüngsten Kirchenmitgliedschaftsuntersuchung »Engagement und Indifferenz. Kirchenmitgliedschaft als soziale Praxis (vgl. unter
www.ekd.de/EKD-Texte/kmu5_text.html; zuletzt abgerufen am 11.8.2014). Hier
zeigt sich: In der Perspektive der Gottesdienstbesucher erweist sich die Relevanz einer
Predigt am individuellen Ort religiöser Lebensdeutung. Eine Beschreibung des Ziels
der Predigt muss diesen Sachverhalt deutlich im Blick behalten und ihn zugleich mit
ekklesiologischen Fragestellungen verknüpfen. Denn einerseits wird hier deutlich, dass
die Kirche als Institution verstanden wird, die der individuellen religiösen Lebensdeutung dient, andererseits ist die Kirche gegenwärtig doch zumindest im eigenen Selbstverständnis eine öffentliche und damit gesellschaftliche Institution, die sich zu den
anderen gesellschaftlichen Institutionen und Handlungsfeldern zu verhalten hat. –
Zur sog. politischen Predigt vgl. jetzt auch *Martin Hoffmann*, Ethisch und politisch
predigen. Grundlagen und Modelle (Gemeindepraxis 4), Leipzig 2011 sowie die
homiletischen Beiträge in: *Katrin Kusmierz / David Plüss* (Hg.), Politischer Gottesdienst?! (Praktische Theologie in reformiertem Kontext 8), Zürich 2013.
372 Vgl. *Theißen*, Zeichensprache, 111ff.

len religiösen Gewissensschärfung und sollte ein »höheres Problembewußtsein« befördern.[373] Sie zielt auf die Autonomie des Individuums in religiösen Fragen, eine Autonomie, die Freiheit und Verbindlichkeit verknüpft und so zwischen Relativismus und (ethischem) Fundamentalismus zu stehen kommt. Auch hier gilt die religiöse Mündigkeit der Hörer. Entsprechend hat Schleiermacher formuliert: »Die religiöse Rede soll überhaupt nicht Mittel sein, und ihr Zwekk ist nur den Geist der eigenen Kirche lebendig zu halten«. Daher gilt: »Wenn der Geistliche hier das Gesez überschreitet: so liegt gewöhnlich der Mißverstand zum Grunde, daß er durch die religiöse Rede etwas erreichen will das er auf anderem Wege erreichen sollte«. Und daraus folgt »Das politische ist etwas fremdartiges und muß eine untergeordnete Stelle in der Rede einnehmen und kann als Veranlassung zu einer anderweitigen Betrachtung angesehen werden«.[374] Wer eine Predigt hören will, soll eine religiöse Rede hören dürfen und sich nicht genötigt sehen, einer politischen Rede zu lauschen. Die Entscheidung für einen Gottesdienst ist auch eine gegen eine politische Versammlung. Das Verständnis der Schrift als »Deutungsmuster religiöser Erfahrung«[375] hält meiner Meinung nach genau dieses Differenzbewusstsein wach, ist die Schrift doch so explizit als religiöser Text und nicht als politischer qualifiziert.

Auch die dritte Einschränkung, die hier anzuzeigen ist, bezieht sich auf die Verbindung der biblischen Texte mit der gegenwärtigen Erfahrung der Hörer. Versteht man die biblischen Texte als Deutungsmodelle religiöser Erfahrung, so legt ein solches Verständnis immer auch die Begrenztheit der eigenen Deutungs- und Wahrnehmungskompetenz offen. Es sind die biblischen Texte selbst, die diese Begrenztheit im Bewusstsein halten. Denn aus Gründen intellektueller Redlichkeit ist immer auch davon auszugehen, dass diese Texte solche Erfahrungen und Deutungsmodelle sichtbar zu machen in der Lage sind, die in der aktuellen Erfahrungswelt der Hörer wenig präsent sind und sich vielleicht auch geringerer Beliebtheit erfreuen. Daher sollte homiletisch-hermeneutisch in Anschlag gebracht werden, dass biblische Texte das individuelle Welt- und Selbsterleben zu übersteigen in der Lage beziehungsweise gegenüber diesem überschüssig sind. Neben die Einsicht, dass Schrift *als* Erfahrung zu lesen ist, tritt also das kritische Potential derjenigen Einsicht, dass zum Glauben beides gehört – Schrift *und* Erfahrung.[376] Da es dabei nicht um

---

373 *Johann Hinrich Claussen*, Zurück zur Religion. Warum wir vom Christentum nicht loskommen, München 2006, 235. – Das Problem der Hermeneutik ethischer Urteilsbildung und die Funktion der Predigt in diesem Zusammenhang kann hier nicht ausführlich erörtert werden. Vgl. hierzu *Regina Fritz*, Ethos und Predigt. Eine ethisch-homiletische Studie zu Konstitution und Kommunikation sittlichen Urteilens (PThGG 9), Tübingen 2011.

374 *Schleiermacher*, Praktische Theologie, 209.

375 *Lauster*, Entzauberung, 86.

376 Vgl. hierzu *Gerhard Ebeling*, Dogmatik des christlichen Glaubens. Bd. I. Prolegomena. Erster Teil: Der Glaube an Gott den Schöpfer, 2., durchgesehene Aufl., Tü-

zwei addierbare Größen, sondern um einen wechselseitigen Bezug geht,[377] vermögen die biblischen Texte auch verdrängte, vergessene, außer Mode geratene oder aufgrund hochgradiger Ambivalenz beschwiegene oder beschämende Lebenserfahrungen und -themen im Bewusstsein zu halten und zu benennen. Gerade so werden sie der internen wie externen Pluralität menschlicher Welt- und Lebenserfahrung gerecht. Eine sorgfältige, detailorientierte und thematisch ebenso flexible wie an Diversifikation interessierte homiletische Exegese vermag solche Themen zu erkennen und für die Predigt fruchtbar zu machen.[378] Dazu gehört einerseits die Bereitschaft, sich vom biblischen Text überraschen, befremden und die eingespielten Meinungsbildungsprozesse und Deutungsmodelle durch den Text produktiv irritieren zu lassen sowie andererseits das Vermögen, sich von der eigenen Erfahrung als einzig möglichem Zugang zum Weltverständnis distanzieren zu können. Erinnert sei hier an Themen wie die Bos- und Sündhaftigkeit des Menschen, die Prädestinationsfrage und die darin bewahrte Frage nach der Glaubenskonstitution, das Theodizee-Problem und die Frage nach den göttlichen Eigenschaften und ihrem Verhältnis zueinander, das Opfer als Grundvollzug menschlichen Daseins und die darin einverwobenen Fragen nach Sühne und Stellvertretung, die Ambivalenz des Rechtfertigungsgeschehens aufgrund der immer auch zwiespältigen Einsicht in die Irrelevanz menschlicher Leistung oder auch christologische Themen wie die zwei Naturen Christi.

Weil nun diese Themen in der Predigt immer in Gestalt einer konkreten Perikope zu verhandeln sind, legen sie jeweils eine durch den Zuschnitt und Kontext der Perikope fokussierte spezielle Behandlung nahe. Thematische Fokussierung aber bedarf des Willens zur Beschränkung, zum Detail, zum Abwägen und damit auch des Willens zum differenzierten, nachdenklichen Entfalten religiöser Probleme. Der Perikopenbezug der Predigt ist daher ein explizites Plädoyer für spezielle und damit plurale Predigtthemen[379] und damit auch für solche Themen, deren Ort in der

bingen 1982, 41f. sowie *ders.*, Schrift und Erfahrung als Quelle theologischer Aussagen, in: ZThK 75 (1978), 99–116. Homiletisch rezipiert ist dieser Ansatz in *Dietrich Rössler*, Beispiel und Erfahrung. Zu Luthers Homiletik (1983), jetzt in: *ders.*, Überlieferung und Erfahrung. Gesammelte Aufsätze zur Praktischen Theologie, hg. v. *Christian Albrecht / Martin Weeber* (PThGG 1), Tübingen 2006, 20–32.
377 Vgl. hierzu *Ebeling*, Dogmatik I, 42.
378 Vgl. den Hinweis von Volker Drecoll, dass »Schriftauslegung in der Alten Kirche keineswegs getrennt oder losgelöst von den theologischen Fundamentalthemen war, sondern vielmehr zu ihnen hinführte«. Drecoll fragt von hier aus, ob nicht auch in der heutigen pastoralen und homiletischen Praxis, »wirklich von der Schrift aus auch die theologischen Grundthemen anzugehen« seien (*ders.*, Allein die Schrift. Drei Anregungen aus der Kirchengeschichte, in: *Christof Landmesser / Hartmut Zweigle* [Hg.], Allein die Schrift!? Die Bedeutung der Bibel für Theologie und Pfarramt, Neukirchen-Vluyn 2013, 50–58, 57).
379 Die Perikopenordnung ihrerseits sollte diese Pluralität dann auch wirklich abbilden und nicht nur eine »kircheninterne Normalerwartung« bedienen. – Zur speziellen

gegenwärtigen Erfahrung in einem hermeneutischen Prozess erst zu kartographieren ist. Perikopenordnungen haben daher immer auch die
Funktion, die thematische Breite des Kanons zu repräsentieren. Sie sollen
den möglichen Überschuss der Schrift gegenüber der Erfahrung in Gestalt von randständigen und von sogenannten »schwierigen« Texten und
Themen im Bewusstsein halten. Vermutlich verdankt sich die ebenso vage wie dennoch verbreitete Wahrnehmung, dass viele Predigten Ähnliches
und Gleiches sagen,[380] dass also ein gewisser Themenmonismus walte,
ursächlich der Allgemeinheit und Größe der gewählten Themen. Und
womöglich hat diese thematische Allgemeinheit eine wesentliche Ursache
im Übergehen der Einsicht, dass der Text immer auch mehr und anderes
enthalten kann als das unmittelbar Zugängliche.

Predigt siehe noch immer vgl. *Paul Drews*, Die Predigt im 19. Jahrhundert. Kritische
Bemerkungen und praktische Winke (Vorträge der theologischen Konferenz zu Giessen, 19. Folge), Giessen 1903. – Freilich liegt die spezifische Herausforderung speziel-
ler Themen darin, »in der je individuellen Zuspitzung das Ganze wenigstens andeu-
tungsweise deutlich werden zu lassen«, so *Reiner Preul*, Die evangelische Kirche als
Bildungsinstitution, in: *ders.*, Die soziale Gestalt des Glaubens. Aufsätze zur Kirchentheorie (MThST 102), Leipzig 2008, 150–166, 158.
[380] Vgl. hierzu besonders eindrücklich *Hanna-Barbara Gerl*, Wider das Geistlose im
Zeitgeist. 20 Essays zu Religion und Kultur, München 1992, 17f.: »Unbeschadet der
wundervollen Texte, die kurz zuvor gelesen werden, unbeschadet auch ihres sonntäg-
lich wechselnden Inhaltes, fliegt nun folgendes am Ohr vorbei: Mut zum Engagement –
jederzeit ein ganz neues Leben anfangen – Sicherheiten aufgeben – gegen Macht und
Kapital – Schwachstellen annehmen – betroffen sein – Option für die Armen – ge-
wohnte Ordnungen umkehren – geschwisterliches Miteinander – von den Frauen
lernen – in Jesus hat Gott uns ein Angebot gemacht – ohne Wissen und Besitz – die
Kranken und die Außenseiter, die Entrechteten und Ausgebeuteten – die Gesellschaft
revolutionieren und bei uns anfangen – Institutionen – wir sind nicht allein – auf
jeden persönlich kommt es an – Zerstörung der Schöpfung – befreiende Botschaft –
ernstmachen – Basisgemeinden in Südamerika – nicht Erfolg und Leistung zählen etc.
etc. Summa summarum: Jesus war lieb zu allen, auch zu uns. (Vermutlich aber noch
mehr zu den anderen). Das tönt so dahin, zeitlich endend, inhaltlich endlos – nicht
ein religiöser Kaugummi, der nicht noch einmal durchgekaut würde. Würde die Gemeinde nicht so konzentriert weghören, wäre eine Seelenverstimmung unausweich-
lich. [...] Was ist falsch daran? Fast alles. Tonfall. Wortwahl. Deutung. Das einzige,
was von ferne durch die zähflüssigen Ausführungen berührt, ist der Wille des Redners,
es gut zu machen; seine Hoffnung, die durch die Routine sickert, alles möge einmal so
anders werden, wie er es wünscht. Und das einzige, was wirklich nicht vorkommt, ist
der mitteleuropäische Zuhörer, seine Seelenlage, seine Not (auch wenn er gutgekleidet
ist), seine religiöse Sehnsucht nach Trost, Zuspruch, Nahrung. Die Wunden der ganzen Welt werden aufgelistet, die Samstagszeitung wird noch einmal moralisch durch-
gedroschen und den Hörern überbordet. Nur die Wunden des eigenen Herzens werden nicht erhellt, geschweige geheilt«. – Zur »Erhellung« als Predigtabsicht siehe unten Kap. IV.

b. Die Funktion des biblischen Textes im Predigtgeschehen

Wenn bisher entfaltet wurde, dass die religiöse Lebens- und Weltdeutung der Predigt ein Verständnis der Schrift als »Deutungsmuster religiöser Erfahrung« nahe legt, so ist damit freilich noch nicht im Detail begründet, warum die Predigt im Regelfall als Auslegung eines Textes angelegt ist, warum also der Schriftbezug der Predigt explizit gemacht wird. Die Predigt über biblische Texte stellt nämlich keine normative Praxis dar, sondern ist eine kirchliche Regelpraxis, die freilich gute Gründe kennt. Immer wieder gab und gibt es auf dem Gebiet des Christentums Predigten, die sich nicht auf einen biblischen Text bezogen haben, sondern sich – in welchem Format auch immer – dem Gegenstand des Religiösen auf thematische Weise zu nähern suchten. Friedrich Wintzer hat entsprechend im Hinblick auf die Predigt die hilfreiche Unterscheidung von Text- und Schriftbindung eingeführt.[381] Die Schriftbindung der Predigt ist Ausdruck reformatorischen Selbstverständnisses und daher conditio sine qua non. Die Textbindung dagegen ist Ausdruck des kirchlichen Organisationshandelns. Die Predigt ist demnach unterbestimmt, wenn angesagt wird, sie sei öffentliche Schrift- beziehungsweise Textauslegung. Denn damit wird unter Umständen ihr Bezug auf eine konkrete Perikope normativ für das Predigtverständnis gesetzt und die Differenz zwischen Text- und Schriftbindung verwischt. Die Predigt aber ist eine religiöse Rede, die ihre religiösen Gehalte in der Vermittlung von Schrift und Erfahrung gewinnt. Die Perikopenbindung der Predigt ist funktional, nicht normativ zu entfalten.

Welche Gründe aber lassen sich für die Verwendung von biblischen Texte innerhalb des Gottesdienstes und im Hinblick auf die Predigt benennen, gerade unter der Voraussetzung, dass die biblischen Texte plurale Deutungsmodelle religiöser Erfahrung bieten und die Bedeutung der Schrift für die Predigt unter den Bedingungen der Neuzeit sich nicht einfach normativ bestimmen oder einfordern lässt? Welche Funktion kann den biblischen Texten für Gottesdienst und Predigt zugeschrieben werden?[382]

Zum ersten lässt sich sagen, dass die biblischen Texte für die christlich-kirchliche Gemeinschaft – wie auch die anderen Ausdrucksdimensionen religiöser Erfahrung (Liturgie, Architektur, Amt und so weiter) – eine sowohl identitätsstiftende wie identitätsstabilisierende Funktion haben.

---

381 *Friedrich Wintzer*, Textpredigt und Themapredigt, in: *ders.* (Hg.), Praktische Theologie. Unter Mitarbeit v. Manfred Josuttis / Dietrich Rössler / Wolfgang Steck (Neukirchener Arbeitsbücher), 5., überarbeitete u. erweiterte Aufl. Neukirchen-Vluyn 1997, 86–97. Der Text zielt auf die Einsicht, dass die Alternative zwischen Text- und Themapredigt in rhetorisch-homiletischer Hinsicht eine Scheinalternative darstellt.
382 Zum Folgenden vgl. den noch immer sehr instruktiven Beitrag von *Manfred Josuttis*, Die Bibel als Basis der Predigt, in: »Wenn nicht jetzt, wann dann?«. Aufsätze für Hans-Joachim Kraus zum 65. Geburtstag, hg. v. *Hans-Georg Geyer* u.a., Neukirchen-Vluyn 1983, 385–393.

So gilt zwar, dass das Christentum seine Identität nicht durch seinen Bezug auf die Bibel, sondern auf Christus gewinnt und dauerhaft erhält. Da aber die biblischen Texte an dem Lebensgefühl Christi Anteil geben, sind sie für die Identität derer, die an Christus glauben und für deren Glaubenskommunikation unverzichtbar, auch wenn wiederum nicht gesagt werden kann, die Verwendung der biblischen Texte sei mit christlich-kirchlicher Identität gleichzusetzen.[383] Diese identitätsstiftende und -erhaltende Funktion geht einher mit einer demonstrativen Funktion der biblischen Texte im Rahmen des Gottesdienstes. Durch ihren Bezug auf die Bibel werden Gottesdienst und Predigt auch in der Außenwahrnehmung als christliche Kultusveranstaltungen erkennbar und von anderen unterscheidbar.

Eine solche identitätsgestaltende und demonstrative Funktion erfüllt die Schrift bereits über Generationen und Jahrhunderte hinweg. Für die Predigt bedeutet dies – und das ist der dritte Gesichtspunkt: Prediger und Gemeinde treten über das Medium der biblischen Texte immer auch in Dialog mit der kirchlichen, theologischen und homiletisch-liturgischen Tradition. Sie kontextualisieren die eigene Gegenwart in der ökumenischen Kirchen- und Theologiegeschichte des Christentums.[384] Der Schriftbezug der Predigt weist diesen ökumenischen Charakter der Predigt aus. Und damit auch ihren geschichtlichen. Dieser geschichtliche Charakter der Predigt impliziert auch die Darstellung der Einsicht, dass für die Deutungsmodelle religiöser Erfahrung, die die Schrift bereithält, ein empirisch-historischer Referenzpunkt anzusetzen ist.[385] Würde dieser empirisch-historische Referenzpunkt grundsätzlich negiert, so ließe sich nur schwer plausibilisieren, warum die religiöse Lebensdeutung der Predigt in Bezug auf die biblischen Texte und nicht in Auseinandersetzung mit anderen literarischen oder religiösen Texten gewonnen wird. Es würde Willkür und Beliebigkeit drohen. Der Bezug auf die Bibel in der Pre-

---

[383] Dieser Sachverhalt ist hervorragend geeignet, Perikopenordnungen und Agenden als das zu begreifen, was sie in evangelischer Sicht sind – funktionale Regelwerke. Nicht mehr und nicht weniger.

[384] Für die homiletische Ausbildungspraxis bedeutet dieser Sachverhalt, dass eine sachadäquate Erarbeitung und Herausbildung eines individuellen Predigtverständnisses ohne ausführliche Kenntnis der historischen Debatten- und Theorielage der Homiletik schlechterdings nicht möglich ist. Denn erst im Gesamtzusammenhang der homiletischen Problemgeschichte wird deutlich, welche der jeweils aktuell virulenten Motive und Einsichten zu den immer wiederkehrenden gehören und welche tatsächlich neu sind. Gegenwärtige Problemstellungen gewinnen ihr spezifisches Profil und ihre epistemologische Tiefenschärfe durch die Beschäftigung mit den Beiträgen der Geschichte, ohne dass Letztere die Auseinandersetzung mit der Gegenwart und ihren spezifischen Aufgaben einfach ersetzen könnte. Vgl. hierzu z.B. *Michael Pasquarello III*, Sacred Rhetoric. Preaching as a Theological and Pastoral Practice of the Church, Michigan/Cambridge 2004, darin besonders: Introduction: Preaching in Communion, 1–13.

[385] Vgl. *Lauster*, Entzauberung, 50–54 sowie *ders.*, Schriftauslegung als Erfahrungserhellung, 194.

digt lässt sich als Verweis auf den angesetzten historischen Anhaltspunkt der in der Schrift kommunizierten religiösen Erfahrung lesen.

Viertens ist auf die kommunikative Funktion des Textes innerhalb des Gottesdienstes zu verweisen. Der biblische Text ist Bestandteil des liturgisch-homiletischen Kommunikationsraumes, innerhalb dessen Prediger und Gemeinde sich begegnen. Er trägt wesentlich zur Vermittlung von Individuellem und Allgemeinem bei, gerade im Hinblick auf die Predigt. So schützt der Text einerseits die Gemeinde vor der Verwechslung von Individuellem und Privatem durch die Predigtpersonen. Diese entlastet er andererseits von der Aufgabe, das jeweils Allgemeine aus sich selbst heraus hervorbringen und in der eigenen Person begründen zu müssen. Entsprechend muss es für die Auslegung der Bibel in der Predigt nachvollziehbare und nachprüfbare Methoden geben, damit die kommunikative Funktion des Textes nicht doch unter der Hand durch »Geheimwissen« der Predigtpersonen überlagert wird.

Fünftens ist festzuhalten, dass der Bezug der Predigt auf biblische Texte wie die Schriftlesungen immer auch didaktische Funktion haben, ohne dass Gottesdienst und Predigt ihrer Absicht nach eine Lehrveranstaltung sind. Verlesung und Auslegung biblischer Texte pflegen die Kenntnis von biblischen Themen, Gehalten und Inhalten. Sie sind daher Bestandteil der kulturellen und ästhetischen Praxis der christlichen Kirche.[386] Die Pflege der öffentlichen Bibelkenntnis ist Teil der gesellschaftlich-öffentlichen Selbstverständigung über die Kulturrelevanz des Christentums.

Während die bisher genannten Gründe auf die Funktion der Schrift in der öffentlichen religiös-kirchlichen Kommunikation abheben, beziehen sich die folgenden Begründungsfiguren auf die Schrift selbst. Sie liegen im Charakter und Inhalt der Schrift begründet. Sechstens nämlich wird der Bezug der Predigt auf die biblischen Texte durch die interne Vielfalt der Schrift und damit durch ihre Suffizienz plausibel gemacht. Da sich die Bibel in religiöser Hinsicht vorerst als nicht ergänzungsbedürftig erweist, gilt sie als suffizient. Alles für eine religiös-christliche Lebensdeutung Notwendige, also alles für den Glauben und das Heil des Menschen Entscheidende, wird in der Schrift verhandelt und findet hier seine Darstellung. Bezieht sich die Predigt auf die Bibel, so geschieht dies immer auch im Sinne einer »Konzentration auf ein Einziges, das qualitativ durch das Stichwort Evangelium gekennzeichnet ist«.[387] Und damit ist ein letzter, siebter Grund benannt: Der Bezug der Predigt auf die Bibel hält für eine als religiöse Rede verstandene Predigt die Wahrheitsfrage lebendig, gerade weil sie einen Dominanzanspruch gegenwärtiger Erfahrungen be-

---

386 Vgl. hierzu v.a. *Gerd Theißen*, Zur Bibel motivieren. Aufgaben, Inhalte und Methoden einer offenen Bibeldidaktik, Gütersloh 2003 sowie *ders.*, Polyphones Verstehen. Entwürfe zur Bibelhermeneutik (Beiträge zum Verstehen der Bibel 23), Berlin 2014, v.a. 139–196.
387 *Ebeling*, Dogmatik I, 30.

hutsam eingrenzt. Offensichtlich geht es in der Predigt nie ausschließlich um »die Religion der Menschen«, sondern stets um den deutenden Bezug auf Muster, Motive und Inhalte des christlichen Glaubens. Die Kommunikation des christlichen Glaubens aber ist vom Selbstverständnis des Christentums her immer mit der Wahrheitsfrage verknüpft. Der Schriftbezug der Predigt hält diese Frage auch in einer Homiletik, die sich ausdrücklich als Beitrag zur religiösen Lebens- und Weltdeutung versteht, lebendig und bringt diese diskursiv in den öffentlichen Streit der Religionen ein.

Es gibt also gute Gründe für die Verwendung biblischer Texte im Gottesdienst und speziell in der Predigt, und zwar jenseits des Normativen. Allerdings ist die Darstellung von Gründen, die die Verwendung der Bibel im Gottesdienst und den Bezug der Predigt auf dieselbe plausibel machen, nicht identisch mit der Frage, *wie* diese Texte innerhalb der Predigt zu behandeln und auszulegen sind. Dieser Frage gilt es nun nachzugehen.

c. Homiletische Schriftauslegung als religiös-praktische Schriftauslegung

Wenn davon ausgegangen wird, dass die biblischen Texte »eine lebendige religiöse Gestimmtheit«[388] repräsentieren, dann steht die Predigt vor der alles anderen als trivialen Aufgabe, sich im Modus von Rede und Reflexion auf diese »lebendige religiöse Gestimmtheit« zu beziehen. Ist der Gegenstand der Predigt das christliche Lebensgefühl und die religiös-christliche Deutung menschlicher Erfahrungen, geht es also um die Kommunikation religiöser Erfahrung und bezieht sich die Predigt zu diesem Zweck auf die in der Schrift bewahrten religiösen Erfahrungen und Stimmungen, dann ist damit ein nicht unerhebliches hermeneutisch-homiletisches Problem aufgeworfen: Die Predigt ist eine Rede über Erfahrung, die auf selbstständige und persönlich-individuelle Erfahrung zielt. Sie spricht über eine religiöse Gestimmtheit in der Absicht, eben eine solche zu pflegen, zu fördern, zu stärken, zu erbauen oder auch zu orientieren. Die hier deutlich werdende Brechung hat bereits Richard Rothe zu dem Kommentar veranlasst, die biblischen Texte seien recht eigentlich nicht als Predigttexte angelegt.[389] Dieses Differenzbewusstsein gilt es im Blick zu behalten: Die Entstehung der biblischen Texte verdankt sich nicht primär dem Impuls, für spätere Zeiten Predigttexte zu generieren, auch und gerade weil speziell die neutestamentliche Texte »in einem gattungsübergreifenden Sinne als Predigt zu begreifen« sind.[390] Sie verdankt sich – in den verschiedenen Bearbeitungsstadien – vielmehr dem Impuls, Einbruch von Transzendenz in das Leben von Menschen, also Gotteserfahrungen kommunikabel und mitteilbar zu machen.

---

388 *Lauster*, Entzauberung, 105.
389 »Denn dazu, Predigttext zu sein, ist sie [die Bibel; RC] ja doch wirklich nicht geschrieben« (*Rothe*, Dogmatik, 340; zit. nach *Lauster*, Entzauberung, 76).
390 *Lauster*, Religion als Lebensdeutung, 122.

Diese Einsicht hat mindestens drei unmittelbare Konsequenzen: Erstens ist die Predigt deutlich zu unterscheiden von dem biblischen Text, auf den sie sich bezieht. Es handelt sich um zwei verschiedene literarische Gattungen. Zweitens ist die Predigt auch zu unterscheiden von anderen Formen der Gestaltwerdung und Auseinandersetzung mit religiöser Erfahrung. Die Predigt ist weder identisch mit der Liturgie als religiöser Ausdrucksdimension noch mit dem Ethos noch mit dem Dogma. Letzteres zielt auf die begriffliche Durchdringung der christlichen Erfahrung.[391] Dogmatik, Ethik, Kunst, Ästhetik und Architektur sind – gerade weil sie Ausdrucksdimensionen religiöser Erfahrung darstellen – notwendige Gesprächspartner von Predigt und Homiletik, allerdings allesamt Gesprächspartner in Differenz. Gerade in der Unterscheidung findet die Predigt und die sie leitende Absicht ihr spezifisches Profil. Damit ist wiederum nicht ausgeschlossen, dass die Predigt in ihrer formalen Gestaltung auf literarische Formen religiöser Expression oder auf begriffliche Reflexion und Argumentation zugreifen kann und soll. Das aber sind Fragen der homiletischen Sprach- und Argumentationslehre, nicht der materialen Homiletik. Wenn die biblischen Texte intentional nicht als Predigttexte konzipiert sind und hier eine Differenz bleibt, so gilt drittens, dass es unter den biblischen Texten immer solche gibt, die besser als Predigttexte geeignet sind und solche, die dies nur begrenzt oder auch gar nicht sind. Nicht jeder nachdenkenswerte biblische Text hat diese Qualität auch im Hinblick auf die Predigt. Es gibt nicht nur schlechte Predigten, es gibt auch biblische Texte, die nicht als Predigttexte taugen, gerade wenn und weil die Predigt als religiöse Rede verstanden wird und auf eine religiöse Lebensdeutung zielt.

Unter der Voraussetzung, dass es eine hermeneutische Differenz zwischen biblischem Text und Predigttext gibt, ist nun zu fragen, wie zwischen beiden vermittelt werden kann. Welcher Modus der Auslegung ist zu denken, damit die Predigt in ihrem Bezug auf einen biblischen Text die angezeigten Differenzen nicht überrennt oder an ihnen scheitert? Hierfür ist für die Predigt von einer spezifischen Form der Schriftauslegung auszugehen. Diese gewinnt ihr Profil zunächst durch ihren Kontext: Die Schriftauslegung der Predigt erfolgt im gottesdienstlichen Kontext. Innerhalb des Gottesdienstes aber sind die biblischen Texte nicht nur Gegenstand der Auslegung, sondern kommen auch als Lesung zu Gehör und stehen sinn- und sprachgewährend im Hintergrund von Gebet und

---

391 Vgl. *Lauster*, Entzauberung, 64: »Eine theologische Urteilsbildung im Dogma dient anderen Zwecken als die Artikulation religiösen Erlebens in der Schrift. Das Dogma versucht die aus dem Erleben hervorgehenden Deutungen mit anderen Formen menschlicher Wirklichkeitsdeutung in Beziehung zu setzen. Die Rationalisierung der Religion im Dogma hat darum notwendigerweise einen systematisierenden Zug, der dem religiösen Erleben an sich fremd ist. Das expressive Moment tritt deutlich hinter die Orientierungsleistung der Reflexion zurück«.

Lied.[392] Für die spezifische Form der Schriftauslegung in der Predigt gilt also, dass sie konstruktiv auf ein immer auch performatives Verständnis der Schrift bezogen bleibt. Dass biblische Texte durch Verlesen und Gehörtwerden eine unmittelbare Wirkung entfalten können, kann nicht grundsätzlich ausgeschlossen werden. Jedem Text, auch den biblischen, eignet das Potential der Selbstwirksamkeit. Die Erinnerung an dieses performative Potential hält im Rahmen des Gottesdienstes die Liturgie wach. »Die liturgische Inszenierung setzt ganz selbstverständlich voraus, dass die biblischen Texte unmittelbar im Akt ihrer Verlesung verstanden werden können, sie setzt auf ihre Kraft, göttliche Wirklichkeit in der Vorstellung ihrer Hörer performativ zu erzeugen. [...R]ituelle Präsenz und hermeneutische Textauslegung bestehen innerhalb der Kirche ganz mühelos nebeneinander«.[393]

Zugleich hat die homiletische Schriftauslegung als Methode selbst Kontexte. Sie bleibt bezogen auf andere Formen der Auslegung, wie etwa die wissenschaftliche Auseinandersetzung mit biblischen Texten, die private Bibellektüre oder der Bibelgebrauch in religiösen Gruppen und Kreisen. Das Spezifikum der Predigt und ihr spezifischer Bezug auf die Bibel entfalten sich immer auch in der konstruktiven Auseinandersetzung mit diesen anderen Formen und Orten der Schriftauslegung. Entsprechend hat sich innerhalb der Homiletik bereits früh das spezielle Programm einer sogenannten praktischen Exegese herausgebildet, gerade in Ergänzung zu einer historisch-wissenschaftlichen Exegese.[394] Die praktisch-homiletische Exegese will die Einsichten der historisch-kritischen Exegese nicht desavouieren, sondern diese für die Predigt als einem praktischen kirchlichen Handlungsfeld nutzbar machen.

Dieses Programm einer praktischen Exegese in homiletischer Absicht hat unter anderem Friedrich Niebergall prominent entfaltet, teilweise mit nicht unproblematischen Implikationen, die hier aber hintenangestellt bleiben können.[395] In seiner Beschreibung der Bedeutung der Bibel für die Homiletik versucht er, sowohl eine vorkritisch-orthodoxe wie auch eine distanziert-unverbindliche, sich liberal gebende Schriftdeutung zu überschreiten. Ausgehend von einem praktischen Verständnis des Christentums und seiner Heilswahrheiten plädiert Niebergall für eine religiöspraktische Deutung der Schrift, die diese konstruktiv auf die Lebens- und Welterfahrung des modernen Menschen bezieht.[396] Denn die Bibel liefe-

---

[392] Vgl. hierzu die Ausführungen bei *Alexander Deeg*, Das äußere Wort und seine liturgische Gestalt. Überlegungen zu einer evangelischen Fundamentalliturgik (APTh 68), Göttingen 2012, 496–534.
[393] *Lauster*, Schriftauslegung als Erfahrungserhellung, 197f.
[394] Vgl. als Überblick *Christian Albrecht*, Schriftauslegung als Vollzug protestantischer Frömmigkeitspraxis, in: *Friederike Nüssel* (Hg.), Schriftauslegung (Themen der Theologie 8 / UTB 3991), Tübingen 2014, 207–237, 216–221.
[395] Siehe zu Niebergall auch oben Kap. II.3.2.
[396] Vgl. z.B. *Friedrich Niebergall*, Praktische Auslegung des Neuen Testaments für Prediger und Religionslehrer, Tübingen (1909) ²1924, 7–13.

re kein hermetisch geschlossenes System religiöser Wahrheiten, sondern
entfalte religiöse Sinngehalte. Dargestellt werden diese in den religiösen
Persönlichkeiten der Schrift, »auf die wir als die großen Quellpunkte religiösen Lebens zu achten« haben.[397] Die religiösen Persönlichkeiten repräsentieren die verschiedenen Wertsysteme, welche in der Schrift in einer
aufsteigenden Linie vorgestellt werden, hinlaufend auf Christus. Und
eben diese Wertsysteme hat eine praktische Exegese herauszustellen. Deshalb können die biblischen Texte nicht rein historisch-dogmatisch be-
trachtet werden, sondern sie sind auf die genannten religiösen Sinn- und
Wertegehalte zu befragen. Niebergall spricht hier von »Motiven« und
»Quietiven« und ihrer Relevanz für den gegenwärtigen Menschen.[398] Vorausgesetzt ist dabei, dass die »religionspsychologische Lage [...] heute im
allgemeinen dieselbe [ist] wie damals. Darum können wir solange an dem
Gebrauch jener Urkunden festhalten, als uns das in ihnen herrschende
Ideal einleuchtet und die von ihnen vorausgesetzten Lagen des Lebens
dieselben bleiben. Und an beidem ist nicht zu zweifeln«.[399] Auch wenn
diese Voraussetzung aufgrund der religionspsychologischen Parallelisierung zumindest diskussionswürdig ist, bleibt doch die hier indizierte
Wandlung des hermeneutisch-homiletischen Zugriffs von Relevanz und
Interesse. »Praktische Auslegung [...] – das heißt doch nichts anderes als
dies: Eine geschichtliche Urkunde soll darauf hin angesehen werden, welchen Ertrag sie für die religiös-sittliche Beeinflussung unseres Geschlech-
tes abwerfen kann«.[400] Die Lebensfragen des sogenannten modernen
Menschen sind für die Predigt nicht nachgängig mit den Einsichten einer
historisch-kritischen Exegese zu verknüpfen, sondern bestimmen von
vornherein den exegetischen Zugriff. Damit soll verhindert werden, dass
durch die Predigt ein Graben verläuft, der biblischen Text und gegenwärtige Erfahrung trennt und der biblische Text allererst als historisches Do-
kument gelesen wird, an welches die gegenwärtige Erfahrung gleichsam
nur angehängt wird.
Das damit angezeigte Problem findet sich bis in gegenwärtige Predigten.
Die meisten Predigtpersonen sind aufgrund ihrer akademischen Ausbildung in der Lage, das historische Profil des Textes angemessen darzustel-
len, den Text also als »geschichtliche Urkunde« zu lesen. Kaum eine Predigt zu Perikopen aus Deuterojesaja oder Jeremia, welche den Hörern
Anlass und Umstände Israels im Babylonischen Exil nicht in düsteren
Farben nachzeichnet. Und auch bei Predigten über neutestamentliche
Perikopen kann der Hörer viel Wissenswertes über die johanneische Ge-

---

397 A.a.O., 13 (im Orig. teilw. hervorgeh.).
398 »Motive« bezeichnen Handlungsgründe, »Quietive« sind Beruhigungs- beziehungsweise Trostgründe. Erstere zielen also auf die Handlungsstruktur, Letztere auf
die Sinn- bzw. Deutungsstruktur.
399 *Friedrich Niebergall*, Die Bedeutung der Religionspsychologie für die Praxis in
Kirche und Schule, in: ZThK 19 (1909), 411–474, 459.
400 *Niebergall*, Praktische Auslegung, 1.

meinde oder die Entstehungshintergründe einzelner paulinischer Text-corpora erfahren. Oder er findet sich über Grundelemente jüdischer Religionspraxis belehrt und erhält Informationen über Probleme und Diskussionen innerhalb der Urgemeinde. Oft freilich erfolgt dann die Verbindung zwischen Text und Gegenwart durch eine direkte Parallelisierung (»Die Zweifel, die Paulus kennt, sind uns allzu gut vertraut« etc.) oder durch den Rückgriff auf das traditionelle Explicatio-Applicatio-Schema (»Und was sagt der Text uns heute?«), zuweilen auch in dessen Negation (»Was der Text fordert, können wir nicht mehr glauben!«). Im Modell einer homiletisch-praktischen Exegese wird dagegen von vornherein nach dem gegenwärtigen religiösen Sinngehalt eines Textes gefragt. Die historische Kritik der Texte wird als »eine kulturelle Haltung zu autoritativen Texten«[401] nicht übergangen, sondern vorausgesetzt.

Zusammengefasst: Die Predigt ist eine religiöse Rede. Ihre Religiosität entfaltet sie materialiter, also bezüglich ihres Inhaltes, durch den doppelten Bezug auf Erfahrung und Schrift. Die Schrift wird in der Predigt als Deutungsmuster für religiöse Erfahrung verstanden und entsprechend ausgelegt. Die Verbindung von Schrift und Erfahrung im Hinblick auf die Predigt zeigt so auch, dass die Predigt immer an der Schnittstelle von Individuell-Subjektivem und Objektivem steht. Die argumentative Verknüpfung der religiösen Dimension der Predigt mit deren Schriftbezug legt den kirchlichen Kontext und Horizont der Predigt als religiöser Rede frei, erinnert doch gerade der Schriftbezug der Predigt daran, dass die Predigt eine religiöse Rede im *kirchlichen* Kontext ist. Dass dieser Kontext weit mehr als eine formale Kategorie darstellt, wurde im Gedanken der Ökumenizität und Geschichtlichkeit der Predigt bereits angedeutet. Die Kirchlichkeit der Predigt ist – wie gezeigt – von fundamentaltheologischer und – wie zu zeigen ist – von materialhomiletischer Relevanz. Wird der Bezug der religiösen Rede auf die Kirche aufgegeben, dann drohen homiletische Überlegungen womöglich zu verpuffen. So ist zwar die religiöse Lebens- und Weltdeutung »an Individuen gebunden und kann auch nur von ihnen unvertretbar vollzogen werden«. Zugleich aber ist dieser Vollzug »doch unweigerlich in institutionelle, soziale und kulturelle Formen eingebunden«.[402]

---

[401] *Lauster*, Schriftauslegung als Erfahrungserhellung, 183. – Es stellt m.E. ein Problem dar, dass ein nicht geringer Teil der exegetischen Fachliteratur sich aufgrund ihrer ausgesprochenen Neigung zur Behandlung von Detail- und Spezialfragen für den homiletischen Gebrauch im pastoralen Alltag als wenig weiterführend erweist (vgl. auch a.a.O., 203).
[402] *Lauster*, Entzauberung, 38.

2. Die Predigt als kirchlich-öffentliche Rede: Der Kirchenbezug der
Predigt oder die materiale Relevanz der Ekklesiologie für die
Entfaltung der Predigtabsicht

Die Predigt ist eine zentrale Lebensäußerung der Kirche. Nach reformatorischem Verständnis ist die Kirche gar wesentlich durch ihre liturgisch-
homiletischen Vollzüge (CA VII) bestimmt. Im Umkehrschluss kann gesagt werden: Was die Predigt ist, worin ihre Absicht bestimmt liegt, wird
immer auch durch ihren Bezug auf die Kirche bestimmt. So liegt zum
einen in der Praxis jeder Predigt und der sie leitenden Absicht ein Kirchenbild zugrunde. Jede Predigt transportiert implizit ein Kirchenbild.
Einer Predigt, die auf sozial-politische Veränderung und eine gesell-
schaftspolitische Option der Kirche zielt, liegt ein anderes Kirchenverständnis zugrunde als einer Predigt, die Bekehrung intendiert. Deshalb ist
die Gottesdienst- und Predigtpraxis der Kirche immer Teil der Kommunikation von Kirchenbildern und des öffentlichen Diskurses um Wesen
und Aufgabe der Kirche. Weil der »kirchlichen Organisation [...] in der
öffentlichen Wahrnehmung [...] eine symbolische, nämlich auf den Gottesdienst verweisende Dimension«[403] eignet, sind die homiletisch-liturgischen Vollzüge immer auch kybernetisch aussagekräftig und entsprechend reflexionsbedürftig.[404] Das Gleiche gilt dann auch für die Homiletik: Jede homiletische Theorie setzt auf ein Kirchenbild auf – bewusst
oder unbewusst.[405] In Theorie und Praxis der Predigt werden immer Kir-
chenbilder und ekklesiologische Implikationen formatiert und transportiert, auch wenn diese oft nicht oder nur am Rande Thema sind.
Sucht man entscheidende ekklesiologische Konturen der Predigtabsicht,
so kommt man nicht umhin, den *öffentlichen* Charakter der Predigt zu
bedenken, ist doch in ekklesiologischer Hinsicht die Vermittlung von
individueller Religion und öffentlicher Sozialgestalt von Religion in und
durch die Predigt von entscheidender Bedeutung. Eben diese Vermittlungsleistung bestimmt den spezifischen Öffentlichkeitscharakter von
Gottesdienst und Predigt. Im Gedanken, dass die Predigt als religiöse Rede stets auch kirchlich-öffentlichen Charakter hat[406] lässt sich der Aspekt

---

403 *Hermelink*, Kirchliche Organisation, 119. – Verkümmert die homiletisch-
liturgische Praxis, wird vernachlässigt oder erfreut sich zu geringer Resonanz, so bleibt
dies nicht ohne Rückwirkung auf das kirchliche Selbstverständnis sowie das öffentlich
kommunizierte und wahrgenommene Bild von Kirche.
404 Vgl. hierzu u.a. *Eckhard Gorka*, Die Mitte in die Mitte rücken. Predigt als Beitrag zur Selbststeuerung der Kirche, in: Nicht durch Gewalt, sondern durch das Wort.
Die Predigt und die Gestalt der Kirche, hg. v. *Jochen Cornelius-Bundschuh / Jan Hermelink*, Leipzig 2011, 33–47.
405 Dieser Sachverhalt gilt auch umgekehrt – jede praktisch-theologische Ekklesiologie und Kirchentheorie impliziert ein bestimmtes Predigtverständnis.
406 Ich bin mir sehr wohl bewusst, dass das öffentliche Christentum im kirchlichen
nicht aufgeht, sondern von diesem zu unterscheiden ist. Die Verbindung von »öffentlich« und »kirchlich« bezieht sich im Folgenden stets auf den öffentlichen Charakter
von Kirche.

der sozialen Gestaltwerdung von Religion kommunikationstheoretisch-
homiletisch und liturgisch deutlicher profilieren und auf seine Implikationen für die materiale Füllung der Predigtabsicht bedenken.[407]

2.1 Die Begründung des öffentlichen Charakters der Predigt in der Ver-
mittlung von unsichtbarer und sichtbarer Kirche

Zum Wesen des evangelischen Kirchenbegriffs gehört nach Luther die
Unterscheidung von geglaubter und empirischer, von unsichtbarer und
sichtbarer Kirche. Sie stellt eine »Spitzenbestimmung seiner Ekklesiologie« dar.[408] Diese »Dialektik von geistlicher Verborgenheit der Kirche
und leiblich-äußerer Sichtbarkeit ist für das evangelische Kirchenverständnis [...] unaufgebbar«[409] und macht meines Erachtens ihren spezifischen Öffentlichkeitscharakter aus. Denn sichtbare Gestalt nimmt die
unsichtbare Kirche in der Evangeliumskommunikation in Wort und Sakrament an (CA VII). Dort, wo Menschen sich unter Wort und Sakrament versammeln, wird die unsichtbare Kirche öffentlich erkennbar und
für den Glauben erfahrbar. Weil die Gemeinschaft der Glaubenden, also
die unsichtbare Kirche zunächst einmal »eine Gemeinschaft derer [ist],
die das Wort Gottes hören«,[410] sind Taufe, Abendmahl und Verkündigung als Gestalten des Wortes die Zeichen (notae), an denen man die
unsichtbare Kirche in der Welt erkennen kann. Der öffentliche Gottesdienst bringt die Gemeinschaft des Glaubens sichtbar-empirisch zur Darstellung. Hier wird die unsichtbare Kirche erkennbar.[411] »Das hör- und
sichtbare Wort markiert die verborgene Kirche«,[412] freilich ohne dass die
unsichtbare Kirche in der sichtbaren aufgeht. Denn die Zeichen sind
nicht die Sache selbst. Die durch Religion vermittelte Gemeinschaft mit
Gott ist nicht identisch und deckungsgleich mit der sichtbaren und erfahrbaren Kirche.

---

[407] Zuletzt habe ich den Zusammenhang von Kirchenbild und Predigtziel ausgehend
vom Konstrukt »Volkskirche« reflektiert. Die jetzt vorgelegten Überlegungen verstehen sich als Fortsetzung dieser Überlegungen. Vgl. *Ruth Conrad*, Zweck und Ziel der
Predigt in der Volkskirche. Das Predigtideal als Funktion des Kirchenbildes, in:
DtPfrBl 2 (2013), 79–83.
[408] *Barth*, Sichtbare und unsichtbare Kirche, 1.
[409] *Isolde Karle*, Kirche im Reformstress, Gütersloh 2010, 83.
[410] *Martin Laube*, Die Kirche als »Institution der Freiheit«, in: *Christian Albrecht*
(Hg.), Kirche (Themen der Theologie 1 / UTB 3435), Tübingen 2011, 131–169,
141.
[411] Ulrich Barth weist daraufhin, dass die spezielle Verknüpfung von sichtbarer und
unsichtbarer Kirche nur für den Glauben erkennbar ist: »Nur der eigene Glaube er-
kennt und erlebt das geheimnisvolle Band zwischen beiden gegensätzlichen Sphären.
Ohne die identifizierende Kraft dieses Glaubens bleiben beide Dimensionen, die
sichtbare und die unsichtbare, schlechterdings beziehungslos« (*Barth*, Sichtbare und
unsichtbare Kirche, 16).
[412] *Hermelink*, Kirchliche Organisation, 36.

Demnach stellt auch die öffentliche Predigt die Vermittlung des span-
nungsvollen Verhältnisses von geglaubter und empirischer Kirche ebenso
her wie dar. Die Wahrnehmbarkeit der unsichtbaren Kirche ist immer
auch auf den liturgischen Vollzug von Predigt und Sakrament verwiesen.
Im öffentlichen Gottesdienst berühren sich unsichtbare und empirische
Kirche. Deshalb wird der öffentlich-sichtbare Charakter der Kirche wesentlich in ihrer gottesdienstlichen Praxis manifest. Auch der öffentliche
Charakter der Predigt wird also in theologischer Hinsicht zunächst durch
das dialektische Verhältnis von unsichtbarer und sichtbarer Kirche qualifiziert. Der Öffentlichkeitsanspruch von Kirche und Predigt lässt sich
nicht einfach behaupten oder (ein-)fordern. Er ist vielmehr Teil der theologischen Selbstexplikation von Kirche und Gottesdienst. Aus dem Selbstverständnis der Kirche als einer religiösen Gemeinschaft, die auf Kommunikation angelegt ist und der damit verknüpften Qualifizierung der
Kirche als einer sowohl unsichtbaren wie auch sichtbaren Größe folgt ihr
öffentlicher Charakter und damit auch der öffentliche Charakter von
Gottesdienst und Predigt. »Die Öffentlichkeitsrelevanz des Evangeliums
ist nicht eine vorgegebene Größe, auf die sich einfach rekurrieren ließe.
Die Öffentlichkeit, die sich aus dem Verkündigungsauftrag ergibt, ist Bestandteil religiöser Selbstdeutung und ist deshalb nicht ohne weiteres mit
einem Begriff gesellschaftlicher Öffentlichkeit gleichzusetzen«.[413]
Diese theologische Qualifikation des Öffentlichkeitsbegriffs bewahrt eine
zweifache Erinnerung an zentrale Implikationen des Gedankens der unsichtbaren Kirche: Zum einen ist in Fragen der Religion und ihrer öffentlichen Institutionalisierung und Organisation das Individuum und seine
stets unverfügbaren religiösen Vollzüge immer konstitutiv. Es ist nicht zugunsten der öffentlichen Sozialgestalt von Religion vernachlässigbar. Zum
andern ist in einem derart konturierten Öffentlichkeitsgedanken die Erinnerung bewahrt, dass nach evangelischem Verständnis die sichtbare Gestalt der Kirche nicht das Wesen der Kirche bestimmt. Was Kirche ist, ist

---

[413] *Thomas Wabel*, Die nahe ferne Kirche. Studien zu einer protestantischen Ekklesiologie in kulturhermeneutischer Perspektive (RPT 50), Tübingen 2010, 433. – Der
in der Homiletik oft aufgemachte Gegensatz zwischen öffentlichem Anspruch der
Predigt und der Tatsache, dass die Öffentlichkeit dann »nur« in der anwesenden Gemeinde besteht, lässt sich m.E. vor diesem Hintergrund deutlich entschärfen. Öffentlich wird der Gottesdienst nicht dadurch, dass jemand »zufällig‹ reinschaut und drin
bleibt«, so Jürgen Ziemer oder »Angehörige anderer Konfessionen und nicht oder
nicht mehr christlich sozialisierte Zuhörer« den Gottesdienst besuchen und der Predigt lauschen, so Lucie Panzer. Vielmehr ist die je und je anwesende Gemeinde die
öffentliche Kirche. Die gottesdienstliche Gemeinde ist, jenseits ihrer empirisch vorfindlichen Zusammensetzung, immer Darstellung der unsichtbaren Kirche im Raum
des Sichtbaren und kann daher nicht als defizitäre Form von Öffentlichkeit angesehen
werden. Vgl. *Lucie Panzer*, Den Glauben ins Gespräch bringen. Verkündigung im
Rundfunk als Mitteilung von Erfahrungen (PThK 22), Freiburg/Breisgau 2012, 291;
Jürgen Ziemer, Predigt über den Zaun. Plädoyer für den zufälligen Hörer, in: *Wilfried
Engemann* (Hg.), Theologie der Predigt. Grundlagen – Modelle – Konsequenzen
(APTh 21), Leipzig 2001, 225–242, 229.

immer auch in Distanz zum Empirisch-Vorfindlichen, also zum historisch und gesellschaftlich Darstellbaren zu bestimmen. Zwischen dem Gegenstand des Glaubens und seiner sichtbar-öffentlichen Gestalt besteht eine bleibende Differenz.[414] Auch die Absicht der Predigt lässt sich nicht unter Absehung dieser Differenz bestimmen, bewahrt diese Differenz doch die Erinnerung daran, dass alles Handeln der Kirche, also auch die Predigt, vom göttlichen Handeln zu unterscheiden ist.

Aus eben dieser theologischen Qualifizierung der Öffentlichkeit von Kirche und Predigt leitet sich dann auch die Öffentlichkeit der Kirche im Sinne von öffentlich wahrgenommen und wahrnehmbar, beteiligt am öffentlichen Diskurs und auch engagiert für das öffentliche Wohl ab.[415] Dieser öffentliche Charakter und Anspruch ist dann freilich nicht aufgebbar. Auf diesem Weg ist dann die Rede von der öffentlichen Kirche mit dem ekklesiologischen Konzept von Volkskirche, jenseits der Quantität derselben, zu verbinden.

Soll also »unsichtbare Kirche [...] in Kirchen erfahrbar sein«,[416] dann ist und bleibt die Predigt für die reformatorischen Kirchen und deren öffentliche Gottesdienstpraxis unverzichtbar. Sie ist das »Wahrzeichen des evangelischen Christentums«.[417] Deshalb ist sie für die protestantischen Kirchen zentral und unaufgebbar, auch wenn ihre konkrete Praxis oft als defizitär und banal erlebt wird. Hier steht nicht eine mögliche protestantische Intellektuellendominanz oder ein tragisches Sinnlichkeitsdefizit zur Debatte, sondern das Wesen und Selbstverständnis der Kirche in reformatorischem Verständnis. Der Gottesdienst mit Predigt und Liturgie (einschließlich der Sakramente) ist zentraler Bestandteil desjenigen Programms, mit dem die unsichtbare Kirche sichtbar, erfahrbar und damit öffentlich wird. Eine Kirche, die keine Gottesdienste feiert und die Predigt für überholt erklärt, verfehlt – zumindest in reformatorischer Perspektive – ihr Wesen.[418]

---

[414] Vergleichbar formuliert Martin Laube eine dreifache Selbstrelativierung, die die Unterscheidungsfigur von sichtbarer und unsichtbarer Kirche aus sich entlässt: »Gegenüber einem weltfernen Heiligkeitsideal der Kirche mahnt sie [diese Unterscheidung; RC] zur Anerkennung ihres irdisch-menschlichen Charakters, gegenüber einer dogmatischen Verklärung kirchlicher Institutionen verweist sie auf deren geschichtliche Veränderbarkeit, und gegenüber klerikalen Selbstermächtigungstendenzen ruft sie den Dienstauftrag der Kirche in Erinnerung« (*Laube*, Kirche, 164f.).

[415] Vgl. *Reiner Preul*, Was heißt »Volkskirche«?, in: *ders.*, Die soziale Gestalt des Glaubens. Aufsätze zur Kirchentheorie (MThSt 102), Leipzig 2008, 36–51, 48. Vgl. auch *Thomas Schlag*, Öffentliche Kirche. Grunddimensionen einer praktisch-theologischen Kirchentheorie (Theologische Studien NF 5), Zürich 2012.

[416] *Eilert Herms*, Religion und Organisation. Die gesamtgesellschaftliche Funktion von Kirche aus der Sicht der evangelischen Theologie, in: *ders.*, Erfahrbare Kirche. Beiträge zur Ekklesiologie, Tübingen 1990, 49–79, 79 (Hervorh. im Orig.). Vgl. auch *Preul*, Was heißt »Volkskirche«?, 45.

[417] *Rössler*, Grundriß, 351.

[418] Vgl. *Stroh*, Schleiermachers Gottesdiensttheorie, 37: »Der Gegenstand der Gottesdiensttheorie ergibt sich also aus der Reflexion auf die Bedingungen der Möglich-

Im Folgenden ist nun zu überlegen, welche Implikationen sich aus diesem Sachverhalt für die inhaltliche Konturierung der Predigtabsicht ergeben. Dies soll in zwei Perspektiven erfolgen: Zum ersten geht es um die Konturen des Kirchenbildes, das die Predigt als eine im skizzierten Sinn öffentlich-kirchliche Handlung qualifiziert und zum zweiten rücken Prediger und Pfarrer als diejenigen, die zwischen individueller und kirchlich-öffentlicher Religion zu vermitteln haben, ins Blickfeld.

2.2 Homiletische Implikationen des kirchlich-öffentlichen Charakters der Predigt

a. Öffentliche Kirche – öffentliche Predigt: Präzisierungen

Die Öffentlichkeit der Predigt steht dafür, dass im Raum der erfahrbaren und sichtbaren Kirche der Inhalt und Gegenstand der unsichtbaren Kirche zur Darstellung und Kommunikation gelangt. Dieser Sachverhalt lässt sich im Hinblick auf das in der Predigtpraxis kommunizierte Kirchenbild und dessen Rückkopplung an die Predigt dreifach präzisieren – die Predigt ist geschichtlich-ökumenisch, volkskirchlich und individualitätsorientiert.

Beginnen wir mit dem ersten: Bringt die Predigt den öffentlichen Charakter der Kirche zur Darstellung, dann bringt sie damit die Ökumenizität und Geschichtlichkeit der evangelischen Kirche im Horizont der Kirchen des Christentums zur Darstellung. Die Kirche, in der gepredigt wird, ist immer mehr als die jeweilige (sonntägliche) Parochialgemeinde. Sie ist als Gemeinschaft der Glaubenden Teil des weltweiten Christentums beziehungsweise der weltweiten Christentümer, und sie lässt sich auch nicht ohne ihre geschichtliche Herkunft denken. Die unsichtbare Kirche als communio sanctorum übergreift Raum, Zeit und Konfession. Gerhard Ebeling hat diesen Sachverhalt im Hinblick auf die Darstellung des christlichen Glaubens insgesamt prägnant auf den Punkt gebracht: »Das Stichwort christlicher Glaube weckt sogleich das Bewußtsein seiner zweitausendjährigen Geschichte, seiner Entstehung, Ausbreitung und Auswirkung. Wer sich diesem Gegenstand zuwendet, tritt in Beziehung zu dem Judentum vor und nach seiner großen geschichtlichen Katastrophe, zu der hellenistischen Spätantike und den Umwälzungen der Völkerwanderungszeit, zu der Welt des Mittelalters und ihrem teils stufenweisen Übergang, teils schmerzhaften Umbruch zur Moderne hin und schließlich zu dieser in sich selbst explosiv revolutionären Neuzeit und ihrer globalen Entwicklung, in welcher der christliche Glaube wie noch

---

keit der geschichtlich gegebenen christlichen Frömmigkeit als Kirche, wobei ›Gottesdienst‹ als Titel für eine der dazu notwendigen Bedingungen herangezogen wird. Unter dieser Voraussetzung kann das so Beschriebene nicht mehr für ein geschichtlich kontingentes Element christlicher Frömmigkeit gelten, sondern gehört zu deren Wesenszügen, dessen Fehlen stante pede das Aufhören der christlichen Kirche signalisiert«.

nie über die Welt ausgestreut worden ist und doch zugleich aus der Welt verdrängt zu werden scheint. Es bedarf starker Einbildungskraft, um die dürftigen oder auch reichen Kenntnisse, die man von dieser historischen Dimension des Christentums besitzt, in die plastische Vorstellung umzusetzen, daß die Christen all jener Jahrhunderte und geographischen Räume mit dazu gehören, wenn heute vom christlichen Glauben die Rede ist und über sein Wesen und seine Wahrheit nachgedacht wird. [...] Wer heute zu diesem Gegenstand ›christlicher Glaube‹ das Wort ergreift, ist nur eine verschwindende, meist kaum hörbare Stimme in dem gewaltigen polyphonen Chor, der jenes Thema bereits unendlich moduliert und variiert hat und weiter modulieren und variieren wird«.[419] Ohne ein solches historisch-ökumenisches Bewusstsein von der pluralen Gestaltwerdung des Christentums droht sich die jeweilige gegenwärtig-kirchliche Predigtpraxis im Vordergründigen und womöglich Kontingenten zu verlieren. Möglicherweise werden christliche Themen mit zeitgenössischen Moden verwechselt, und es kommt zur geschichtsvergessenen Überschätzung der eigenen, eben immer auch kontingenten sozio-kulturellen Deutungsbedingungen. Dass zu den Signaturen der westeuropäischen Gegenwart aktuell eine nachhaltige Individualisierung zählt, heißt eben noch lange nicht, dass dies gegenwärtig überall so ist, dass es geschichtlich schon immer so war und dass es die einzig mögliche Konstruktionsbedingung sozialer und kirchlicher Wirklichkeit darstellt. Das Bewusstsein der Ökumenizität und Geschichtlichkeit von Kirche bewahrt die Kirche in der öffentlichen Predigt sowohl vor kultureller Selbstüberschätzung wie vor gesellschaftlicher Selbstmarginalisierung.

Zum zweiten ist der kirchlich-öffentliche Charakter der Predigt gegenwärtig immer auch als ein volkskirchlicher zu bestimmen. Für die Predigt und ihre Absicht gilt dann, was Reiner Preul für die Volkskirche insgesamt angemahnt hat: »Volkskirche«, so Preul, bedeute nicht Mehrheitskirche, sei also gerade kein quantitativer Begriff, sondern ziele vielmehr darauf, »dass Kirche so gestaltet werden muss, dass alle, wirklich alle, in ihr sein und sich in ihr heimisch fühlen *könnten*, sofern sie nur ein positives Verhältnis zur Sache oder Botschaft der Kirche haben – unabhängig von ihrem Bildungsstand, ihrer sozialen Situation, ihrem Geschlecht, ihrem Alter, ihrem Gesundheitszustand, ihrer ethnischen Zugehörigkeit, ihrer sexuellen Prägung, ihrer politischen Ausrichtung, ihrer ästhetischen Vorlieben und was es sonst an Unterscheidungsmerkmalen geben mag, die in außerkirchlichen Zusammenhängen durchaus relevant sein könnten. Für die Nähe oder Ferne eines Menschen zu seiner Kirche darf es nur ein einziges Kriterium geben, sein Verhältnis zur Sache der Kirche: wie nah oder fern er sich dieser Sache fühlt. Die Kirche muss so offen gegenüber all den genannten Differenzen sein, dass als einziger Grund für eine Selbstdistanzierung nur die pauschale Ablehnung des christlichen Wirk-

---

[419] *Ebeling*, Dogmatik, 1f.

lichkeitsverständnisses in Frage steht«.[420] Wenn also im Anschluss an eine Formulierung von Trutz Rendtorff Kirche als »Institution der Freiheit« verstanden wird, dann macht die Predigt absichtsvoll mit dieser Freiheit Ernst.[421] Gerade im Hinblick auf das ihr zugrundeliegende Hörerbild. Damit ist ein wesentliches Kriterium für die Generierung von Predigtthemen innerhalb der öffentlichen, volkskirchlichen Gottesdienstpraxis gewonnen. Ihre Relevanz gewinnt die Predigt nicht aufgrund der inhaltlichen Zuspitzung auf bestimmte Hörergruppen und deren Voraussetzungen und Interessen, sondern aufgrund ihres religiösen Charakters. Dieser aber muss für alle Hörer zugänglich sein und nicht wahlweise nur für die Hochengagierten oder die Gebildeten unter den Religionsverächtern, für das sogenannte Bildungsbürgertum oder für politisch eindeutig Identifizierbare. Ist die öffentliche Predigt als religiöse Rede zugleich volkskirchliche Predigt, dann scheiden bestimmte Themen aus dem Kanon möglicher Predigtthemen aus. Zu denken ist hier an Themen, die einseitige Festlegungen auf politische Positionen, gar Parteien fokussieren, auf ein bestimmtes Frauen- und Geschlechterbild zielen oder bestimmte Modelle der privaten Lebensführung beziehungsweise ausgewählte Frömmigkeitsstile favorisieren. Die Predigt verfolgt vielmehr (wie der Gottesdienst insgesamt) immer auch die Absicht, Toleranz auf der Grundlage des Glaubens zu befördern. »Jeder Gottesdienstteilnehmer soll und kann lernen, dass es gut ist, dass nicht alles nach seinem Gusto vonstatten geht. Wo sich jedoch nur Gleich und Gleich gesellt, wie in manchen Veranstaltungen an der Peripherie kirchlichen Lebens, da entfällt jeder Anreiz zur Übung von Toleranz«.[422]
Drittens ist sichtbare Kirche wegen ihres Bezugs zu der unsichtbaren Kirche des Glaubens im reformatorischen Verständnis immer individualitätsorientiert. Weil die Religion ihren ursprünglichen Ort im Individuum hat, ist die Kirche eine »Gemeinschaft von Selbstbefugten und Urteilsberechtigten«.[423] Kirche nimmt den Einzelnen in den Blick und strukturiert ihr Handeln ausgehend vom Individuum. So findet »Kirche aus der Perspektive der beteiligten Subjekte«[424] statt. Für die Predigt bedeutet das:

420 *Preul*, Was heißt »Volkskirche?«, 43.
421 Vgl. die immer noch instruktiven Ausführungen in *Trutz Rendtorff*, Theologische Probleme der Volkskirche, in: Volkskirche – Kirche der Zukunft. Leitlinien der Augsburgischen Konfession für das Kirchenverständnis heute. Eine Studie des Theologischen Ausschusses der Vereinigten Evangelisch-Lutherischen Kirche Deutschlands, hg. v. *Wenzel Lohff/ Lutz Mohnhaupt*, Hamburg 1977, 104–131, 129.
422 *Preul*, Was heißt »Volkskirche?«, 46.
423 *Karl Holl*, Die Entstehung von Luthers Kirchenbegriff, in: *ders.*, Gesammelte Aufsätze zur Kirchengeschichte. Bd. I: Luther, 2./3., vermehrte u. verbesserte Aufl., Tübingen 1923, 288–325, 319 (im Orig. hervorgeh.).
424 *Kristian Fechtner*, Späte Zeit der Volkskirche. Praktisch-theologische Erkundungen (PTHe 101), Stuttgart 2010, 20 (im Orig. hervorgeh.).

Sie erfolgt konsequent aus und in der Perspektive der Hörer.[425] Die Predigtabsicht besteht in der wechselseitigen Kommunikation der christlichen Welt- und Lebensdeutung und nicht in der Kommunikation kirchlicher Totalitätsansprüche. Absicht und Ziel der Predigt sind stets so zu bestimmen, dass sie die Individualität und damit die religiöse Deutungskompentenz der Hörer konstruktiv in Anschlag bringen. Zugleich wird den Hörern prinzipiell die Möglichkeit zugestanden, sich zum Predigtinhalt kritisch oder distanzierend verhalten zu können. Dieser rezeptionsästhetische Vorbehalt ist im protestantischen Kirchenbegriff selbst angelegt und kann nicht ohne Schaden für das Selbstverständnis der Kirche methodisch überrannt werden.

Wird die religiöse Mündigkeit und Deutungskompetenz der Hörer konstruktiv vorausgesetzt, so ist die Predigt, weil individualitätsorientiert, zugleich immer auch pluralismusfähig, toleranzkompetent und entscheidungsoffen. Zu diesem Zweck muss sie verständlich sein. Verständlichkeit ist der Modus, in welchem sich die Individualitätsorientierung der Predigt auch als kirchlich-öffentliches Handeln zur Darstellung bringt. Verständlichkeit meint Nachvollziehbarkeit und Nachprüfbarkeit. So ist zum einen der sprachliche wie argumentative Gestus der Predigt auf Verständlichkeit und Nachvollziehbarkeit angelegt. Was die Predigt sagt, sagt sie in klarer und verständlicher, also argumentativer Sprache.[426] Aber auch der Inhalt der Predigt stellt kein theologisches Geheim- oder Fachwissen dar. Das, was in der Predigt zur Sprache kommt, entspricht der menschlichen Erfahrung beziehungsweise ist an diese anschlussfähig. Die gedanklichen Operationen der Predigt setzen das Erfahrungs- und Vernunftwissen der Hörer nicht außer Kraft. Es ist gerade der Erfahrungsbezug der Predigt und die konsequente Deutung der biblischen Texte als Ausdruck und Deutung religiöser Erfahrung, die verhindern, dass die Predigt kirchliches Binnenwissen transportiert oder Voraussetzungen anlegt, die es dem Hörer unmöglich machen, das Gehörte an seine Erfahrung anzuschließen.[427]

---

425 Kristian Fechtner hat inspirierende Überlegungen vorgelegt, die auf eine Interpretation und mögliche Weiterentwicklung kirchlich-liturgischer Festkultur vor dem Horizont der »beteiligten Subjekte« zielen. Vgl. *ders.*, Im Rhythmus des Kirchenjahres. Vom Sinn der Feste und Zeiten, Gütersloh 2007 und im Hinblick auf die Revision der Perikopenordnung siehe *ders.*, Kirchenjahr und modernes Zeitempfinden, in: Auf dem Weg zur Perikopenrevision. Dokumentation einer wissenschaftlichen Fachtagung, hg. v. *Kirchenamt der EKD / Amt der UEK / Amt der VELKD*, Hannover 2010, 199–207.
426 Vgl. Kap. IV.2.
427 Dieser Sachverhalt gilt m.E. auch im Hinblick auf die Liturgie. In der Perspektive von Gottesdienstteilnehmern, die keine liturgische Sozialisation durchlaufen haben bzw. nur punktuell am Gottesdienst partizipieren, dürften weite Teile der Liturgie sprachlich und inhaltlich hermetisch und unverständlich bleiben. Zur kaum erforschten Frage der Gottesdienstsozialisation siehe *Friedrich Schweitzer*, Gottesdienst auf dem Prüfstand. Empirische Befunde – offene Fragen – Herausforderungen für die

Allerdings zielt auch eine individualitätsorientierte Predigt auf Integration, eben weil sie Ausweis der unsichtbaren Kirche im Bereich der sichtbaren ist. Zeigt sich in der Individualitätsorientierung der Predigt der spezifische öffentliche Charakter der Kirche, dann kann eine solche Predigt gar nicht anders, als immer auch integrativ auf Kirche bezogen zu sein. Auch wenn sich die Predigt als religiöse Rede im Raum der Kirche »auf die Vielfalt der religiösen Bedürfnisse der einzelnen Subjekte« [428] bezieht, so erinnert die Integration der religiösen Individualität in die kirchliche Sozialgestalt des Glaubens daran, dass die Predigt nicht im Individuellen aufgeht. Ohne die soziale Gestaltwerdung von Religion in Kirchen käme auch eine öffentliche Kommunikation von Religion nur schwerlich zustande beziehungsweise verliefe sich. Für diese ekklesiologisch unhintergehbare Vermittlung zwischen individueller Religion und sozialer Gestaltwerdung kommt nun dem Prediger, vor allem in Person des Pfarrers, eine zentrale Rolle zu.

b. Die Predigtperson als Vermittlung zwischen privater und kirchlich-öffentlicher Religion

In der Person des Predigers kommt die für die gesamte Kirche als Aufgabe benannte Vermittlung von individueller Religion und der immer auch wesensmäßig notwendiger sozialer Gestaltwerdung des Christlichen in Persona zur Darstellung.[429] Besonders im Hinblick auf die Predigt lässt sich die damit gestellte Aufgabe verdeutlichen. So muss die Predigtperson in der Predigt zwischen ihrer persönlichen religiösen Lebensdeutung und der öffentlich-kirchlichen Kommunikation von religiöser Lebens- und Weltdeutung sowohl unterscheiden als auch vermitteln. Diese Vermittlungsleistung der Predigt hat Schleiermacher prägnant beschrieben: »Der Prediger ist auf der einen Seite Organ seiner Kirche, auf der anderen Repräsentant seiner Gemeinde; dies liegt in seiner Stellung. Als Organ seiner Kirche darf er nicht im Widerspruch sein mit dem was ihre Einheit constituirt, als Repräsentant seiner Gemeine muß er ausgehen von der gemeinsamen Anregung; und dies beides ist sein Grenzpunkt, weiter aber auch nichts. Vermittels des Einflusses seiner lebendigen Persönlichkeit soll er die gemeinsame Anregung leiten und ihr eine bestimmte Richtung geben«.[430]

Zukunft, in: Kompendium Gottesdienst. Der evangelische Gottesdienst in Geschichte und Gegenwart, hg. v. *Hans-Joachim Eckstein / Ulrich Heckel / Birgit Weyel* (UTB 3630), Tübingen 2011, 285–306, 300ff.

[428] Vgl. auch *Preul*, Kirche als Bildungsinstitution, 133.141.

[429] Zur Person des Predigers in der Homiletik siehe noch immer die einschlägige Arbeit von *Otto Haendler*, Die Predigt, Berlin 1941, dessen Überlegungen eine Fortführung finden bei *Engemann*, Homiletik, 14ff. Und dann auch *Manfred Josuttis*, Das Ich auf der Kanzel. Der Prediger in der Predigt. Sündiger Mensch oder mündiger Zeuge? (erstmals 1974), jetzt in: Grundfragen der Predigt. Ein Studienbuch, hg. v. *Wilfried Engemann / Frank M. Lütze*, Leipzig 2006 (²2009), 81–103.

[430] *Schleiermacher*, Praktische Theologie, 204f.

Das Verhältnis von Prediger und Predigt ist also von einem »Ideal einer Übereinstimmung« bestimmt.[431] Die Predigtperson muss an sich selbst die Vermittlung von religiöser Lebensdeutung und kirchlich-dogmatischer Formierung derselben zum Ausdruck bringen. Bei dieser Vermittlungsaufgabe sind Prediger und Predigerin unvertretbar. Hier ist der Ort, homiletisch Verantwortung zu übernehmen. Die Predigtperson muss beides können: Ich sagen und von sich selbst absehen können, den Glauben als einen unvertretbar individuellen Vollzug darstellen und ihn auf die Gemeinschaft der Kirche beziehen. Diese Aufgabe ist alles andere als trivial. Denn sie setzt eine doppelte Distanzierungskompetenz voraus: Erstens muss der Prediger sich von den unmittelbaren Gestimmtheiten eigener Frömmigkeit und privater Anschauungen distanzieren lernen.[432] Die Predigt setzt eine Predigtperson voraus, die zu der eigenen Frömmigkeit sowohl nach ihrer gedanklichen Ausformierung wie in ihren Handlungsimpulsen auf Abstand gehen und sich zu ihr beschreibend und erläuternd verhalten kann. Kurz: eine Predigtperson, die die Spielregeln ihres individuellen Glaubens im Blick hat und sich mit diesen auskennt. Denn »Menschen, die sich mit sich selbst auskennen, begegnen sich anders als solche, die keine Übersicht über sich besitzen. Die Begegnungen sind wacher, sorgfältiger und interessanter. Auch deshalb ist Selbsterkenntnis ein hohes Gut«.[433] Auch wenn die persönliche religiöse Deutungsleistung der Predigtperson Voraussetzung der Predigt ist – zu erinnern ist an den oben bei Schleiermacher eingeführten Begriff der »Begeisterung« – so ist die Predigt dennoch keine Privatangelegenheit. Das individuell Angeeignete wie Anzueignende muss allgemein gesagt werden. Genau diese Unterscheidungsfähigkeit wird durch die Fähigkeit zur Selbstdistanzierung in religiösen Fragen befördert. Zweitens aber muss die Predigtperson sich selbst von einer Überidentifikation mit der kirchlichen Amtsrolle distanzieren können. Auch das Bewusstsein, ein kirchliches Predigtamt innezuhaben, kann nicht allein handlungsorientierend wie -normierend sein – das liefe auf Selbstauflösung im Klerikalen hinaus. Es kann aber auch nicht gänzlich übergangen werden. Dann wäre die öffentliche Kirche von einer privaten Gesinnungsgemeinschaft nicht zu unterscheiden.[434] Die Predigtperson kann sich nicht aus der persönlichen Verantwortung herausnehmen, indem sie sich ausschließlich auf die Erwartungen der Gemeinde oder auf kirchliche Sprachstereotype zurückzieht. Auch nach dieser Seite ist Distanzierungskompetenz vonnöten.

---

431 *Albrecht*, Schleiermachers Predigtlehre, 117.
432 Vgl. hierzu auch unten Kap. IV.2.
433 *Peter Bieri*, Wie wollen wir leben?, Salzburg (2011) ⁵2012, 60.
434 Diese Differenz im Bewusstsein zu halten, ist einer der großen Vorzüge der Parochie gegenüber Personalgemeinden und religiös-kirchlichen Gruppen, die sich dank gleicher ästhetischer oder politischer Präferenzen oder aufgrund vergleichbarer Bildungshorizonte bilden.

Dieses Ideal der Übereinstimmung zwischen individueller Frömmigkeit und öffentlichem Amt legt nun mehrere Konsequenzen nahe. Zunächst einmal rückt es speziell die Funktion des Pfarrers als Prediger in den Blick. Wird der Predigt wie dem Gottesdienst eine zentrale Stellung für das Selbstverständnis der Kirche, für ihr Wesen und ihre Aufgabe zugeschrieben, dann kommt dem Pfarrer für die Kommunikation dieses Selbstverständnisses eine herausgehobene Bedeutung zu. Kurz: Auf die Pfarrer kann die Kirche nicht verzichten. Auch und gerade auf die Pfarrer als Prediger und Liturgen.[435] Als Prediger und Liturgen erweisen sich die Pfarrpersonen als wesentliche Repräsentanten dessen, was Kirche ist – die kommunikative Vermittlung von individueller Religion und sozialer Gestaltwerdung derselben. In diesem Sinn ist der Pfarrer ein »Symbol in Person«.[436] Dieser Gedanke ist gerade nicht in Opposition zu bringen zur reformatorischen Vorstellung vom »Priestertum aller Gläubigen«, sondern ist Ausdruck desselben. Gerade mit und in dieser vermittelnden Funktion zwischen Individualität und Sozialgestalt des Glaubens haben Prediger und Predigt Anteil an der öffentlichen Leitung der Kirche.[437]

Zugleich nimmt dieses Ideal die für eine konstruktive Ausübung des Predigtamtes als eines Vermittlungsamtes notwendige Bildung und Frömmigkeit der Predigtpersonen in den Blick. Weder ist davon abzugehen, dass die Prediger im Laufe ihrer Ausbildung dasjenige Maß an Selbst- und Amtsaufgeklärtheit sowie an Selbst- und Kirchendistanzierung entwickeln, das für eine vermittelnde Ausübung des Berufes unabdingbar ist, noch darf davon Abstand genommen werden, dass eine immer auch gemeinschafts- und kirchenaffine Frömmigkeitshaltung conditio sine qua non des Predigtberufes ist.[438] Pastorale Ausbildung zielt auf die Auslo-

---

435 Darauf hat deutlich Reinhard Bingener verwiesen, in: *ders.*, Auf den Pfarrer kommt es an, in: FAZ vom 17.04.2014, 1 (www.faz.net/-gpf-7oh72; zuletzt abgerufen am 4.8.2014). Vgl. auch *Isolde Karle*, Wozu Pfarrerinnen und Pfarrer, wenn doch alle Priester sind? Zur Professionalität des Pfarrberufs, in: DtPfrBl 1 (2009), 3–9. – Damit rückt der enge Zusammenhang von Pastoraltheologie, Homiletik und Kybernetik in den Blick.
436 *Christian Palmer*, Evangelische Pastoraltheologie, 2., verbesserte u. vermehrte Aufl., Stuttgart 1863, 43.
437 Vgl. *Jan Hermelink*, Kirchenleitung durch Lehre, Predigt – und Person. Beobachtungen zur Gestalt der Kirche in der bischöflichen Predigt, in: Nicht durch Gewalt, sondern durch das Wort. Die Predigt und die Gestalt der Kirche. Im Auftrag des Ateliers Sprache e.V., Braunschweig hg. v. *Jochen Cornelius-Bundschuh / dems.*, Leipzig 2011, 48–65, 63 sowie *ders.*, Die kirchenleitende Funktion der Predigt. Überlegungen zum evangelischen Profil der Kybernetik (2005), jetzt in: *ders.*, Kirche leiten in Person. Beiträge zu einer evangelischen Pastoraltheologie (APTh 54), Leipzig 2014, 66–86.
438 Vgl. die immer noch nachdenkenswerte Beobachtung von Heinrich Bassermann: »Es giebt, so viel ich sehe, viele sogenannte Liberale, deren ganzer Liberalismus darin besteht, daß sie eben anders denken, anders glauben als die Kirche zu glauben bekennt. […] Sie begnügen sich für ihre Person von allen kirchlichen Zumuthungen verschont zu bleiben, und betrachten im Uebrigen die Kirche wie eine der nothwen-

tung eines sachgemäßen inneren Selbstverhältnisses zu einem Weltan-
schauungsberuf. Die Ausbildung zum Predigtberuf bleibt ebenso eine
theologisch-wissenschaftliche wie insgesamt die Ausübung des Pfarrberufs
eine theologisch-praktische Aufgabe bleibt.[439] Nur so kann gewährleistet
bleiben, was Schleiermacher voraussetzt, dass nämlich »der Geistliche mit
dem Lehrtypus seiner Kirche in Uebereinstimmung steht, natürlich in der
lebendigen protestantischen Freiheit; indem er in der Geschichte lebt und
das besondere immer aufs allgemeine bezieht: so muß ihn der Geist seiner
Kirche so durchdrungen haben daß alles was ihn afficirt ihn religiös afficirt; niemals wird er glauben seinem Beruf Genüge geleistet zu haben,
wenn nicht die Totalität seiner Amtsführung auch die Totalität seiner
ganzen religiösen Selbstdarstellung ist«.[440]

Der »Lehrtypus« der Kirche aber meint, wie dargestellt, christliche Glaubenssätze als »Auffassungen der christlich frommen Gemütszustände in
der Rede dargestellt«.[441] Die christliche Frömmigkeit kennt – wie bereits
dargelegt – zwei »Konstitutionsmerkmale« – »Christusbezug und Kirchenbezug«.[442] Entsprechend ist die Predigt als religiöse Rede ebenfalls in
diesen doppelten Bezug einzustellen. Betrachten wir daher nach dem Kirchenbezug der Predigt ihren Christusbezug. Bei näherer Betrachtung erweist sich die Christologie womöglich als der Ernstfall einer Homiletik,
die an Fragen der religiösen Lebensdeutung und damit an die »gelebte
Religion« anschließen möchte.[443] Gerade die Begegnung von Fragen der
dogmatischen Christologie mit der Wahrnehmung der gelebten »Religion
der Menschen«[444] ist dazu angetan, Überlegungen in Gang zu halten, wie

---

digen Formen des Lebens, durch die auch z. B. ihre Kinder – wie etwa durch den
Militärdienst – hindurchmüßten, ohne daß aber damit irgend eine Verbindlichkeit
für die Zukunft eingegangen würde« (*Heinrich Bassermann*, Die Bedeutung des Liberalismus in der evangelischen Kirche. Vortrag, gehalten am 11. März 1883 in Wiesbaden, Wiesbaden 1883, 22f.).
[439] Vgl. *Christian Grethlein*, Pfarrer – ein theologischer Beruf!, Frankfurt a.M. 2009.
[440] *Schleiermacher*, Praktische Theologie, 205 (im Orig. teilw. hervorgeh.). – Bultmann hat den hier angesprochenen Sachverhalt hermeneutisch thematisiert, wenn er
bezüglich der Auslegung biblischer Texte festhält: »Die Interpretation setzt immer ein
Lebensverhältnis zu den Sachen voraus, die im Text – direkt oder indirekt – zu Worte
kommen. [...] Das Interesse an der Sache motiviert die Interpretation und gibt ihr die
Fragestellung, ihr *Woraufhin*«. Er spitzt entsprechend zu: »Die ›subjektivste‹ Interpretation ist hier die ›objektivste‹, d.h. allein der durch die Frage der eigenen Existenz
Bewegte vermag den Anspruch des Textes zu hören« (*Rudolf Bultmann*, Das Problem
der Hermeneutik [1950], jetzt in: *ders.*, Glauben und Verstehen. Bd. II, 5., erweiterte
Aufl., Tübingen 1968, 211–235, 218f.230 [Hervorh. im Orig.]).
[441] *Schleiermacher*, Der christliche Glaube, § 15, Leitsatz, I, 105.
[442] *Barth*, Sichtbare und unsichtbare Kirche, 44.
[443] Vgl. *Albrecht Grözinger / Georg Pfleiderer* (Hg.), »Gelebte Religion« als Programmbegriff Systematischer und Praktischer Theologie (Christentum und Kultur 1),
Zürich 2002.
[444] *Gräb*, Predigtlehre, 35.

diese beiden Größen zu vermitteln sind, ohne dass einerseits »die Flucht
aus den dogmatischen Loci«[445] und die Entsubstantialisierung von Religion weiter vorangetrieben werden oder es andererseits zu einer lebens-
weltabstinenten Redogmatisierung der Predigtinhalte kommt.

3. Die Predigt als christliche Rede: Der Christusbezug der Predigt oder die Christologie als Ernstfall der Homiletik

3.1 Eine Problemanzeige

Der bisherige Gang der Argumentation hat gezeigt: Für die inhaltliche
Präzisierung der Predigtabsicht ist neben der Bestimmung der Predigt als
religiöse Rede und deren kirchlicher Kontextualisierung ihr Bezug auf die
Christologie von zentraler Bedeutung. Durch ihren Christusbezug gewinnt die Predigt als religiöse Rede in kirchlichem Kontext ihr spezifisches Profil. Die Christologie erweist sich als der Ernstfall der Homiletik
und der konkreten Predigtpraxis.[446] Denn gerade im Hinblick auf die
Christologie verschärft sich das skizzierte hermeneutische Problem der
Vermittlung von Schrift und Erfahrung, wenn denn der Inhalt der Predigt als ein religiöser qualifiziert und damit wesentlich von der als religiös
zu deutenden Lebens- und Welterfahrung der Predigthörer mitkonstitu-

---

[445] So *Notger Slenczka*, Flucht aus den dogmatischen Loci, in: Zeitzeichen 8 (2013),
45–48.
[446] Dieser Sachverhalt ist nicht identisch mit einem möglichen Programm »christologisch predigen«, wie es sich z.B. in der Predigtsammlung von Klaus Harms findet
(*ders.*, Christologische Predigten, Kiel 1821). Auch geht es nicht darum, dass jede
Predigt auf Christus als die Mitte der Schrift zulaufen muss, frei nach dem Motto,
eine Predigt, in der der explizite und namentliche Bezug auf Christus fehle, sei keine
christliche Predigt. Vielmehr geht es um den für eine christliche Predigt konstitutiven
Christusbezug. – Bereits Ernst Troeltsch hat die zentrale Bedeutung der Christologie
in Bezug auf die inhaltliche Formatierung der Predigt herausgestellt, als er schrieb,
dass »das Evangelium und das Urchristentum in der Gestaltung der religiösen Gemeinschaft selbst« wenig eindeutig bestimmt waren. Die Gestaltwerdung der religiösen Gemeinschaft war maximal offen, war doch das Evangelium Jesu »freie personalis-
tische Religiosität mit dem Drang nach innerstem Verstehen und Verbinden der See-
len, aber ohne jede Richtung auf kultische Organisation, auf Schaffung einer Religi-
onsgemeinschaft«. Die von Troeltsch geschichtlich rekonstruierten Sozialformen des
Christentums, nämlich Kirche, Sekte, Mystik, unterscheiden sich denn auch wesentlich durch unterschiedliche Gemeinschaftsideen und deren Rückführung auf eine je
unterschiedliche Erlöserkonzeption. Daher haben Kirche, Sekte und Mystik, die auch
gegenwärtig immer auf »jedem Konfessionsgebiet nebeneinander auf[treten] mit aller-
lei Verschlingungen und Uebergängen untereinander«, eine jeweils spezifische Aus-
prägung des Christusdogmas und der Christusverkündigung entwickelt. Das »Chris-
tusdogma gewinnt nun aber auf dem Boden der Kirche, der Sekte und der Mystik
eine sehr verschiedene Bedeutung« (*Ernst Troeltsch*, Die Soziallehren der christlichen
Kirchen und Gruppen. Anastatischer Neudruck der Ausgabe v. 1912 [GS 1], Tübingen 1919, 967f.).

iert wird. Klassische Themen der dogmatischen Christologie wie die Zwei-Naturen-Lehre, Inkarnation und Auferstehung, Schöpfungsmittlerschaft Christi oder auch die Vorstellung vom stellvertretenden Sühn- und Opferhandeln eines Gottessohnes als Teilaspekt der Christologie erweisen sich – zumindest bei vordergründiger Betrachtung – als schwer vermittelbar mit gegenwärtiger Lebens- und Welterfahrung. Sie scheinen dem Erfahrungshorizont und dem Lebensgefühl des neuzeitlichen Menschen abständig und den Voraussetzungen neuzeitlicher Welt- und Lebensdeutung zu widersprechen. So stellt sich zwar die Frömmigkeitspraxis etlicher sogenannter Hochengagierter zuweilen als ausgesprochene Jesusfrömmigkeit dar. Aber nicht für alle Gläubigen, die sich der Kirche und dem Gottesdienst verbunden fühlen, lässt sich dies voraussetzen, ganz zu schweigen von der religiösen Kommunikation in der gesellschaftlichen Öffentlichkeit. Zugleich ist eine praktizierte Jesusfrömmigkeit nicht zwingend identisch mit der gedanklichen Durchdringung der beschriebenen dogmatischen Loci und dem Bemühen, diese für die Moderne anschlussfähig zu machen. Insgesamt scheinen andere Themenbestände des Christentums wie Schöpfungslehre oder Fragen der Ethik anschlussfähiger. So lässt sich ein gewisses Ausweichen vor der Komplexität der mit der Christologie verbundenen Probleme beobachten.

Auf der liturgisch-homiletischen Theorieebene lassen sich mit dem notwendigen Mut zur Zuspitzung zwei Ausweichstrategien ausmachen: Erstens wurde in jüngster Zeit – auch unter Rückgriff auf den dezidiert theologiefreien Zugriff der sogenannten »third quest« innerhalb der Exegese – gefordert, zugunsten eines zukunftsfähigen Christentums entsprechende Traditionsbestände gänzlich aufzugeben. Andere Inhalte, wie speziell die Rede vom liebenden Gott, seien ins Zentrum zu rücken.[447] Allerdings handelt man sich mit einem solchen Vorschlag mindestens zwei Probleme ein: Zum einen stellt sich die Frage, ob der Verzicht auf bestimmte Denkfiguren und Deutemodelle nicht immer einen Verzicht auf Inhalte impliziert, die für ein Verständnis des Christentums als einer Erlöserreligion unverzichtbar sind. Der Ausschluss bestimmter Themen führt daher immer zu einer Debatte über das Wesen des Christentums. Zum anderen aber erweist sich eine völlige Verabschiedung von zentralen Traditionsbeständen auch im Horizont der historischen und ökumenischen Dimension von Kirche als wenig weiterführend. Man problematisiert nicht nur die Verbindung zur eigenen geschichtlichen Herkunft, sondern schafft auch nicht unerhebliche Probleme für das ökumenische Gespräch.

---

[447] So v.a. *Klaus-Peter Jörns*, Notwendige Abschiede. Auf dem Weg zu einem glaubwürdigen Christentum, Gütersloh (2004) ²2005 (hier v.a. 286ff. die Sühnopferdeutung betreffend); *ders.*, Lebensgaben Gottes feiern. Abschied vom Sühnopfermahl: Eine neue Liturgie, Gütersloh 2007 (55ff.: mit Rückgriff auf christologische Fragestellungen und deren aktuellere Diskussion). – Vgl. hierzu auch die Beobachtungen bei *Ulrich H. Körtner*, Gottes Wort in Person. Rezeptionsästhetische und metapherntheoretische Zugänge zur Christologie, Neukirchen-Vluyn 2011, 129ff.

Die zweite Ausweichstrategie geht dahin, entsprechende christologische Vorstellungen ausschließlich symbolisch zu deuten. So anregend sich dieses hermeneutische Denkmodell in der homiletischen Praxis erweist, wirft es dennoch vergleichbare Probleme auf wie das zuerst genannte. Außerdem stellt sich hier die Aufgabe, das Verhältnis des Historischen zum Symbolischen zu klären. Wird jeglicher empirisch-historischer Bezug in Abrede gestellt, ist zu fragen, warum entsprechend schwierige Themenbestände überhaupt relevant sind und man sie nicht besser doch verabschieden sollte. Der Bezug auf sie erweist sich unter Umständen als kontingent und ausschließlich sozio-kulturell bedingt.

Neben diesen Ausweichstrategien auf der homiletisch-liturgischen Theorieebene lassen sich für den Bereich der Predigtpraxis mindestens vier Ausweichrichtungen beobachten. Erstens das kompletten Verschweigen christologischer Themen in der Predigt.[448] Zweitens der Rückzug auf das Historische. Entsprechende Predigten und auch Predigthilfen zu christologischen Texten begeben sich konsequent in das Gebiet der Theologiegeschichte oder der Exegese. Gesucht wird das historisch Plausible, Wahrscheinliche und Darstellbare. Schwierige und für die Erfahrung zunächst einmal sperrige Themen sollen im Modus der Historisierung ihrer Anstößigkeit entkleidet werden. Möglicherweise aber werden diese Themen und Texte dann als geschichtlich erledigt abgetan. Das historisch Plausible bestimmt dann die aktuelle Relevanz des Religiösen. Ein mögliches kritisches Potential von Texten und Themen gegenüber der gegenwärtigen Erfahrungswelt und dem eigenen Denken wird im Modus der historischen Kritik beschwichtigt.[449] Andererseits aber kann der Rückgriff auf Theologiegeschichte und Exegese auch das Bemühen indizieren, durch eine Rekonstruktion des Historischen eine »gleichsam externe Instanz wie de[n] historischen Jesus zum Zweck der normativen Begründung«[450]

---

448 Vgl. die folgende Beobachtung in: www.ev-kirche-langenargen.de/Tagebuch-eines-Landpfarrers.tel.0.html, Eintragung vom 27. Mai 2014 (zuletzt abgerufen am 1.8.2014):»Was die Ausnahmestellung des Christus anbelangt, meine ich, sie sei in unserer Kirche mehr denn je in Vergessenheit geraten. Was den Altvorderen und Ahnen, gerade in Württemberg, so überaus wichtig gewesen, daß sie, den HERRN verehrend, im Gespräch mit ihm und so leidenschaftlich verbunden, ihre Tage zugebracht, kommt heute eher in den Freikirchen zum Tragen. Ich war Besucher eines Konfirmationsgottesdienstes im Unterland und habe während dieses Gottesdienstes das Wort Christus alleine im Apostolicum vernommen. In der Predigt der Pfarrerin klang es nicht an. Mir liegt nichts an einem behaupteten Denken, einem ständigen Bescheidwissen, ich bin kein geistiger Richter, ich sehe mich in meiner Rolle als Betrachter – ich möchte von der Predigt kein Kunstwerk erwarten wollen, aber ein Ringen, ein Suchen, ein Unterwegssein zu Christus hin«.
449 Damit Predigten nicht einen veralteten oder überholten historischen bzw. exegetischen Forschungsstand präsentieren, sollten Predigthilfen ihre Aufgabe weniger in der Präsentation von Predigtideen (die eigentliche Aufgabe der Predigtpersonen sind) als in der praxistauglichen Aufbereitung neuerer theologischer Forschungsdiskurse sehen.
450 *Ewald Stübinger,* Christologie und Ethik, in: *Christian Danz / Michael Murr-mann-Kahl* (Hg.), Zwischen historischem Jesus und dogmatischem Christus. Zum

ethischer oder dogmatischer Wahrheitsansprüche einführen zu können. Das heißt: Das historisch Plausible wird zur Affirmation und Rechtfertigung des religiös für relevant Erklärten. Dabei bleiben die hermeneutischen Voraussetzungen und Implikationen, die diese Operationen in Anschlag bringen, für die Predigthörer meist im Dunkeln, da sie nicht expliziert werden. Die historische Distanz (zum Beispiel zum sogenannten »historischen Jesus«[451]) wird ignoriert. Ein solches Distanzbewusstsein ist aber für eine modernitätsreflektierte und um hermeneutische Redlichkeit bemühte Predigt conditio sine qua non.

Die dritte Ausweichmöglichkeit weist in das Gebiet der Dogmatik. Die Relevanz christologischer Themen wird dann gerade gegen die Lebenserfahrung profiliert. Es geht um das »ganz Andere«, das zu glauben sei. Auf den Erfahrungsbezug, den eine als Glaubenslehre gefasste Dogmatik hervorhebt, wird im Hinblick auf die Erlöserfigur explizit verzichtet.

Viertens lässt sich beobachten, dass bei bestimmten Texten zuweilen unvermittelt auf vermeintlich eingängigere christologische Themen und Jesusbilder ausgewichen wird: Beispielsweise die Thematisierung der menschenfreundlichen Lebenspraxis des synoptischen Jesus, die in seiner Person und seinem Werk angezeigte »Nähe und Liebe Gottes« oder der »soziale Jesus«, der Menschenfreund und Friedensstifter – insgesamt christologische Fokussierungen, die als erfahrungsaffiner gelten dürfen und dogmatische »Problem-Kategorien« meiden. Allerdings kann auch bei diesen Themen aufgrund sprachlicher Standardisierungen eine Dogmatisierung des als anti-dogmatisch Inszenierten drohen.[452] Auch Themen aus Teilgebieten der Christologie wie beispielsweise aus der Soteriologie erfahren jüngst eine Übertragung in erfahrungsaffine Muster. Sünde wird etwa als die Erfahrung von Scheitern und Verlust thematisiert. Es geht um die

Stand der Christologie im 21. Jahrhundert (Dogmatik in der Moderne 1), 2., durchgesehene u. korrigierte Aufl., Tübingen 2011, 211–235, 214.
[451] Im Hinblick auf die Frage nach dem sog. historischen Jesus leuchtet dieser Sachverhalt unmittelbar ein, sind doch ein »nicht geringer Teil der Alltagssituationen, der Traditionen, der Institutionen oder Normen, auf die der überlieferte historische Jesus positiv oder kritisch rekurriert, [...] den Menschen der Gegenwart nur schwer vermittelbar, fremd oder gar unbekannt. Will man normative Kurzschlüsse bei biblischen Referenzen bezüglich gegenwärtiger Probleme vermeiden, sind komplexe hermeneutische Vermittlungsschritte vonnöten, die jedoch nicht selten den Eindruck des Beliebigen und Willkürlichen erwecken« (a.a.O., 215). – Zur neueren Diskussion um den »historischen Jesus« siehe *Jens Schröter / Ralph Brucker* (Hg.), Der historische Jesus. Tendenzen und Perspektiven der gegenwärtigen Forschung (BZAW 114), Berlin / New York 2002.
[452] Vgl. die standardisierten Formulierungen aus Predigten zu den Christusfesten, die Meyer-Blanck zusammenfasst: »Gott ist Mensch geworden, so dass auch wir menschlich sein können‹, ›die Auferstehung markiert den Neubeginn und den Aufstand gegen alles Niederdrückende‹« (*Meyer-Blanck*, Ritus und Rede, 39).

ambivalenzhaltige Erfahrung der Fragmentarität des Lebens.[453] Aber auch
hier ließe sich fragen, ob sich nicht ein Ausweichen zeigt – die Frage des
Scheiterns und der Bruchstückhaftigkeit menschlichen Lebens ist nicht
umstandslos identisch mit der in Schrift und Überlieferung bewahrten
Rede von der Sünd- und Boshaftigkeit des Menschen.
Ausweichmanöver aber erfolgen, weil ein Problem besteht. Auf dieses
weisen die verschiedenen Manöver und Strategien hin. So liefern alle dargestellten Verfahren einen Beitrag zur Kommunikation religiöser Lebensdeutung im kirchlichen Kontext. Sie sollen daher nicht grundsätzlich
problematisiert oder einer Fundamentalkritik unterzogen werden. Vielmehr soll ihr problemindikatorisches Potential genutzt werden.[454] Im
vorliegenden Fall erweist sich dieses Problem womöglich gar als ein homi-
letisch-hermeneutisches Dilemma – nämlich das Dilemma der Vermittlung von individueller, gelebter Religion und kirchlich-dogmatischer Be-
kenntnisbildung zum Zweck der sozialen Gestaltwerdung von Religion.
Jedenfalls kann das skizzierte Problem durch folgende Überlegungen keiner Lösung zugeführt werden. Vielmehr soll es darum gehen, das kritisch-
anregende Potential des Problems, dem ausgewichen wird, zu bedenken.

3.2 Das kritisch-anregende Potential der Christologie für die Homiletik – einige vorläufige Überlegungen

Die Begegnung von Christologie und Homiletik ist dazu angetan, die
Frage nach dem Verhältnis von Überlieferung und Erfahrung in der
christlichen Predigt und damit das Verhältnis von Dogmatik und Bekenntnis einerseits und gelebter Religion andererseits kritisch in den Blick
zu nehmen. Eingespielte Selbstverständlichkeiten der Verhältnisbestimmung von Schrift und Erfahrung, von Überlieferung und gegenwärtiger
Religionspraxis lassen sich auf diesem Weg womöglich gewinnbringend
irritieren. Die folgenden Überlegungen zielen auf eine verschärfte Wahrnehmung des kritischen Potentials, welches die Christologie für die
Homiletik hat. Sie wollen als Impulse für eine verstärkte Verbindung von
Exegese, Systematischer Theologie und Homiletik gelesen werden. Die
aktuelle Diskussionslage in der neutestamentlichen und systematischen
Theologie im Hinblick auf die Christologie stellt die materiale Homiletik
vor neue Herausforderungen und bietet zugleich enormes Potential.[455]

---

453 Zur Rehabilitierung des Sündenthemas in der Homiletik siehe den Band von
Michael Meyer-Blanck / Ursula Roth / Jörg Seip / Bernhard Spielberg (Hg.), Sündenpredigt (ÖSP 8), München 2012.
454 Vergleichbare Beobachtungen hat bezüglich der homiletischen Rezeption der
Kategorien »Gesetz« und Evangelium« Manfred Josuttis aufgestellt. Vgl. *Manfred Josuttis*, Gesetz und Evangelium in der Predigtarbeit. Homiletische Studien Bd. 2, Gütersloh 1995.
455 Christian Danz und Michael Murrmann-Kahl haben unlängst festgehalten, dass
sich die gegenwärtigen christologischen Debatten innerhalb der Dogmatik »weitgehend auf dem Forschungsstand aus der Mitte des vorigen Jahrhunderts« bewegen,

Dieses kritische Anregungspotential soll in fünffacher Hinsicht entfaltet werden: Erstens soll die sich hier zeigende notwendige Differenzierungskompetenz der Predigt in den Blick genommen werden, zweitens die von ihr zu erwartende Ambiguitätstoleranz, drittens die einzufordernde Pluralismusfähigkeit, viertens ihre geschichtliche und ökumenische Kompetenz und fünftens ihr Potential zur Vermittlung von Innerlichkeit und Ethik, also von religiöser Frömmigkeits- und Handlungspraxis.

Beginnen wir mit der Frage nach der Differenzierungskompetenz von Homiletik und Predigtpraxis. Folgt man den oben vorgestellten Überlegungen, dass die biblischen Texte Deutungsmodelle religiöser Erfahrung anbieten, dann lässt sich die Christologie als »eine religiöse Deutungsleistung und damit [als] ein religiöser Sinnstiftungsprozeß, der sich auf die Person Jesus Christus bezieht«, verstehen.[456] In Bezug auf die Predigt bringt eine religionshermeneutische Christologie eine an einem normativen Offenbarungsgedanken orientierte Christologie mit historischen Fragestellungen ins Gespräch. Ein möglicher christologischer Behauptungsgestus wird behutsam eingehegt. Andererseits aber nimmt sie doch auch ihren Ausgang »in einem Erleben, das Menschen als Einbruch einer Dimension göttlicher Transzendenz deuten«.[457] Dieser Einbruch erfolgte in

---

dass also die Kommunikation zwischen Exegese und Dogmatik partiell ausfalle. Ein ähnlicher Sachverhalt ließe sich vermutlich für die Homiletik bzw. Praktische Theologie im Blick auf diese beiden Disziplinen evaluieren. So enthält der Band von *Christian Danz / Michael Murrmann-Kahl* (Hg.), Zwischen historischem Jesus und dogmatischem Christus. Zum Stand der Christologie im 21. Jahrhundert (Dogmatik in der Moderne 1), 2., durchgesehene u. korrigierte Aufl., Tübingen 2011 neben systematisch-theologischen Beiträgen zwar exegetische, aber eben keine praktisch-theologischen. Das Zitat findet sich in dem einleitenden Beitrag *diess.*, Der Problemhorizont der Christologie in der Moderne, 1–12, 5.
[456] *Jörg Lauster*, Christologie als Religionshermeneutik, in: *Christian Danz / Michael Murrmann-Kahl* (Hg.), Zwischen historischem Jesus und dogmatischem Christus. Zum Stand der Christologie im 21. Jahrhundert (Dogmatik in der Moderne 1), 2., durchgesehene u. korrigierte Aufl., Tübingen 2011, 239–257, 256. – Im Folgenden geht es nicht um die Etablierung einer Methode, sondern um die Frage einer homiletisch-hermeneutischen Haltung. Dass sich diese Haltung in der konkreten Predigtpraxis unterschiedlich und individuell zur Darstellung bringt, zeigt eine vergleichende Lektüre einer Passionspredigt unter http://predigten.evangelisch.de/predigt/ortskunde-des-glaubens-predigt-zu-hebraeer-1311-14-von-martin-weeber mit einer Epiphaniaspredigt unter http://predigten.evangelisch.de/predigt/der-traum-der-drei-koenige-bild-predigt-zu-matthaeus-21-18-von-ruth-conrad. Beide Predigten bringen Christus als Deutungsmodell menschlicher Erfahrung zur Sprache, unterscheiden sich jedoch im methodisch-formalen Zugang (zuletzt abgerufen am 4.8.2014).
[457] Ebd. Vgl. auch den Hinweis von Markus Öhler, dass eine »Christologie ohne Bezug zum historischen Jesus [...] den Ansatzpunkt in der Geschichte [verliert]. Eine Beschreibung des Lebens Jesu ohne Bezug zur (neutestamentlichen oder dogmatischen) Christologie verliert den Ansatzpunkt im Glauben und ihre Berechtigung als theologische Disziplin« (*ders.*, Die Evangelien als Kontinuitätskonstrukte, in: *Christian Danz / Michael Murrmann-Kahl* [Hg.], Zwischen historischem Jesus und dogmatischem Christus. Zum Stand der Christologie im 21. Jahrhundert [Dogmatik in der

einem konkreten Raum und zu einer konkreten Zeit. Eine religionshermeneutische Christologie hält also in beide Richtungen die Erinnerung daran wach, dass der christliche Glaube immer eine hermeneutische Rekonstruktion ist. Die Christologie bewegt sich in der »schwebenden Mitte« zwischen empirisch-historischem Ausgangspunkt und reflexiver Deutung. Deshalb kann auch die Predigt weder das historische Bewusstsein als Signum der Moderne einfach ignorieren. Sie hat dieses Bewusstsein zur Voraussetzung und sollte es an sich selbst, das heißt an ihrem Argumentationsgestus zur Darstellung bringen. Noch aber kann die Predigt das Religiöse im Historischen auflösen. Der Einbruch von Transzendenz, die Begegnung mit Gott ist immer noch einmal eine andere Erfahrung als das historisch Nachweisbare und Identifizierbare. Ebenso wenig aber kann die Predigt das Religiöse vom Historischen ablösen. Dann droht es, kontingent zu werden. Die Christologie erweist sich von hier aus als der Ernstfall homiletischer Hermeneutik. Sie ist der Prüfstein der historisch-systematischen Differenzierungskompetenz von Homiletik und Predigtpraxis.

Damit aber wird die Christologie – zweitens – auch zum Prüfstein für die Ambiguitätstoleranz von Homiletik und Predigt. Moderne Lebenswelt und Christologie legen sich wechselseitig aus. Wie die Moderne ein erkenntnistheoretisches Fragezeichen hinter normativ argumentierende Christologien setzt, so lösen exegetische und dogmatische Christologien für jede zu gefällige praktisch-theologische Theorie der gelebten Religion den Impuls produktiver Unruhe aus. Zu deren Kernbestand gehört beispielsweise die Feststellung, dass die religiöse Lebensdeutung eine Leistung des individuellen Subjektes sei. Religiöse Lebensdeutung sei wesentlich Selbstdeutung. Eine Pointe reformatorischer Theologie liegt nun indes darin, dass diese Selbstdeutung gerade als Entlastung vom Selbst widerfährt, da sie extra nos ihren Ort hat. Die dogmatische Christologie erweist sich hier als kritischer Widerhaken gegen Argumente, die aufgrund ihrer Anschmiegsamkeit an Erfahrung nicht mehr auf ihre sachgemäße Verbindung mit der Tradition befragt werden. Im genannten Beispiel hält sie die Erinnerung daran wach, dass der Glaube ein Widerfahrnis ist und dass die Predigt diesen auch im Sinne einer Selbstdeutung nicht hervorzubringen imstande ist. Die Christologie schärft das Bewusstsein dafür, dass jedes religionstheoretische Konzept, also auch das Deutungstheorem ambig ist. Keines ist in der Lage, die gesamte Wirklichkeit abzubilden. Auf dem Gebiet der Religion als einem Phänomen des Den-

Moderne 1], 2., durchgesehene u. korrigierte Aufl., Tübingen 2011, 87–198, 108f.). Vertieft wird dieser Gedanke durch die Deutung des geschichtlichen Jesus als »Bild der Geschichtlichkeit des Glaubens« und damit der menschlichen Selbstversicherung der eigenen Geschichtlichkeit (so *Folkart Wittekind*, Christologie im 20. Jahrhundert, in: *Christian Danz / Michael Murrmann-Kahl* [Hg.], Zwischen historischem Jesus und dogmatischem Christus. Zum Stand der Christologie im 21. Jahrhundert [Dogmatik in der Moderne 1], 2., durchgesehene u. korrigierte Aufl., Tübingen 2011, 13–45, 23).

kens und des handelnden Vollzuges gibt es immer Momente, die nicht zu erklären sind. Der Glaube erschöpft sich nicht in seinen Erklärungen und Deutungen. Ebenso gibt es auch theologisch-dogmatische Denkfiguren, die erfahrungswiderstrebend bleiben, ohne deshalb erfahrungsabstinent oder gar nichtig zu sein.[458]
Die Christologie ist drittens der Kristallisationspunkt der Pluralismusfähigkeit von Homiletik und Predigtpraxis. Dabei geht es zum einen um die öffentliche Pluralismusfähigkeit der Predigt. Christologische Themen und Problemkonstellationen stellen die Frage nach der Relevanz und dem Beitrag der christlichen Predigt für den Selbstverständigungsdiskurs einer multireligiösen beziehungsweise religionspluralen Gesellschaft.[459] Mögliche Themen der homiletischen Diskussion wären beispielsweise eine Reflexion der Einsichten und Fragen, die die »Theologie der Religionen« aufgeworfen hat. Oder es wäre zu bedenken, welche Folgen sich aus der Einsicht ergeben, dass auch die in Homiletik und Predigt kommunizierten Christologien Konstrukte sind. Sie sind bedingt durch die jeweilige sozio-kulturelle Umwelt, religionsbiographische Sozialisationsbedingungen und gesellschaftliche Kontexte. Sie sind daher ebenso kontingent wie veränderbar und damit auch jeweils begründungsbedürftig. Vermutlich stehen durch Globalisierung und kulturelle Transformationsprozesse auch für die Homiletik erhebliche Diskussions- und Veränderungsprozesse an. Und dann erweist die Christologie ihr kritisches Potential womöglich auch in der Begrenzung einer normativen »Überhöhung von Pluralität, die auch innerhalb der Theologie nicht selten vertreten wird, um damit die behauptete unhintergehbare Perspektivität und Partikularität religiös-theologischer Positionen zu legitimieren«.[460] Der Christusbezug stellt die Predigt in den öffentlichen Streit der Religionen um Wahrheit und Toleranz.
Daneben aber sichert die Christologie auch die interne Pluralismusfähigkeit der Predigt. Oben wurde auf die Pluralität der in der Predigtpraxis begegnenden Christusbilder verwiesen. Diese lässt sich in der Zusammenschau konstruktiv zur Geltung bringen, bilden diese doch ein Abbild der »Pluriformität neutestamentlicher Christologien«. Bereits im Neuen Testament wird die Bedeutsamkeit Jesu »in einer Vielzahl nicht nur von Ti-

---

[458] So hat z.B. der katholische Theologe Josef Wohlmuth im Hinblick auf die Rede vom Opfertod Christi die nachdenkenswerte Frage aufgeworfen, ob nicht gerade diese Kategorie geeignet ist, den Furor der Frage »ob man in einer endlichen Welt von Gewalt und Tod von einem guten Gott der Liebe sprechen kann« lebendig zu halten, ohne diese vorschnell zu saturieren (*ders.*, Opfer – Verdrängung und Wiederkehr eines schwierigen Begriffs, in: *Albert Gerhards / Klemens Richter* [Hg.], Das Opfer. Biblischer Anspruch und liturgische Gestalt [QD 186], Freiburg/Basel/Wien 2000, 101–127, 127).
[459] Vgl. hierzu v.a. *Albrecht Grözinger*, Toleranz und Leidenschaft. Über das Predigen in einer pluralistischen Gesellschaft, Gütersloh 2004, v.a. 137ff. sowie *Danz*, Grundprobleme, 223–231.
[460] *Stübinger*, Christologie, 224.

teln, sondern auch von Bildern und narrativen Zusammenhängen transportiert. Was die dogmatische Tradition daraus zu erheben weiß, ist bisweilen geradezu armselig. Das Neue Testament redet keineswegs allein von Jesus als Gottessohn und Messias, er ist ohne Anspruch auf Vollständigkeit Menschensohn, Prophet, Lehrer, Dichter, Arzt, Heiler, Wundertäter, Tür, Brot, Licht, Hirte, Wasser, Weg, Wahrheit, Leben und Auferstehung. Diese Bilder bekämpfen sich nicht gegenseitig oder schließen sich aus, vielmehr gilt es den Sinnhorizont aus mehreren Deutungsmustern zusammen zu knüpfen, die sich allesamt dem an sich Undarstellbaren auf unterschiedliche Weise annähern«.[461] Auch in der Theologiegeschichte bildet jede Epoche eine ihr angemessene und sie widerspiegelnde Christologie aus. Diese Vielfalt christologischen Denkens gilt es konstruktiv, als sich wechselseitig ergänzend und entwickelnd im Blick zu behalten. Sie ist weder zum Verschwinden zu bringen noch muss sie als Sündenfall der Orientierungslosigkeit gebrandmarkt werden. Problematisch wird es, wenn die Christologie zur Leerstelle innerhalb der Theologie und damit auch der Homiletik wird und wenn aus diesem pluriformen Kanon der Christusbilder diejenigen, die nicht unmittelbar eingängig und mit der Erfahrung vermittelbar scheinen, durch Vermeidung und Beschweigen ausgeschieden werden. Die pluralen neutestamentlichen und systematisch-theologischen Christologien können also für Homiletik und Predigtpraxis stimulierend wirken. Ihr gemeinsamer Bezugspunkt ist meines Erachtens die Erlösungsvorstellung. Vor diesem Hintergrund liefert eine intensive Auseinandersetzung mit den pluralen Texten und Perspektiven neue Themen, vertieft und erweitert Bekanntes und irritiert Traditionelles.[462] Dass diese Pluralität unter Umständen auch zu Trennungen und Verwerfungen führen kann, muss nicht verschwiegen wer-

---

[461] *Lauster*, Christologie, 246. Zur Vermittlung von metaphorischer Rede in der Christologie und dem geschichtlichen Grund derselben vgl. *ders.*, Biblische Bildersprache, christologische Metaphern und ihr historischer Erfahrungsgrund, in: Metaphorik und Christologie, hg. v. *Jörg Frey / Jan Rohls / Ruben Zimmermann* (TBT 120), Berlin / New York 2003, 281–298.

[462] Zur Frage nach der internen Pluralismusfähigkeit, die durch die Christologie in die Homiletik eingezeichnet wird, gehört immer auch die hier nicht ausführlicher behandelte Frage nach der Bedeutung des sog. Alten Testamentes in der christlichen Predigt. Nach wie vor gilt nämlich die Einsicht, dass die Beantwortung der Frage nach einer im Horizont des Christlichen sachgemäßen Hermeneutik alttestamentlicher Texte die Frage nach der Eignung und Funktion des Alten Testamentes für die christliche Predigt nicht automatisch mitbeantwortet. Vgl. zu dieser Unterscheidung noch immer *Dietrich Rössler*, Die Predigt über alttestamentliche Texte (1961), jetzt in: *ders.*, Überlieferung und Erfahrung. Gesammelte Aufsätze zur Praktischen Theologie, hg. v. *Christian Albrecht / Martin Weeber* (PThGG 1), Tübingen 2006, 238–246. Zuletzt hat Notger Slenczka die Eignung alttestamtlicher Texte für die christliche Predigt grundlegend in Frage gestellt, vgl. *ders.*, Die Kirche und das Alte Testament, in: *Elisabeth Gräb-Schmidt / Reiner Preul* (Hg.), Das Alte Testament in der Theologie (MJTh 25), Leipzig 2013, 83–120. Siehe in dem gleichen Sammelband auch den Beitrag von *Reiner Reul*, Predigt über alttestamentliche Texte, 169–186.

den. Im Falle der Feministischen Theologie und deren Zugriff auf christologische Themenstellungen ließe sich dieser Befund vermutlich nicht nur systematisch-theologisch, sondern auch homiletisch-liturgisch erhärten. Damit aber bestätigt sich – via negationis –, dass die Christologie der Ernstfall der Homiletik (und Liturgik) ist.

Ein vierter Punkt betrifft die geschichtliche und ökumenische Dimension der Predigt. Der Bezug auf Christus als Erlöser verbindet die christlichen Kirchen, allen Differenzen zum Trotz, untereinander. Er ist der gemeinsame historisch-dogmatische Referenzpunkt und stellt das entscheidende Gemeinschaftskriterium und Alleinstellungsmerkmal aller christlichen Gemeinschaften und Kirchen gegenüber anderen Religionen dar. Diesen gilt es materialiter zu klären und nicht nur zu behaupten. Dabei wird die *historische* Dimension der Christologie für die Gemeinschaft des weltweiten Christentums besonders durch die Einbindung der Predigt in die Liturgie verdeutlicht. Auch eine religionshermeneutisch argumentierende Homiletik und eine entsprechende Predigtpraxis befindet sich im Gespräch mit und im Kontext einer Liturgie, in der – oft mit großer Selbstverständlichkeit – Bestände der dogmatischen Christologie in Gebets- und Liedtexten sowie in den liturgischen Stücken Verwendung finden. Bei näherer Betrachtung ließe sich womöglich zeigen, dass im Einzelfall einer »liberalen« Christologie in der Predigt oft ein erstaunlicher liturgischer, zuweilen ritualtheoretisch argumentierender Konservatismus korrespondiert, wohingegen Vertreter einer »harten« Christologie in liturgischer Hinsicht oft bemerkenswert formvariabel sind. Von hier aus ließe sich grundsätzlich fragen, ob nicht gerade der Christusbezug ein dynamisches, weil immer auch formkritisches Moment in die Liturgie einträgt.[463] Die Christologie entfaltet auch für das Gespräch zwischen Liturgik und Homiletik ein kritisch-anregendes Potential.[464]

Die *ökumenische* Dimension der Christologie zeigt sich oft an möglichen Bruchlinien. Denn entweder befördert der Bezug auf christologische Themen Differenzen oder er legt Verbindendes offen. Gerade für eine religionshermeneutisch argumentierende Christologie stellt sich, wie auch für eine am Deutungsparadigma orientierte Praktische Theologie, die Frage nach der Vermittel- und Kommunizierbarkeit ihrer Anliegen in ökumenische Kontexte. Orthodoxe, aber auch evangelisch-freikirchliche oder gar evangelikale Theologiemodelle legen einen deutlich stärkeren

---

[463] Vgl. hierzu *Thomas Erne*, Darstellung der Seligkeit im tätigen Leben. Zur öffentlichen Relevanz der protestantischen Gottesdienstpraxis, in: Ästhetik und Ethik. Die öffentliche Bedeutung der Praktischen Theologie, hg. v. *Thomas Schlag / Thomas Klie / Ralph Kunz*, Zürich 2007, 111–125, 121f.
[464] Die Entfaltung der Christologie aus dem Gottesdienst verfolgt z.B. *Christoph Schwöbel*, »Wer sagt denn ihr, dass ich sei?« (Mt 16,15). Eine systematisch-theologische Skizze zur Lehre von der Person Christi, in: *Elisabeth Gräb-Schmidt / Reiner Preul* (Hg.), Das Alte Testament in der Theologie (MJTh 25), Leipzig 2013, 41–58, 43–46.

kategorialen Zugriff zugrunde. Die aktuelle religions- und christentums-
politische Entwicklung wirft die Frage auf, wie hier Kommunikation und
Verständigung innerhalb des Christentums möglich ist und bleibt.
Fünftens und letztens sei der Blick auf das christologische Vermittlungs-
potential zwischen Innerlichkeit und Ethik, also zwischen religiöser
Frömmigkeits- und religiöser Handlungspraxis gelenkt. Für sich genommen bleibt Christologie womöglich abstrakt, gerade auch in der homiletischen Theorie und Praxis. Sie ist auf eine doppelte Verbindung angelegt:
sowohl mit der Pneumatologie als Entfaltung der christologisch bestimmten Wirklichkeitsbedingungen als auch mit der Ethik als Entfaltung christologisch grundierter Handlungsformen. Die Verbindung mit der Pneumatologie erinnert im Hinblick auf die Predigt daran, dass der Glaube
immer auch die Gestalt einer inneren Ergriffenheit hat. Der christliche
Glaube ist Erlöserglaube, Frömmigkeit immer auch Jesusfrömmigkeit.
Die Verbindung mit der Ethik vermag ein Verhältnis von Homiletik und
Ethik jenseits von Moralisierungen zu konzipieren.[465] Durch den Bezug
auf die Christologie lassen sich die für Moralisierungen nicht untypischen
Überbietungs- oder Exklusivitätsmodelle in differenziertere Begründungs-
muster überführen. So scheint die Verknüpfung von Christologie, Pneumatologie und Ethik im Hinblick auf die Predigt geeignet, die vermeintliche Erfahrungsabständigkeit der Christologie argumentativ einhegen zu
können, ermöglicht doch »die Aufhebung der christologischen Abstrakti-
on qua pneumatologischer Realisierung [...] die Vermittlung mit dem
Weltumgang des Menschen und irdischen sozialen und naturalen Syste-
men und Strukturen«.[466] Der christliche Glaube wird so in der »schwebenden Mitte« zwischen Reflexion und Tat, zwischen Subjektivität und
sozialer Gestaltwerdung, kurz »in einer Mittellage zwischen Unmittelbarkeit und Begrifflichkeit«[467] darstellbar und mitteilbar.

---

[465] Damit ist nicht auf eine ausschließlich dogmatische Begründung ethischer Normen abgezielt.
[466] *Stübinger*, Christologie, 222.
[467] *Weeber*, Unterscheidungen, 168.

IV. Daseinserhellung als Predigtabsicht – ein Integrationsvorschlag und Überlegungen zur formalen Gestalt der Predigt

Die hier vorgelegten Überlegungen haben ihren Ausgang genommen bei der Frage, warum die Predigt etwas zu wollen hat. Warum ist zu predigen? Welchen Grund hat die Predigt? Welchen Zweck und welches Ziel verfolgt sie? Welche Absicht liegt ihr zugrunde? Was ist ihre Intention? Für diese Fragestellung waren zwei Voraussetzungen zentral: Zum einen die Einsicht, dass sich diese Fragen nicht im Akt des Predigtvollzugs von selbst erledigen. Zum andern die Annahme, dass die Predigt für das Leben des Christentums und der christlichen Kirchen, speziell der evangelischen Kirchen schlechterdings zentral ist. Auch wenn diese Überzeugung nicht zu allen Zeiten und nicht an allen Orten gleich stark ist, gehen die hier vorgestellten Überlegungen von der unaufgebbaren Relevanz der Predigt für das Selbstverständnis und den Wesensvollzug des Christentums und speziell des Protestantismus aus. Immer wieder hat sich die Erneuerungsfähigkeit des Christentums auch darin gezeigt, dass das alte Wort auf neue Weise zur Sprache gebracht und sprachlich gedeutet wurde. Die Reformatoren haben der Predigt daher mit innerer Sachlogik eine Zentralstellung im Gottesdienst zugewiesen und ihr Kirchenverständnis ausgehend von dieser Zentralstellung der Predigt konturiert.
Unter dieser Voraussetzung wurde die Frage nach Absicht und Zweck der Predigt im Anschluss an Schleiermachers Predigtverständnis entfaltet. Sein Verständnis der Predigt ergibt sich aus seinem Verständnis der Religion. Um sein Predigtverständnis allerdings umfassend und sachgemäß in den Blick zu bekommen, erweist es sich als notwendig, auch sein Verständnis der Kirche und der Dogmatik zu berücksichtigen. Letzteres lenkte den Blick auf die Zentralstellung der Christologie (vgl. Kap. II.1). Die Predigt als religiöse Rede hat demnach zwei Konstitutionsmerkmale – ihren Kirchenbezug und ihren Christusbezug. Die Absicht der Predigt ist in der Schnittmenge dieser Bezüge zu beschreiben. Dieser Sachverhalt wurde in Kap. III in materiale Überlegungen zum Predigtinhalt überführt.
Schleiermachers Predigtverständnis ist nun freilich noch durch eine zweite Idee bestimmt – als Handeln der Kirche ist es darstellendes Handeln. Dieses Handeln ist angesiedelt in Momenten »relativer« Seligkeit, im »Zustand der freien Herrschaft des Geistes über das Fleisch, [dem] Bewußtsein der Seeligkeit, der ungetrübte Zustand in der schwebenden

Mitte zwischen Lust und Unlust«[468] (Kap. II.2). Das darstellende Handeln »in der schwebenden Mitte zwischen Lust und Unlust« ist im Gottesdienst seiner Form nach Kunst. Im Folgenden soll es darum gehen, mögliche Konsequenzen dieser Einsicht für die formale Gestaltung der Predigt zu bedenken: Wie ist diese »Mittellage« der Predigt angemessen zu gestalten? Dafür sollen in einem ersten Schritt die bisherigen Überlegungen auf die Frage nach der Absicht der Predigt zugespitzt werden – die Absicht der Predigt »in der schwebenden Mitte zwischen Lust und Unlust« soll als »Erhellung«[469] beschrieben werden. Anschließend ist die formale Gestaltung der so in ihrer Absicht bestimmten Predigt zweifach zu bedenken – hinsichtlich der argumentativen Gestalt der Predigt und hinsichtlich ihrer sprachlichen Form.

1. Erhellung als Predigtabsicht – eine Bündelung der bisherigen Überlegungen

Die Frage nach der Predigtabsicht erweist sich als eine differenzierungskomplexe Vermittlungsaufgabe. Sie muss religions- beziehungsweise frömmigkeitstheoretische Einsichten mit Überlegungen zum Kirchenverständnis und zur Christologie verknüpfen. Die Predigtabsicht konturiert sich an der Schnittstelle von Religionstheorie, Ekklesiologie und Christologie. Aufgrund der Verbindung mit der Theorie des darstellenden Handelns ist die Predigtabsicht immer auch als Teil des ethischen Programms von Kirche zu bestimmen.

Von hieraus lässt sich zunächst die Frage nach dem Grund der Predigt beantworten: Religion als individuelle Welt- und Lebensdeutung ist auf Kommunikation, auf Mitteilen und Empfangen angelegt. Eine Religion ohne Kommunikation verschwindet. Weil die Predigt zentraler, ja gar wesentlicher Bestandteil der religiösen Kommunikation der Kirche ist, eben deshalb ist zu predigen. Die Kirche ist funktional »als Gemeinschaft religiöser Kommunikation«[470] zu beschreiben und die Predigt ist für den Protestantismus zentraler Bestandteil dieser religiösen Kommunikation. Alle Fragen der Organisation von Religion erweisen sich als sekundäre Fragen. Der empirische Befund, dass kirchliche Glaubenskommunikation nicht mehr flächendeckend für relevant befunden wird, wirft nicht organisationspraktische, sondern religionstheoretische Fragen auf. Gottesdienst

---

468 *Schleiermacher*, Christliche Sitte, 527 (im Orig. hervorgeh.).
469 Bei Jörg Lauster spielt die Rede von der »Erhellung« bzw. »Erfahrungserhellung« im Hinblick auf die Beschreibung der Funktion der Schrift und dem auslegenden Umgang mit derselben eine wesentliche Rolle (siehe z.B. den Aufsatztitel: »Schriftauslegung als Erfahrungserhellung«). Der Begriff der »Erhellung« ist – wie zu zeigen ist – nun auch hervorragend geeignet, die Absicht der Predigt mit der Frage nach ihrem Inhalt zu verbinden und entsprechend zu beschreiben.
470 *Gräb*, Kirche als Gestaltungsaufgabe, 168.

und Predigt sind der Bewährungsfall einer religionsfähigen und -kompetenten Kirche. Hieran anschließend lässt sich dann für die Bestimmung der Predigtabsicht Folgendes festhalten:

Erstens: Die Predigt ist eine *religiöse* Rede. Sie stellt symbolische Deutungsmuster bereit, die es dem Hörer ermöglichen, eigene lebensweltliche Erlebnisse und Widerfahrnisse religiös zu deuten.[471] Die Absicht der Predigt lässt sich als religiöse Lebensdeutung beschreiben, religiöse Lebensdeutung zum Zweck der Daseins- und Erfahrungserhellung.

Zweitens: Die religiöse Rede erfolgt im kirchlichen Kontext. Der Kirchen- und damit Gemeinschaftsbezug ist konstitutiv für die Predigt. Predigt als religiöse Rede ist – in bestimmter Hinsicht – stets auch *kirchliche* Rede. Predigt als religiöse Rede ist bezogen auf die Kirche als sichtbare Gestalt der Gemeinschaft der Gläubigen. Homiletik und praktisch-theologische Ekklesiologie müssen so aufeinander bezogen werden, dass weder das Individuelle der Religion kirchlich überrannt noch die notwendige Sozialgestalt von Religion, also die Kirche permanent nur als Krisenfall von Religion thematisiert wird. Gottesdienst und Predigt erweisen sich als der Präzedenzfall der Vermittlung von individueller, kirchlicher und öffentlicher Gestalt des Christentums. Die Absicht der Predigt lässt sich daher auch als kirchliche Religionskommunikation beschreiben. Es geht immer auch darum, die Kirche als eine religiöse Kommunikationsgemeinschaft zur Darstellung zu bringen.

Drittens: Im Christentum ist das religiöse Lebensgefühl nicht ohne Bezug auf den Erlöser beschreibbar. Neben dem Kirchenbezug ist der Christusbezug wesentlich für die Predigt als religiöse Rede. Religiöse Rede ist *christliche* Rede. Religiöse Kommunikation ist Kommunikation von Erlösung. Die Christologie ist der Ernstfall einer Predigt, die auf religiöse Lebensdeutung zielt. Denn an ihr erweist sich, ob, inwiefern und in welcher Gestalt sich Perspektiven der gelebten Religion und Perspektiven der kirchlichen Tradition miteinander in Beziehung setzen lassen. Die Absicht der Predigt ist immer auch als die Verknüpfung gegenwärtiger Erfahrung mit dem Christusereignis zu beschreiben.

Viertens: Wird die Predigt als darstellendes Handeln verstanden, so kann ihre leitende Intention nicht durch den Gedanken religiös-kirchlicher Effizienzsteigerung bestimmt werden. Predigt als darstellendes Handeln beabsichtigt das lichte, reflektierte und durchlässige Kommunizieren des christlichen Glaubens als derjenigen Größe, die Hörer und Prediger als christliche Gemeinde zusammenstellen. Die Bestimmung der Predigtabsicht hat auch in Bezug auf das rhetorische Verständnis der Predigt den

---

[471] Dabei ist unter den Bedingungen der Moderne die religionsproduktive Kraft des Individuums konstruktiv vorauszusetzen. Daran erinnert zu haben, ist das bleibende Verdienst der rezeptionsästhetischen »Intervention« durch Gerhard M. Martin und in der Folge von Winfried Engemann und anderen.

Gedanken des Priestertums aller Gläubigen und den heilstheologischen
Vorbehalt nach CA V in Anschlag zu bringen.

Mit der grundlegenden Bestimmung der Predigtabsicht als »Daseins- und
Erfahrungserhellung« wurde nun bereits die metaphorische Rede der Erhellung eingeführt.[472] Diese ist meines Erachtens geeignet, die hier vorgestellten Überlegungen zur Predigtabsicht zu bündeln. Dabei geht es im
Folgenden also nicht um die Etablierung eines neuen homiletischen Ad-
verbs im Sinne von »erhellend predigen«. Das leitende Interesse besteht
vielmehr darin, die vielfältigen Überlegungen zu Absicht und Ziel sowie
Inhalt der Predigt in einen ebenso prägnanten wie doch deutungs- und
damit diskussionsfähigen Begriff zusammenzuführen. Erhellung bezeichnet keine Methode, sondern bündelt und transformiert die fundamental-
und materialhomiletischen Einsichten, die sich aus der Verbindung ästhetischer und rhetorischer Theoriezugänge mit Schleiermachers Predigtverständnis und Darstellungstheorie ergeben haben.
Rudolf Bultmann hat gezeigt, dass die Lichtmetaphorik und speziell die
Rede von Erhellung existentielle Dimensionen hat. Der Begriff der Erhellung kann als Existenzial fungieren. Ausgangspunkt dieser Beschreibung
ist bei Bultmann die Verwendung der Lichtmetaphorik in den neutestamentlichen Schriften, speziell innerhalb der johanneischen Texte. »Licht«
wird dort erstens als eine Metapher zur (Selbst-)Qualifizierung des Erlösers verwendet (so in Joh 1,5.9; 8,12)[473] und beschreibt zweitens die Existenz der Glaubenden als ein Leben im Licht und damit in der Wahrheit
(wie in Joh 8,12.32[474]; 1Joh 1,5ff.). Wird das gute und wahre Leben als
ein Leben im Licht beschrieben, so ist dem Licht orientierende Funktion
zuzuschreiben: »Licht« beziehungsweise »Lampe« begegnen daher auch als
Metaphern ethischer Rede (siehe Mt 6,22 sowie Lk 11,33–36), die Gegenwart Gottes selbst wird als orientierende, weil erhellende und ausrich-
tende beschrieben (2Sam 22,29; Hi 29,3; Ps 18,29). Dies wird dann auch
über die Tora ausgesagt (Ps 119,105; Spr 6,23). Drittens wird der Gemeinschaft der Gläubigen zugeschrieben, »Licht für die Welt« zu sein und

---

[472] Die Rede von »Erleuchtung« (illumination), wie sie z.B. Jana Childers verwendet, ist nach meiner Einschätzung im deutschsprachigen Raum gegenwärtig irrefüh-
rend, da sie in zu heterogenen Kontexten Verwendung findet und u.U. das unverfügbare, göttliche Moment zu einseitig betont (vgl. *Nicol*, Einander ins Bild setzen, 51f.).
[473] Der damit verbundene exklusive Wahrheitsanspruch bleibt im Hinblick auf ein
Verständnis der Predigt als öffentlich-kirchliche Rede und damit als Beitrag zum öffentlichen Diskurs der Religion noch weiter zu bedenken. Wie nämlich sind Wahr-
heitsbewusstsein und Ambiguitätstoleranz homiletisch zu verknüpfen? »Wo Gott
selbst manifest wird, hat keine Konkurrenzoffenbarung mehr einen legitimen Platz.
Von da aus hat man weiter zu denken und dies in einer im Christusgeschehen grün-
denden und darum unerschütterlichen Toleranz« (*Christian Dietzfelbinger*, Das Evangelium nach Johannes. Teilband 1: Johannes 1–12 [ZBK 4.1], Zürich 2001, 241).
Vgl. oben Kap. III.3.2.
[474] Vgl. *Jüngel*, Gottesdienst, 349.

zwar mit einer doppelten Aussagerichtung – sowohl als Identitäts- wie als Aufgabenbeschreibung (Mt 5,14–16).
»Licht« ist also eine grundlegende und umfassende Metapher zur Selbstverständigung des Glaubens über sich selbst. Bultmann hat diesen Gedanken pointiert: »Im ursprünglichen Sinne ist Licht nicht ein Beleuchtungsapparat, der Dinge erkennbar macht, sondern die Helligkeit, in der ich mich je befinde und zurechtfinden kann, in der ich ›aus und ein weiß‹ und keine Angst habe; die Helligkeit also nicht als ein äußeres Phänomen, sondern als das Erhelltsein des Daseins, meiner selbst«. Die metaphorische Rede vom Licht meint die »Kraft, die das Zurechtfinden im Leben überhaupt ermöglicht, sei es als Kraft des Denkens, sei es als die wegweisende Norm oder als die Rechtschaffenheit. Daneben bleibt der ursprüngliche Sinn von ›Licht‹ als Erhelltheit des Daseins darin erhalten, daß ›Licht‹ zur Bezeichnung von Glück und Heil wird und so [...] zur Bezeichnung des Heiles« überhaupt.[475]
Eben weil die metaphorische Rede vom Licht eine grundlegende religionshermeneutische Dimension hat, ist sie anschlussfähig für die Beschreibung der Predigtabsicht. Ist der Glaube als Daseinserhellung im Sinne einer erhellenden Lebens- und Weltdeutung zu verstehen,[476] dann lässt sich die Frage nach der Predigtabsicht in diesen Horizont metaphorischer Rede einzeichnen, weil die Predigt eben auf Hörer zielt, die ihr Leben genau so verstehen wollen. Ist die Predigtabsicht als Erhellung beschrieben, so geht es darum, dass der Mensch »sich selbst in seiner Welt versteht und sich zurechtfindet«.[477]

---

[475] *Rudolf Bultmann*, Das Evangelium nach Johannes (KEK 20), unveränderter Nachdruck d. 10. Aufl., Göttingen 1978, 22f. – Die Rede von der »Existenzerhellung« findet sich bekanntlich bei Karl Jaspers, dort aber weitgehend als Beschreibung der Funktion und Aufgabe der Philosophie. Vgl. u.a. *Karl Jaspers*, Philosophie. Bd. II. Existenzerhellung, Berlin / Heidelberg / New York ⁴1973. Die Auseinandersetzung zwischen Bultmann und Jaspers im Hinblick auf mögliche homiletisch-hermeneutische Implikationen zu befragen, wäre eine reizvolle Aufgabe. Vgl. *Karl Jaspers / Rudolf Bultmann*, Die Frage der Entmythologisierung, München 1954 sowie *Helmut Fahrenbach*, Philosophische Existenzerhellung und theologische Existenzmitteilung. Zur Auseinandersetzung zwischen Karl Jaspers und Rudolf Bultmann, in: ThR 24 (1956/57), 77–99.105–135.
[476] Zur begründungsbedürftigen Verbindung des Deutungstheorems mit Bultmanns hermeneutischem Programm vgl. *Jörg Lauster*, Das Programm »Religion als Lebensdeutung« und das Erbe Rudolf Bultmanns, in: Hermeneutische Theologie – heute?, hg. v. *Ingolf U. Dalferth / Pierre Bühler / Andreas Hunziker* (HUTh 60), Tübingen 2013, 101–116.
[477] *Rudolf Bultmann*, Theologie des Neuen Testaments, 8., durchgesehene, um Vorwort u. Nachträge wesentlich erweiterte Aufl., hg. v. *Otto Merk*, Tübingen 1980, 369. Vgl. hierzu auch *Martina Kumlehn*, Geöffnete Augen – gedeutete Zeichen. Historisch-systematische und erzähltheoretisch-hermeneutische Studien zur Rezeption und Didaktik des Johannesevangeliums in der modernen Religionspädagogik (Praktische Theologie im Wissenschaftsdiskurs 1), Berlin / New York 2007, 93–98.

Die metaphorische Beschreibung der Predigtabsicht als Erhellung vermag
ferner den heilstheologischen Vorbehalt nach CA V bezüglich der Predigtwirkung abzubilden, ist doch Erhellung nicht anders als ein Erhellt-
werden zu denken – »ubi et quandum visum est Deo«. In biblisch-christ-
lichem Verständnis entzieht sich Erhellung der Verfügbarkeit des Menschen, weil »die definitive Erhellung der Existenz nicht innerhalb der
menschlichen Möglichkeiten liegt, sondern nur göttliches Geschenk sein
kann«.[478] Überträgt man diesen Gedanken in die Homiletik, dann können Predigtabsicht und Predigtwirkung konkret, aber unterscheidbar aufeinander bezogen werden: Als unverfügbare Wirkung einer Predigt kann
sich klare Gewissheit, helle Daseinsfreude und Eindeutigkeit in der ethischen Urteilsbildung oder der Weltdeutung einstellen. Demgegenüber ist
die Beschreibung der Predigtabsicht als Erhellung in der Tonlage herab-
gestimmt. Sie hegt »eine kritische Sympathie für das Mittlere, eine Musi-
kalität für kleinere Register, eine Freude an leiseren Tönen«.[479] Erhellung
zielt auf eine mittlere religiöse Stimmungslage, in der letzte Gewissheiten
zwar als möglich angenommen und vorausgesetzt, aber nicht pathetisch
permanent eingefordert werden. Gerade weil Erhellung eine »Mittellage«
anvisiert, zielt sie im Sinne Bassermanns auf das Mögliche.[480] Der Begriff
impliziert eine übergängliche Position. Übergängliche Orte aber sind Orte der Transformation. Erhellung als Predigtabsicht zielt im Modus des
darstellenden Handelns auf eine Verwandlung, die nicht zwangsläufig
den Charakter der völligen Veränderung, des allsonntäglichen Neuwer-
dens und des jeweils notwendigen Überzeugt-werdens hat.
Damit bildet die Rede von der Erhellung auch die Einsicht ab, dass in der
Predigt die Lebenserfahrungen der Hörer »doppelt überblendet und
dadurch neu ansichtig« werden können. Zum einen wird, speziell durch
den Textbezug, auf die »Ursprungsszenen des Christentums« zurückver-

478 *Bultmann*, Evangelium nach Johannes, 24.
479 *Johann Hinrich Claussen*, Religion ohne Gewissheit. Eine zeitdiagnostisch-
systematische Problemanzeige, in: PTh 94 (2005), 439–454, 447. Claussen spricht in
diesem Zusammenhang zu Recht von der westeuropäischen »Mittelmäßigkeit« in
Glaubensfragen: »Wer ist schon in vergleichbarer Weise von einem unerschütterlichen
Gottvertrauen erfüllt, einem unmittelbaren Offenbarungserlebnis bestimmt, einem
prophetischen Sendungsbewusstsein getrieben und fühlt sich in unbedingte Nachfolge
gerufen? Und wer könnte von sich sagen, dass er Augustins Sündenverzweiflung und
Gottseligkeit, Luthers rasende Gottesangst und unverschämte Glaubensfreude, Kier-
kegaards Furcht und Zittern für sich selbst erfahren habe? Man hat doch andere existentielle und religiöse Probleme. Man lebt anders – großstädtischer, angepasster, ab-
gesicherter, mittelmäßiger (a.a.O., 446f.). – Vermutlich hat aus diesem Grund Ernst
Lange die Rede von der »Erhellung« im Vergleich zur Rede von der »Klärung« als zu
schwach abgelehnt. »Der homiletische Akt ist die Bemühung um Klärung der homiletischen Situation. Klärung ist mehr als Erhellung«. »Klärung« schließt bei Lange »reale
Veränderung der Situation« und »Aufklärung« ein (*Lange*, Theorie und Praxis, 25f.,
im Orig. teilw. hervorgeh.). Vgl. hierzu auch *Hans Martin Müller*, Homiletik. Eine
evangelische Predigtlehre, Berlin / New York 1996, 166.
480 Vgl. *Bassermann*, Zweck, 223 (Hervorh. im Orig.).

wiesen.[481] Zum andern wird im darstellenden Handeln der Zustand ewiger Seligkeit antizipiert. Diesen Sachverhalt bildet die Lichtmetaphorik durch die ihr eigenen christologischen wie eschatologischen Dimensionen ab. Die endgültige Erhellung ist eine ausstehende. Leben im Licht ist Leben im Übergang. Damit bildet sich die Einsicht ab, dass das darstellende Handeln der Kirche sich relativer, nicht absoluter Seligkeit verdankt. Es ist angesiedelt »in der schwebenden Mitte zwischen Lust und Unlust«.[482] Die Rede von der Erhellung als Predigtabsicht hat also gleichsam Vehikelfunktion. Gerade aufgrund ihrer Deutungsoffenheit erweist sie sich als geeignet, im Hinblick auf die Beschreibung der Predigtabsicht einerseits das notwendige Maß an Differenzierungsmöglichkeiten einzuspielen, ohne dass es andererseits zur Auflösung und Diffusion kommt. Denn in dieser metaphorischen Rede laufen zentrale Konstitutionsmomente des christlichen Glaubens zusammen.

Daher vermag die Rede von der Erhellung auch die für jede konkrete Predigt zu erhebende thematische Absicht und deren Umsetzung abzubilden. Wird die Predigtabsicht als Erhellung bestimmt und zielt auf Erfahrungserhellung, so kann die konkrete Intention einer Predigt als Trost, Vergewisserung und Erbauung beschrieben werden. Denn Trost, Erbauung und Vergewisserung sind recht eigentlich Vorgänge der Erhellung, werden doch die Lebens- und Welterfahrungen der Hörer deutend in den Horizont des Christlichen eingestellt. Trost und Erbauung als Lebensgefühl kann sich auf dem Weg eines erhellenden Gedankens, eines einleuchtenden Bildes, einer nachdenkenswerten Kontextualisierung von Erfahrung in ein umfassendes Sinnganzes einstellen. Zugleich lässt sie die Bestimmung der Predigtabsicht als Erhellung auch auf Predigten beziehen, die weniger auf Trost und Erbauung denn auf Orientierung zielen. Erhellung meint immer auch Probleme verstehen, Einsichten gewinnen, Klärungen finden. Ohne die Benennung von Gründen und die Entfaltung des sachlichen Gehaltes von Problemen kann es nicht zu Veränderungen auf dem Gebiet des Handelns kommen. Verhaltensänderung setzt auch kognitive Orientierung voraus. Diese ist dann jedoch immer auch auf die Gefühle der Hörer zu beziehen. In Fragen der Orientierung und des Handelns gilt, dass Verstand und Gefühl gleichermaßen der Erhellung bedürftig sind. Die Predigt benötigt diese Duplizität, um zu orientieren.[483] Emotion und Kognition, Gefühl und Verstand fallen damit in

---

481 *Ursula Roth*, Gottesdienstgefühle, in: *Lars Charbonnier / Matthias Mader / Birgit Weyel* (Hg.), Religion und Gefühl. Praktisch-theologische Perspektiven einer Theorie der Emotion (APTh 75), Göttingen 2013, 383–396, 394.
482 *Schleiermacher*, Christliche Sitte, 527 (im Orig. hervorgeh.).
483 Vor allem die Aufklärungshomiletik hat auf diesen Sachverhalt aufmerksam gemacht. Unter der leitenden Idee, dass die Absicht der Predigt als Erbauung zu bestimmen sei, schrieb z.B. Johann Lorenz von Mosheim: »Die Erbauung gehet beide Kräfte der Seele an, den Verstand und den Willen. Die Wahrheiten der Gottseligkeit gehören zusammen, und der Wille kann unmöglich gewonnen werden, wenn der Verstand nicht vorher ist erleuchtet worden. Hieraus folgt diese unwidersprechliche

der Rede von der Erhellung gerade nicht auseinander, sondern bleiben
aufeinander bezogen.
Die Rede von der Erhellung erweist sich also auch im Hinblick auf die
konkrete Predigt als ebenso integrativ wie vieldimensional: Erhellung als
Predigtabsicht lässt sich beziehen auf Modi der Reflexion, der Hand-
lungsorientierung, der Selbstdeutung, der Daseinsvergewisserung. Erhellung kann die Funktion von Trost und Erbauung haben. Sie kann als
(ethische) Orientierung vorstellig werden oder auf Irritation zielen, indem
sie eingespielte Lebens- und Weltdeutungen hinterfragt und unterläuft.
Weil Erhellung emotionale und kognitive Dimensionen verbindet, kann
sie ihren Ort in der Vernunftreflexion, im Gefühl oder im handelnden
Willen haben.[484] Die Beschreibung der Predigtabsicht als Erhellung
nimmt die unauflösliche Verbindung von Gedanken und Gefühlen, von
»intellectus et affectus« in Glaubensfragen auf. Sie zielt auf die Einheit des
Glaubens, die, so eine zentrale Einsicht bei Luther, eine Einheit von Wissen und Fühlen ist und ihren Sitz im Herzen hat. »Denken und Fühlen
wohnen gemeinsam im Herzen und bedingen sich gegenseitig«.[485] Im
Hinblick auf die Predigtabsicht lassen sich Verstand und Gefühl, Wissen
und Empfinden, Intellekt und Emotion nicht gegeneinander ausspielen
oder voneinander trennen. Die religiöse Lebens- und Weltdeutung bezieht sich stets auf den ganzen Menschen und sein Welt- und Selbsterleben. Sie ist eine Erhellung des Herzens.
Die Beschreibung der Predigtabsicht als Erhellung ist geeignet, die unterschiedlichen, thematisch, textlich und kasuell motivierten Ziele der konkreten Einzelpredigt auf ein theologisch-hermeneutisches Gesamtkonzept
zu beziehen.[486]

Regel: ein kluger Prediger muß seine Predigt auf eine solche Weise einrichten, daß so
wohl der Verstand erleuchtet, als der Wille erweckt und gerühret werde. Es ist also
unrecht, ob es gleich gewöhnlich ist, daß einer dem Verstand allein, oder dem Willen
allein prediget« (*Johann Lorenz von Mosheim*, Anweisung erbaulich zu predigen. Aus
den vielfältigen Vorlesungen des seeligen Herrn Kanzlers verfasset und zum Drucke
befördert von Christian Ernst von Windheim, neu hg. u. eingeleitet v. *Dirk Fleischer*
[Wissen und Kritik 12], Reprint der Ausgabe Erlangen 1763, Waltrop 1998, § 2,
114f. [im Orig. teilw. hervorgeh.]).
[484] Diese Beobachtung korrespondiert dem Sachverhalt, dass auch innerhalb der
antiken Rhetorik die Rede sich auf den ganzen Menschen zu beziehen hat, was sich in
der Trias von docere – movere – delectare als Redeabsichten bzw. Redezielen abbildet.
[485] *Birgit Stolt*, Martin Luthers Rhetorik des Herzens (UTB 2141), Tübingen 2000,
51. Vgl. auch *dies.*, »Laßt uns fröhlich springen!«. Gefühlswelt und Gefühlsnavigierung in Luthers Reformationsarbeit. Eine kognitive Emotionalitätsanalyse auf philologischer Basis (Studium Litterarum. Studien und Texte zur deutschen Literaturgeschichte 21), Berlin 2012.
[486] Damit soll nicht bestritten werden, dass andere Absichtsbestimmungen dies auch
könnten. Hier freilich geht es um die argumentative Annäherung an die Leistungskraft der gewählten metaphorischen Rede.

2. Die erhellende Kraft von Argumenten

Die These, die im Folgenden entfaltet wird, lautet: Religiöse Lebens- und Weltdeutung erfolgt in der Predigt im Modus der Argumentation.[487] Um nun präzise zu fassen, wie sich »Deutung« und »Argument« zueinander verhalten, ist zunächst zu klären, was im Folgenden unter »Argument« verstanden wird. Argumente sind keine Beweise, sondern Plausibilisierungen mit Wahrheitsanspruch. Argumente behaupten nicht, sondern setzen sich, indem sie Gründe für die eigene Sicht bieten, mit Fragen und Ansichten auseinander. Sie liefern »Begründungen für Ansichten, Behauptungen oder Einstellungen, bei denen die Frage nach dem Warum aufgetaucht ist. Wenn aber Argumente zu Begründungen dienen, dann schafft erfolgreiches Argumentieren einen neuen Zustand, in dem das, was sonst nur abläuft, hingenommen oder weitergemacht wird, sich auf Gründe stützt, die das Meinen und das Handeln befestigen. Was wir, jeder für sich und alle miteinander, in täglicher Gewöhnung und gesellschaftlicher Routine betreiben, scheint in der Gesamtsumme aller Vorgänge weder begründungsbedürftig noch begründungsfähig. Sobald aber die Frage nach dem Warum auftaucht, bricht die Selbstverständlichkeit an einer Stelle ab«.[488]

Bezogen auf die Predigt bedeutet das: Die Predigt entwickelt Gründe für die Plausibilität, die Angemessenheit und den Wahrheitsgehalt der christlichen Lebens- und Weltdeutung. Sie bietet dort Gründe, wo diese Deutung brüchig geworden ist, sich zu verflüchtigen droht, angefochten ist und der Stärkung, Orientierung und Erbauung bedarf.

Die Predigt als ein argumentatives Geschehen zu verstehen, bedeutet daher zuerst einmal, sie als »Prozeß des Abwägens« von Gründen zu begrei-

---

[487] Die folgenden Überlegungen erheben nicht den Anspruch, eine homiletische Argumentationstheorie zu entwickeln. Sie verstehen sich vielmehr als vorläufige Bündelung der bisherigen Überlegungen in praktischer Absicht. Zur Frage des Arguments in rhetorischer und philosophischer Sicht vgl. neben den im Folgenden zitierten Arbeiten auch *Wilhelm Schmidt-Biggemann*, Was ist eine probable Argumentation? Beobachtungen über Topik, in: Rhetorische Anthropologie. Studien zum Homo rhetoricus, hg. v. *Josef Kopperschmidt*, München 2000, 383–397; *Holm Tetens*, Philosophisches Argumentieren. Eine Einführung, München 2004; *Josef Kopperschmidt*, Argumentationstheoretische Anfragen an die Rhetorik. Ein Rekonstruktionsversuch der antiken Rhetorik, in: Rhetorik. Zweiter Band: Wirkungsgeschichte der Rhetorik, hg. v. *dems.*, Darmstadt 1991, 359–389; *ders.*, Allgemeine Rhetorik. Einführung in die Theorie der Persuasiven Kommunikation, Stuttgart/Berlin/Köln/Mainz ²1976, bes. 121ff. – Der Zusammenhang zwischen Dialektik, Topik und Homiletik lässt sich auch für gegenwärtige Diskurse fruchtbar machen.
[488] *Rüdiger Bubner*, Was ist ein Argument? in: *Gert Ueding / Thomas Vogel* (Hg.), Von der Kunst der Rede und der Beredsamkeit, Tübingen 1998, 115–131, 115. Vgl. auch *Jay F. Rosenberg*, Philosophieren. Ein Handbuch für Anfänger. Aus dem Amerikanischen übersetzt von Brigitte Flickinger, Frankfurt a.M. (1986) ⁶2009, 27: »Argumentation ist im weitesten Sinne einfach das Angeben von Gründen für Überzeugungen«.

fen.[489] Entsprechend heißt predigen: Arbeit am Gedanken, Entwicklung von Begründungen. Religiöse Lebensdeutung im Modus des Arguments zielt auf einen Zugewinn an Nachdenklichkeit.[490] Schleiermacher beschrieb entsprechend die Disposition der Predigt als »eine zusammenhängende Folge von Gedanken«.[491] Dieser Modus des Predigens verdankt sich nach Schleiermacher dem Inhalt der Predigt selbst: »Jenes sorgsame Abwägen des verschiedenen, welches für sich allein in Unentschlossenheit ausgeht und dann als ein Fehler erscheint; diese Wärme für einen plötzlich aus der Tiefe des inneren hervorgetauchten Gedanken, woraus für sich allein Uebereilung entsteht, und die wir dann mit Recht tadeln: wenn diese beiden Raum haben auf einander zu wirken, wird sich nicht jede dieser Eigenschaften als eine heilsame Gabe des Geistes bewähren zum gemeinsamen Nuz?«[492]
Reflexion zielt also auf Selbstdistanzierung. Argumentative Nachdenklichkeit wehrt der religiösen Selbstabschottung und dem vorschnellen Urteil. Sie ist die »Unterbrechung von Unmittelbarkeit«, die »doch den Kontakt zur erstrebten Sache wahrt«. Reflexion liegt vor, »wo etwas zugleich festgehalten und in Distanz gebracht wird«.[493] Deshalb bildet der reflexiv-argumentative Deutungsvorgang der Predigt immer auch einen

[489] *Rüdiger Bubner*, Dialektik als Topik. Bausteine zu einer lebensweltlichen Theorie der Rationalität (edition suhrkamp 1591), Frankfurt a.M. 1990, 22.
[490] Ernst Troeltsch hat den hinter dieser Denkfigur stehenden Wandel im Religionsverständnis mit der ihm eigenen Kraft der Einseitigkeit beschrieben als eine Umstellung des Mediums der Heilsaneignung vom Sakrament auf das Wort und den Gedanken. Damit hat er zugleich die spezifisch protestantische Pointe dieses Gedankens herausgestellt: »Die religiöse Zentralidee des Protestantismus ist die *Auflösung des Sakramentsbegriffes*, des echten und wahren katholischen Sakramentsbegriffes; wenn die Reformatoren zwei ›Sakramente‹ haben bestehen lassen, so sind das keine eigentlichen Sakramente mehr, sondern nur besondere Darstellungsformen des Wortes. […] Das *erste* und Entscheidende ist die Verwandelung des religiösen Grundvorgangs aus einem sakramentalen, wenn auch noch so ethisierten und vergeistigten Zauber in ein rein durchsichtiges Ereignis des Gedankens und der Gesinnung. [...] Alles empfängt einen Zug zum Gedanklichen und Erkenntnismäßigen« (*Ernst Troeltsch*, Protestantisches Christentum und Kirche in der Neuzeit, hg. v. *Volker Drehsen* in Zusammenarbeit mit Christian Albrecht [Ernst Troeltsch KGA 7], Berlin / New York 2004, 114.118.119).
[491] *Schleiermacher*, Praktische Theologie, 216. Schleiermachers eigene Predigtweise ist durch einen solchen argumentativ-abwägenden Gestus gekennzeichnet. Vgl. hierzu auch Schleiermachers Theorie der verschiedenen religiösen Sprachgebiete, in welcher er zwar den »dichterischen« und »rednerischen« Ausdruck als ursprüngliche Äußerungsformen religiösen Bewusstseins kennt, für die Predigt aber – wie für die Dogmatik – den »darstellend-belehrenden« Ausdruck bevorzugt. Vgl. *Schleiermacher*, Praktische Theologie, 86ff. sowie *Martin Weeber*, Schleiermachers Eschatologie. Eine Untersuchung zum theologischen Spätwerk (BEvTh 116), Gütersloh 2000, 32–45.
[492] *Friedrich Schleiermacher*, Predigt zu Phil 1,6–11: Das Ziel der Wirksamkeit unserer evangelischen Kirche, in: Friedrich Schleiermacher's sämmtliche Werke. Zweite Abtheilung. Predigten. Zweiter Band, Berlin 1834, 739–758, 756f.
[493] *Bubner*, Dialektik, 14.

Schutz- und Distanzierungsraum vor religiösen Unmittelbarkeits- und Totalitätsansprüchen. Zugleich zeigt die Bereitschaft zur Reflexion den Willen, in einen Dialog einzutreten. Reflexions- und Argumentationsbereitschaft ist verbunden mit Ambiguitätstoleranz. Wer reflektierend Argumente abwägt, rechnet damit, dass der Andere auch Recht haben könnte.[494] Das Abwägen von Gründen schließt auch das Abwägen jener Gründe ein, die gegen die favorisierte Sicht sprechen. Das Argument muss nicht nur affirmativ strukturiert sein. Plausibilität gewinnt ein Argument auch, indem es mögliche Einwände benennt. In diesem Sinn hat Adam Müller das Streitgespräch zum rhetorischen Idealfall erklärt.[495] Auf diesem Weg können im Argument etablierte Denkmuster aufgebrochen und transformiert werden. Ein gutes Argument hat immer auch die Kraft der produktiven Irritation. Derjenige, »der überzeugend argumentiert, darf um keinen Preis der eingefahrenen Routine erliegen. [...] Wer so argumentiert, wie andere Sitzungen eröffnen, wird vermutlich scheitern, und dies zu Recht. Denn obwohl wir im ständigen Umgang mit Argumenten auf das Bekannte, das Regelmäßige, das allgemein Zugängliche setzen, darf dies mitnichten zu unbedachter Gleichgültigkeit führen«.[496] Alternativen müssen benannt und in das Argument integriert werden. Nur so bleibt das Argument bezogen auf Lebenserfahrung. Gerade die Rede, die Alternativen verschweigt und Eindeutigkeit am Ort des immer Mehrperspektivischen suggeriert, wird abstrakt. Die »Durchbrechung der Exklusivität überhaupt zuzulassen, heißt die Illusion zerstören, es gebe nur eine Position in jeder Frage und die sei die eigene. [...] Erst wo Ansprüche auch Konkurrenzlagen überstehen, vertiefen sie sich und bewähren ihre Legitimität. Die in der Konkurrenz erzwungene Negation der umstandslosen Identifikation von Ansprüchen mit Sachen erneuert den Sachbezug auf unerwartete Weise«.[497]

---

[494] Vgl. a.a.O., 15 (Hervorh. im Orig.): »Ich stelle nun die *These* auf, daß der Vollzug einer Reflexion im gekennzeichneten Sinne und die Bereitschaft zum Eintritt in einen Dialog strukturell ein und dasselbe sind«. Siehe auch a.a.O., 25: »Der Austausch von Argumenten über eine umstrittene Sache ersetzt pauschale Ansprüche durch die schwebende Antizipation, auch die andere Seite sei hörenswert [...] Wer zum Dialog oder zum Nachdenken bereit ist, läßt für sich doch den Gedanken gelten, als Partner bereits Teil des größeren Zusammenhangs zu sein, und zwar nicht auf ewig partikularisiert, sondern fähig zur Rekonstruktion des Ganzen«. – Zur Unterscheidung von Reflexion und Meditation vgl. *Rüdiger Bubner*, Metaphysik und Erfahrung, in: NHP 30/31 (1991), 1–14, 5.

[495] Speziell die Predigt müsse deshalb, so Müller, »die eigne Anschauung des Göttlichen, die man in sich trägt« anklagen. Der Prediger solle also »den Teufel verstehn und den Zweifel« (*Adam Müller*, Zwölf Reden über die Beredsamkeit und deren Verfall in Deutschland. Gehalten zu Wien im Frühlinge 1812, jetzt in: *ders.*, Kritische, ästhetische und philosophische Schriften. Kritische Ausgabe. Bd. 1, hg. v. *Walter Schroeder / Werner Siebert*, Neuwied/Berlin 1967, 297–451, 400.402).

[496] *Bubner*, Argument, 127.

[497] *Bubner*, Dialektik, 19.13.

Der letzte Aspekt hat gezeigt: Plausibilisierungskraft gewinnen Gründe und Argumente durch ihren Alltagsbezug und ihre Verknüpfung mit der Lebenserfahrung, freilich ohne dass sie in diesen aufgehen. Plausible Gründe sind Gründe, die allgemein bekannt sind, die sich in die Normalerwartung einfügen, die die Hörer mit ihrer Lebenserfahrung verbinden können und die doch zugleich diese Normalerwartung irritieren und argumentativ weiterzuführen vermögen. Wer redend Gründe liefert und diese zur Diskussion stellt, zeichnet die Dinge also in ihren Alltagskontext ein. Auch deshalb ist das Argument nicht Ausweis einer vermeintlichen Intellektuellendominanz,[498] sondern der kommunikativen Bereitschaft, die Alltagsaffinität von Gründen zu suchen und diese der Kognition, Emotion und dem Handeln gleichermaßen zugänglich zu halten.[499] Der gemeinsame Alltags- und Erfahrungshorizont verbindet Redner und Hörer, Argumentierenden und denjenigen, dem sich die Plausibilität des Arguments erschließen soll. Deshalb geht es im Argument auch um das »fallweise Explizitmachen einer generellen Gemeinsamkeit«.[500] Argumentierende Rede ist die Kunst, »ein stellenweise gerissenes Netz des Einverständnisses mit Geschick zu flicken«.[501] Das Argument ist gleichsam ein begründendes Denkmuster, das der Methodisierung der Verständigung zwischen Redner und Hörer dient, eben weil es sich auf einen gemeinsamen Erfahrungskontext bezieht.
Hier legt sich eine Verknüpfung mit den oben unter III.2 vorgelegten Überlegungen zu dem in der Predigt vorausgesetzten und kommunizierten protestantischen Kirchenverständnis nahe. Das Argument in der hier vorgestellten Form ist die rhetorische Formation des Priestertums aller Gläubigen und lässt sich auch als das rhetorische Moment von Schleiermachers Bestimmung der Predigt als »darstellende Mitteilung« verstehen. Denn sowohl das hier vorgelegte Verständnis des Argumentes als auch Schleiermachers Theorie des darstellenden Handelns gehen von einer grundsätzlichen Gemeinsamkeit zwischen Redner und Hörer aus.
Der *Inhalt* des Arguments kann verschieden sein: ethisch, ästhetisch, historisch, rechtlich und dergleichen mehr. Konstitutiv bleibt der Erfahrungsbezug.[502] Und auch die *Form* des Arguments kann variieren. Speziell für die Predigt lassen sich verschiedene Modelle und Topoi denken: narrativ, metaphorisch oder begrifflich. Durch die Einstellung in einen finalen Zusammenhang können Beispiele, Witze, Klischees, Alltagsbeob-

---

498 Vgl. *Bubner*, Argument, 118.
499 Vgl. a.a.O., 116. Die Forderung, dass die Predigten »emotionaler« sein müssten, ist im Gedanken, dass die Predigt Gründe liefert, m.E. immer schon aufgehoben. Vgl. hierzu die oben beschriebene integrative Leistungskraft des Begriffes der Erhellung im Hinblick auf Emotion, Kognition und Willen.
500 A.a.O., 129 (im Orig. teilw. hervorgeh.).
501 Ebd.
502 Die Unterscheidung zwischen deskriptiven und normativen Argumenten wird hier nicht weiter vertieft.

achtungen, Erzählungen,[503] Bilder, Gleichnisse, Metaphern und Begriffe sowie logische Verknüpfungen zum Argument werden. Das Argument kann also aus der Lebenswelt und der Erfahrung stammen oder im Modus des rationalen Diskurses und der logischen Deduktion gewonnen und auf Erfahrung bezogen werden. Es kann empirisch oder historisch-systematisch sein. Bezogen auf die Predigt heißt dies: Die Pluralität argumentativer Rede macht die Pluralität der konkreten Predigten aus. Die Form und Gestaltung des Arguments und damit auch dessen Qualität bringt die Individualität des Argumentierenden, also des Predigers und der Predigerin zur Darstellung. Das bedeutet: »Es gibt unzählige Argumentformen«[504] und deshalb unzählige Predigtformen und -modi. Zwei spezifische Argumentformen sind kurz näher zu betrachten – die erste, weil sie etwas außer Mode geraten ist und die zweite, weil sie besser außer Mode geriete.

Die Form des Argumentes, die zuletzt etwas in Misskredit geraten ist, ist die Arbeit mit religiös-theologischen Begriffen. Diese gelten als abstrakt, lebensfern, dogmatisch entleert. Bei einer (hier empfohlenen) Ehrenrettung des theologischen Begriffs in der Predigt geht es nun gerade nicht um den routinierten und oft phrasenhaften Gebrauch dieser Begriffe, sondern um ein nachdenkliches Besprechen derselben. Auch theologische Begriffe sind als Fragestellungen und verdichtete religiöse Erfahrungen zu lesen (zum Beispiel »Gnade« als die Erfahrung, dass im Guten aufgehoben ist, was durch Handeln nicht mehr zu ändern und einzuholen ist). Wer mit Begriffen argumentiert, stellt sich entsprechenden Fragestellungen und verfolgt diese permanent weiter.[505] Eine Warum-Frage entlässt aus sich die nächste.[506] Begriffe beenden den argumentativen Diskurs

---

[503] Erzählung als Argument meint nicht das Gleiche wie das Programm einer narrativen Predigt. – Deutlich studieren lässt sich die argumentative Kraft des erzählten Beispiels in Luthers Predigten und seinen homiletischen Überlegungen. Vgl. hierzu *Richard Lischer*, Die Funktion des Narrativen in Luthers Predigt. Der Zusammenhang von Rhetorik und Anthropologie, in: Homiletisches Lesebuch, hg. v. *Albrecht Beutel / Volker Drehsen / Hans Martin Müller*, Tübingen 1989, 308–329 sowie *Rössler*, Beispiel und Erfahrung. – Zur Funktion der Erzählung für die Predigt siehe jetzt *Panzer*, Den Glauben ins Gespräch bringen, 122ff. Zur anthropologischen Grundlegung noch immer *Wilhelm Schapp*, In Geschichten verstrickt. Zum Sein von Mensch und Ding (1953), Hamburg ⁴2004. – M.E. erweist sich vor dem Hintergrund des hier Skizzierten das Gespräch zwischen Homiletik und Literaturwissenschaften als besonders fruchtbar. Den Arbeiten von Albrecht Grözinger kommt hierfür ein entscheidendes Verdienst zu.

[504] *Rosenberg*, Philosophieren, 36.

[505] Vgl. *Schleiermacher*, Praktische Theologie, 747: Jedes Dogma habe »eine der religiösen Darstellung zugekehrte Seite und jeder ursprüngliche Begriff. Die religiöse Darstellung und die theologische Entwicklung unterscheiden sich im Prozeß, die lezte geht nach der speculativen Seite hin, die erste nach der Seite des unmittelbaren Bewußtseins und will durch die Begriffe diese rükkwärts reproduciren«.

[506] Auch für Predigten gilt: »Oft besteht der Trick darin, die richtigen Fragen zu stellen« (*Rosenberg*, Philosophieren, 60).

gerade nicht, sondern eröffnen ihn und fordern den Prediger heraus, indem sie ihn zu Fragen führen und ihn zwingen, über die Voraussetzungen
und Folgen dieser Fragen nachzudenken.
Die Form des Arguments, die sich nach meiner Einschätzung als problematisch erweist, ist die moralische Aussage. Diese Aussagen taugen, darauf hat Josef Kopperschmidt hingewiesen, nicht als Argument, denn
»man kann gegen Moral nicht argumentieren, weil man sofort in ›Bin-
dungsfallen‹ gerät, die Moral gelegt hat [sic!], indem sie (und nur sie) ohne Paradoxieverdacht ihren Code selbstreferenziell verwenden kann. Sie
tut so, als sei Moral selbst gut, während Moral doch auch bloß einen bestimmten Code anbietet, dessen Wertprädikate gemäß der Unterscheidung zwischen Gut und Böse binarisiert sind«.[507] Wer moralisch argumentiert, hat für sich im Vorfeld entschieden, dass er im Recht ist. Er
entbindet sich von der Pflicht, Gründe zu liefern. Der eigene moralische
Standpunkt ersetzt das Abwägen von Gründen, denn es wird nicht in Anschlag gebracht, dass auch der Andere Recht haben könnte. Die Frage
nach der Plausibilität des Arguments wird aus der Durchführung desselben ausgelagert. Zugespitzt: »Wer anderen ein schlechtes Gewissen aufnö-
tigen kann, hat es mit dem seinen in der Regel leichter, weil er sich zum
Gewissen der anderen macht«.[508]
Jedes Argument hängt, um in der Rede seine Funktion zu entfalten, von
bestimmten *Voraussetzungen* ab. Es hat explizite und implizite Anteile
und verfügt stets über mehrere Überzeugungsressourcen.[509] Hingewiesen
wurde bereits auf die notwendige Alltagsbezogenheit und -verwobenheit
des Arguments. Welche weiteren Voraussetzungen sind besonders im
Hinblick auf die Predigt von Bedeutung? Damit ein Argument Plausibilität entfaltet, müssen *erstens* seine Prämissen stimmen und die Durchführung stringent sein. Das bedeutet: Die Frage, auf die das Argument sich
bezieht und die es zu beantworten sucht beziehungsweise die These oder
Behauptung, mit der es sich auseinandersetzt, muss deutlich und klar
sein. Die Prämissen haben deutlich und stimmig zu sein. Nur so gelangt
das Argument zu einer einsichtigen Konklusion und ist ein gültiges Argument.[510] Bezogen auf die Predigt zeigt sich, dass ein Grundproblem
derselben oft darin liegt, dass die Frage oder das Thema, das es argumentativ zu behandeln gilt, nicht präzise genug gefasst wird und damit zu allgemein bleibt. Oder aber die Prämissen sind fehlerhaft – wenn dem Hörer beispielsweise Probleme und Fragen unterstellt werden, die dieser
schlicht nicht hat oder zumindest nicht in der angenommenen Weise.
Die Predigten antworten dann auf Fragen, die niemand gestellt hat und

---

[507] *Josef Kopperschmidt*, Argumentationstheorie zur Einführung, Hamburg 2000,
103.
[508] A.a.O., 104.
[509] Vgl. hierzu das oben in Kap. I, Anm. 107 ausgewiesene Zitat von Kopperschmidt.
[510] Zu dieser »Wenn-dann-Struktur« der Argumente siehe *Rosenberg*, Philosophieren, 27–29.

traktieren Themen, die entweder allzu bekannt oder allzu uninteressant sind. In diesen Fällen aber laufen mögliche Argumente ins Leere oder werden zu bloßen Behauptungen. Doch nicht nur die Prämissen des Arguments müssen stimmen, sondern auch dessen Durchführung. Denn ein »Argument ist mehr als eine bloße Sammlung von Aussage. Es ist eine Sammlung von Aussagen, die dazu bestimmt sind, sich wechselseitig zu stützen«.[511] Zuweilen leiden Predigten (wie andere Redegattungen auch) an gedanklicher Inkonsistenz und bilden falsche oder nicht-funktionierende Argumente, zum Beispiel in Form eines Selbstwiderspruchs, durch leere Behauptungen oder in Gestalt eines infiniten Regresses. Zuweilen wird auch vorausgesetzt, was eigentlich die Konklusion ist (petitio principii). Oder dem Argument mangelt es an dem Willen und der Bereitschaft zur Selbst- und Fremdirritation. Dann aber weht durch die Predigten jener berühmte »Hauch gespenstischer Monotonie«.[512] Der Erweis der Plausibilität der christlichen Lebensdeutung bleibt inkonsistent und inkohärent. Die Argumentation hält gelegentlich keinem näheren Nachdenken stand und stößt sich hart an lebensweltlichen Einsichten und allgemein zugänglichen Erfahrungen. Auch deshalb benötigt jede Predigt ein prägnantes Thema (und zwar nur eines!), eine leitende Frage, aus der sich die anderen Fragen ableiten lassen und eine stringente, das heißt nachvollziehbare, reflexiv-gedankliche Argumentation, also einen einsichtigen Aufbau.[513]

Zweitens benötigt das Argument innerhalb der Rede einen bestimmten Umfang, um zur Geltung zu gelangen. Die Rede beziehungsweise der Redner muss bei einem Grund länger verweilen und einen Gedanken in verschiedene Richtungen abschreiten. Umfang ist nicht nur eine quantitative, sondern auch eine qualitative Kategorie. Sie bedeutet auch, dass ein Argument in sich differenziert sein muss.

Drittens muss das Argument zur jeweiligen Redesituation, also zur Predigtsituation passen. Es muss sowohl höreradäquat als auch situationsbezogen sein. Wir hatten bereits gesehen, dass ein Argument oder auch mehrere Argumente in einer Predigt ins Leere laufen, wenn der Hörer sie nicht mit seiner Erfahrung und seiner Lebenswelt verbinden kann. Das bedeutet: Damit die Predigt argumentativ plausibel ist, muss der Prediger die Lebenswelt der Hörer, also die homiletische Situation im Sinne einer gemeinsamen Verständigungsbasis kennen, verstehen und wertschätzen.

---

[511] A.a.O., 29.

[512] *Martin Doerne*, Art. Homiletik, in: RGG³ 3 (1959), Sp. 438–440, 440.

[513] Vgl. hierzu auch die Beobachtungen in der empirischen Untersuchung zur Predigtrezeption der Heidelberger Abteilung für Predigtforschung bei *Helmut Schwier*, Plädoyer für Gott in biblischer Vielfalt. Hermeneutische und homiletische Überlegungen zum Inhalt der Predigt, in: *Hanns Kerner* (Hg.), Predigt konkret. Grundlinien homiletischer Ansätze, Leipzig 2011, 139–151, 143: »Verbesserungsfähig sind die Stringenz der Gedankenführung und die Klarheit der Kernaussagen. [...] Meines Erachtens liegen hier Hinweise auf zu schwache Argumentationen und zu unklare Narrationen«.

Weil es kein voraussetzungsloses Argumentieren gibt, gibt es »keine Chance für Verständigung, wenn sich argumentativ nicht immer schon an ein tragendes Einverständnis anschließen ließe«.[514] Zugleich ist damit der immer auch kasuelle Charakter von Argumenten angesprochen. Nicht jedes Argument ist jederzeit gleichermaßen geeignet.
Viertens ist für die Überzeugungskraft eines Arguments die Person des Argumentierenden zentral. Er muss seinen eigenen Argumenten trauen und von ihrer Relevanz sowie Kohärenz überzeugt sein. Ließ sich für frühere Generationen noch auf die Autorität des Amtes als Argumentationsstrategie verweisen, so kann dies für die gegenwärtige Predigtpraxis nicht mehr vorausgesetzt werden. Jetzt gilt, dass die Person des Argumentierenden, nicht sein Amt eine wesentliche Argumentressource ist. Das aber heißt: Die Person muss zur Generierung und Entfaltung von Argumenten entsprechend begabt und erfahren sein. Die Kunst des Argumentierens will gelernt sein. Zum Predigen benötigt man entsprechendes Talent und dessen Schulung. »Plausibilität hängt mit Konkretion zusammen. Und die verlangt Urteilskraft statt Lehrbücher. Urteilskraft gewinnt man durch reichliches Üben, Sammeln von Erfahrungen und bereichsspezifische Abwägung. Das heißt, daß die Summe der Erfahrungen, die ein Allgemeines ergibt, offengehalten werden muß in Hinsicht auf die jeweilige Anwendung, um die es dem Rhetoriker primär geht und gehen muß. Wir haben es offenbar mit einer besonderen Form von Klugheit zu tun. Klugheit weist situationsadäquates Handeln an. Sie bleibt stets kontextabhängig, und Kontexte haben die Eigenart, nicht mit letzter Präzision abgrenzbar zu sein. In dem breiten Feld, wo die Dinge immer auch anders liegen können, gilt es, das Steuer sicher in der Hand zu halten«.[515] Entsprechend benötigt man, um argumentieren zu können, »[k]ritischen Scharfsinn und schöpferische Originalität«. Beides kann man nicht oder nur in begrenztem Umfang lehren und lernen. »Bestenfalls kann man sie nähren, erweitern, reifen lassen. Und dabei hilft nur zweierlei: Vertrautheit mit dem Gegenstand und Übung, Übung, Übung. Beides benötigt Zeit und Disziplin«.[516] Die homiletische Ausbildung kann daher gerade nicht als methodische Anleitung zum Argumentieren in der Predigt konzipiert werden. Sie sollte vielmehr in eine Haltung des Fragens und Suchens nach Gründen einführen. Homiletische Ausbildung ist Einübung in Nachdenklichkeit. Die Fähigkeit zum Argument speist sich immer auch aus der Bereitschaft zum Argument.
Im Falle der Rede wird die argumentative Überzeugungskraft durch Vortragsstil, Gestus und Körperhaltung der redenden Person zusätzlich befördert. Daher ist beispielsweise Monotonie im Vortrag ausgeschlossen,

---

514 *Josef Kopperschmidt*, Was ist neu an der *Neuen Rhetorik?* Versuch einer thematischen Grundlegung, in: *ders.* (Hg.), Die neue Rhetorik. Studien zu Chaim Perelman, München 2006, 8–72, 21.
515 *Bubner*, Argument, 124f.
516 *Rosenberg*, Philosophieren, 14.

denn Monotonie kann als mangelndes Interesse am Gegenstand, als fehlende, von Erfahrung geprägter Gefühlsbeteiligung gelten. Gegen diese
Haltung hat schon Schleiermacher polemisiert: »Es giebt freilich Menschen für die es natürlich ist monoton zu sprechen; doch dies müssen
geistig ganz unbewegte Menschen sein und einen hohen Grad von Phlegma haben. Dieses natürliche Phlegma sollte aber beim religiösen Acte
durch das Interesse am Gegenstand beseitigt werden; ist also die Monotonie nichts absichtliches, so ist ein Mangel an Interesse vorhanden [...]
Das Interesse an dem Gegenstand und an der Auffassung selbst bringt
eine Bewegung in die Stimme; der religiöse Act ist allemal ein erregter,
und Begeisterung findet immer dabei statt«.[517]
Fünftens aber ist die Plausiblität eines Arguments immer auch mit seiner
figuralen Sprachgestalt verbunden. Die argumentative Profilierung eines
Gedankens zum plausiblen Argument ist eine sprachlich-rhetorische Arbeit. Das Argument steckt immer auch in der Sprache sowie in der konkreten Sprachgestalt. Die Hörer »akzeptieren eben Aussagen leichter,
wenn sie [...] stilistisch/ästhetisch befriedigen«.[518] Das Argument bedarf
also nicht nur einer erkennbaren Ordnung, sondern auch der Prägnanz,
Genauigkeit und Klarheit im sprachlichen Ausdruck. Es fordert eine verständliche Sprache, die den »anerkannten grammatischen und komposi-
torischen Regeln und Gepflogenheiten«[519] entspricht. Enthusiasmus und
Überzeugungswillen können Verständlichkeit nicht ersetzen. Auch ein
routiniertes Umgehen mit religiös-theologischem Vokabular macht das
gründliche Verstehen derjenigen Gedanken, zu deren Bezeichnung sich
dieses Vokabular herausgebildet hat, nicht überflüssig. Entsprechend sind
akademische Ausdrucksweise, unnötige Fremdworte und überkomplexe
Sätze zugunsten der Wirksamkeit der argumentativen Rede zu meiden.
Die sprachliche Ausdrucksweise sollte die Plausibilität der Argumente
nicht durch unangemessene und unnötige Komplexitätssteigerung ver-
unklaren. Denn eine sprachliche Komplexitätssteigerung signalisiert immer auch die Aufkündigung des gemeinsamen Erfahrungshintergrundes
von Prediger und Hörer und zeichnet in die Predigt ein hierarchisches
Moment ein – weh dem, der das Fremdwort nicht versteht und sich in
verschachtelten Sätzen leicht verirrt. Die Sprache der Predigt pflegt dage-

---

517 *Schleiermacher*, Praktische Theologie, 110f. Vgl. oben Kap. II.2.3, Anm. 267.
Siehe auch *Drehsen*, Palmer, 59: Nur »wenn die ursprüngliche Begeisterung die gestal-
terischen Akte der Besonnenheit weiterhin durchzieht, wenn sie sich durch alle Filt-
rierungsstufen der Bearbeitung zu halten vermag und die anstoßende leidenschaft-
liche Emotionalität nicht auf der Strecke bleibt, sondern im Gegenteil den Prozess der
künstlerischen Modulierung prägend beeinflusst, sich im Stil des künstlerischen Subjektes nicht verflüchtigt oder womöglich dessen Manier geopfert wird, vermag das
Kunstwerk als authentischer Ausdruck zu überzeugen«.
518 *Kopperschmidt*, Was ist neu, 39. Vgl. zum Folgenden auch *Rosenberg*, Philosophieren, 81.
519 A.a.O., 82.

gen eine »Ästhetik der Reduktion«,[520] denn die »Darstellung soll ein Ausdrukk des gemeinsamen Lebens sein zwischen dem Redner und dem Zuhörer; der Redner soll die Zuhörer alle im Sinn haben, und daher ist [der] höhere Stil nicht der rechte für die religiöse Rede«.[521]
Das Schlichte aber erweist sich in der Predigtpraxis als das Anspruchsvolle, gerade dann, wenn im Schlichten die Komplexität menschlichen Erlebens, das die Predigt zu deuten sucht, nicht unterlaufen werden soll. Daher ist in einem letzten Schritt genauer zu bedenken, welcher Sprachmodus einer so verstandenen Predigt angemessen ist. Wie vermag die Sprache der Predigt die erhellende Kraft des Arguments freizusetzen? Welches Verständnis von Sprache ist vorauszusetzen?

3. Mediale Sprache als Sprache der Erhellung

Wird die Absicht der Predigt als Erhellung und damit auch als eine auf Verwandlung zielende Deutung vorfindlicher Lebensmuster beschrieben, so kann die Sprache der Predigt nicht auf die Affirmation des Bestehenden zielen, sondern muss auf die Ermöglichung einer individuellen Aneignung der christlichen Lebens- und Weltdeutung angelegt sein. Die Predigt als darstellendes Handeln zielt auf eine Erhöhung und Stärkung des religiösen Bewusstseins im Modus der Darstellung. Die sprachliche Gestaltung des Darstellens muss darauf angelegt sein, durch Deutung Verwandlung freizusetzen.
Der Schweizer Literaturwissenschaftler Johannes Anderegg hat zur Beschreibung dieses Sachverhaltes die Unterscheidung von instrumentellem und medialem Sprachgebrauch eingeführt. Diese ist deshalb besonders hilfreich und weiterführend, da Anderegg in dieser Unterscheidung Sprach- und Religionstheorie aufeinander bezieht. Der instrumentelle Sprachgebrauch ist, so Anderegg, der Sprachgebrauch des Alltags. Die Alltagssprache fungiert als »Instrument zur Bezeichnung oder zur Bezugnahme innerhalb einer problemlos vorhandenen, immer schon gegebenen Wirklichkeit«.[522] Sie bezieht sich auf einen Bereich, »der seine Ordnung hat und der in Ordnung ist«.[523] Deshalb ist ihr Gebrauch ein selbstverständlicher. Weil aber »Wirklichkeit« immer das Ergebnis eines Interpretationsvorganges ist, konstruieren die sprachlichen Zeichen die Welt, in

---

520 So eine Formulierung von Martin Weeber, in: *Conrad/Weeber*, Protestantische Predigtlehre, 115.
521 *Schleiermacher*, Praktische Theologie, 90. Damit ist jedoch keine Trivialisierung sprachlicher Ausdrucksmodi gemeint. Vgl. a.a.O., 121: »Die religiöse Sprache ist […] entstanden aus dem höheren Sprachgebiet, und in der eigentlichen Volkssprache ist sie immer etwas was die Verbindung mit dem höheren und niederen vermittelt«.
522 *Johannes Anderegg*, Sprache und Verwandlung. Zur literarischen Ästhetik, Göttingen 1985, 39.
523 A.a.O., 36.

der man sich vorfindet, als eine Welt, die schon immer so ist, wie sie bezeichnet wird. Die Ordnung, auf die man sich bezieht, wird als notwendig vorausgesetzt und nicht in Frage gestellt. Die instrumentelle Sprache bezeichnet Dinge und Sachverhalte so, wie sie sind. Sie nimmt das, worauf sie sich bezieht, als gegeben und unveränderbar hin. Instrumenteller Sprachgebrauch benötigt keine Begründungen und entwickelt keine Argumente, denn die Warum-Frage ist suspendiert.

Wer freilich über die vorhandenen Ordnungen hinaus Sinnräume und Deutungshorizonte zu eröffnen sucht, und genau das versucht die Predigt, der ist auf einen anderen Sprachgebrauch angewiesen. Anderegg spricht hier vom »medialen« Sprachgebrauch, medial, weil die Sprache das Medium der Sinnbildung ist. »Der mediale Sprachgebrauch aktiviert unsere Fähigkeit zur Sinnbildung und unser Bedürfnis nach Sinnbildung. Anders als der instrumentelle konfrontiert er uns mit Noch-nicht-Begriffenem; er läßt uns also mehr und anderes wahrnehmen und begreifen, als jenes schon Begriffene, auf das wir instrumentell Bezug nehmen. Der mediale Sprachgebrauch transzendiert jene Welten, läßt uns jene Welten transzendieren, deren wir uns instrumentell versichern«.[524] Mediale Sprache ist »Sprache in der Verwandlung, ist übergänglich«.[525] Während der instrumentelle Sprachgebrauch die Bedeutung der Sachverhalte zu bestimmen sucht und damit einen Zusammenhang voraussetzt, stellt der mediale Sprachgebrauch die Frage nach dem Sinn, stellt den Zusammenhang gerade in Frage und zielt so auf Verwandlung. »Wer die Sprache als Medium für die Sinnbildung versteht, vollzieht selbst einen Prozeß der Verwandlung«.[526]

Nun ist freilich der Zeichenbestand von instrumenteller und medialer Sprache der gleiche. Wenn also der mediale Sprachgebrauch ein Sprachgebrauch im Modus der Verwandlung darstellt, und zwar sowohl der Sprach- als auch der Selbstverwandlung, dann entsteht mit dem gleichen Zeichenbestand etwas Neues. Der spezifische Charakter medialen Sprachgebrauchs lässt sich nicht objektivieren. Er erschließt sich dem, der sich bereits auf den Prozess der Verwandlung eingelassen hat und weiter einlässt. Mediale Sprache entfaltet sich am Ort der Nachdenklichkeit, denn Verwandlung benötigt Freiräume, zielt gerade nicht auf umstandslose Übereinstimmung und naheliegende Handlungsinteressen.

Nun könnte man folgern, ein solcher Sprachgebrauch sei wegen dieser ihm innewohnenden Notwendigkeit zur Bedachtsamkeit und Muße sowie seiner Verbindung mit dem Gedanken (und nicht der Tat!) welt- und wirklichkeitsfremd und dem Zeitalter der Technisierung und Beschleunigung nicht angemessen. Aber gerade dies ist nicht der Fall. Denn im medialen Gebrauch der Sprache vermag sich das Subjekt in ein anderes, ein

---

[524] A.a.O., 55.
[525] A.a.O., 32. – Zur Rede vom »übergänglichen« Charakter der Predigt vgl. oben Kap. IV.1.
[526] A.a.O., 57.

verwandeltes Verhältnis zur Welt zu setzen. »Wer sich hinwegsetzt über
die Vorentscheide und über das Vorentschiedene des instrumentellen
Sprachgebrauchs, weicht der Frage nach der Wirklichkeit nicht aus; gerade indem er sich auf Sinnbildung einlässt, stellt er sich ihr. Und wenn der
mediale Sprachgebrauch nur dort zu seinem Recht kommt, wo das Handeln suspendiert wird, so kann daraus nicht gefolgert werden, er habe mit
dem Handeln nichts zu tun. Jegliches Handeln hat seine Begründung,
seine Zielsetzung und seinen Stellenwert in jeweils bestimmten Welten,
und mit nichts Geringerem als mit der Bestimmung dieser Welten setzt
sich auseinander, wer, sinnbildend, die Medialität von Sprache ernst-
nimmt«.[527] Medialer Sprachgebrauch ist darstellendes Handeln. Er ist
eine Frage der religiösen Haltung und erst von hier aus ein Phänomen
konkreter sprachlicher Gestaltung.

Da dem instrumentellen Sprachgebrauch in erster Linie stabilisierende
Funktion zukommt, begegnet er verstärkt in Organisationen, Institutionen und Verbänden, also überall dort, wo verbindlich festzulegen ist, was
gilt und wo daher Sprachregelungen zu treffen sind. Das macht ihn auch
in der Kirche so beliebt, wie zahlreiche kirchliche Verlautbarungen, Bi-
schofsworte zur Lage der Zeit, EKD-Denkschriften und ähnliche Doku-
mente zeigen. Womöglich besteht aber ein nicht unerhebliches kirchliches Sprach-und Verständigungsproblem darin, dass Thema und Gegen-
standsbereich der Kirche nicht die Organisation von Religion, sondern
die Religion selbst ist. Vielleicht verströmen manche Predigten, gerade
auch kirchenleitende Predigten, den sprachlichen Charme von Immobi-
lienlisten, Sitzungsprotokollen und Parteiprogrammen, weil sie den instrumentellen Sprachgebrauch dem medialen vorziehen.[528] Damit aber
zielen sie – ob bewusst oder unbewusst – statt auf verwandelnde Erhellung auf Fixierung kirchlicher Glaubensbestände. Das oft beklagte Problem sprachlicher Floskeln in kirchlichen Verlautbarungen und in der
kirchlichen Predigtpraxis ist ein Problem instrumentellen Sprachgebrauchs.[529]

Religion aber meint Erhellung und Verwandlung und gerade nicht Fest-
legung. Sie zielt auf Sinnzugewinn im Alltag und nicht auf Alltagsaffirma-
tion. Deshalb ist Religion ihrer Sache nach eine Sache medialen Sprachgebrauchs. Religiöse Sprache ist mediale Sprache und nicht Alltagssprache. »Wo die Alltagssprache herrscht, wo wir mit der Alltagssprache herr-

---

[527] A.a.O., 73.

[528] Vermutlich kann, wer den überwiegenden Anteil seiner Arbeitszeit mit der Organisation von Religion und entsprechend mit Haushaltsplänen, Immobilienverwal-
tung, Sitzungs- und Gremienarbeit etc. beschäftigt ist, im eng kalkulierten Zeitfenster
der Predigtvorbereitung nicht umstandslos den Sprachmodus bzw. -gebrauch wech-
seln. Die Muße, die die mediale Sprache verlangt, ist im pastoralen und kirchenleitenden Alltag nicht vorgesehen und muss entsprechend aktiv eingeplant und zugestanden werden.

[529] Gräb fordert daher völlig zu Recht die »Überwindung der erstarrten kirchlichen
Kommunikationsstrukturen« (*ders.*, Predigt als Mitteilung, 181).

schen, da hat alles seine Ordnung, da ist alles in Ordnung. Von einer Sprache des Glaubens aber reden wir im Hinblick darauf, daß Außerordentliches in unsere gewohnten Ordnungen einbricht und sich ihnen widersetzt, daß Außerordentliches begriffen, und das heißt: zur Sprache gebracht werden soll. Im Sinnbezirk des Glaubens und der religiösen Erfahrung soll Sprache mehr sein als ein Instrument zur Bezugnahme. Sie soll nicht nur das Reden über Erfahrungen, sondern Erfahrungen möglich machen, sie soll nicht nur Begriffenes bezeichnen, sondern Medium des Begreifens sein«.[530] Entsprechend ist medialer Sprachgebrauch in der Predigt ein Sprachgebrauch, der nicht bedrängt und religiöse Alternativlosigkeiten inszeniert. Mediale Sprache fordert nicht, was sie bieten möchte. Sie erlaubt individuelle Distanzierung. Es ist eine Sprache, die die Pluralität der Glaubens- und Beteiligungsfragen nicht überspielt, sondern integriert. Medialer Sprachgebrauch in der Predigt setzt Nachdenklichkeit frei, indem er argumentativ entfaltet, ohne abzuschließen und in vermeintliche Lösungen zu überführen.

Weil der Zeichenbestand von instrumentellem und medialem Sprachgebrauch der gleiche ist, mediale Sprache also nicht einfach zur Verfügung steht, ist sie am Ort der Texte selbst aufzusuchen. Dort lässt sie sich kenntlich machen. Anderegg hat mehrfach darauf hingewiesen, dass gerade Luthers Bibelübersetzung sich als Musterbeispiel medialer Sprache des Glaubens erweist. Er hat dies am Beispiel von Joh 1,14 verdeutlicht. Luther übersetzt bekanntlich genau am Urtext: »Und das Wort ward Fleisch«. Die »Gute Nachricht« überträgt: »Er, das Wort, wurde ein Mensch, ein wirklicher Mensch von Fleisch und Blut«. Durch diese Formulierung wird der Sachverhalt nicht zwingend verständlicher. Trotz der Anpassung an alltagssprachliche Erwartungen, entspricht es nicht der Erfahrung der Menschen, dass »Er« das »Wort« ist und dann ein »Mensch« wird. Die Formulierung suggeriert nur Verständlichkeit und Erfahrungsnähe. Damit aber enthebt sie den Leser der Notwendigkeit, »über das Verhältnis von Fleisch und Mensch nachzudenken. An die Stelle eines problematischen Zeichens, welches sich konventioneller Decodierung entzieht, ist ein Zeichen getreten, das sich problemlos in alltägliche Wahrnehmungshorizonte einfügen läßt«. Leser und Hörer werden aufgrund sprachlicher Anpassung der Denkleistung enthoben, ohne dass der Sachverhalt deutlicher wurde. Mediale Sprache aber fordert dazu auf, »jene Welt zu konstituieren, innerhalb derer es möglich ist zu sagen: Das Wort wurde Fleisch«.[531] Sie zielt auf das nachdenkliche Verbinden von Lebenserfahrung und der religiösen Deutung dieser Erfahrung.

Neben den biblischen Texten in der Übersetzung von Martin Luther findet sich der mediale Sprachgebrauch auch in zahlreichen Texten der

---

[530] *Anderegg*, Sprache, 84.
[531] A.a.O., 85f.

hymnologischen und liturgischen Tradition[532] sowie in der Poesie. Diese
Hinweise zielen jedoch nicht darauf, dass die Sprache der Predigt sich der
Sprache Luthers oder der der hymnologischen Tradition befleißigen solle
oder gar poetisch zu sein habe.[533] Vielmehr geht es um den Vergleich der
Funktion.[534] Mediale Sprache wird nicht an ihrem Bilderreichtum oder
an einer ausgesprochenen Neigung zum Metaphorischen erkannt, sondern an ihrem Potential, das Alltägliche und Festgeschriebene auf Erhellung und damit auf Verwandlung zu durchbrechen.
Ist die mediale Sprache – wie oben dargelegt – die Sprache des darstellenden Handelns, dann sind im medialen Sprachgebrauch und im Argument
ästhetische und rhetorische Dimensionen der Predigt dauerhaft ineinander verwoben. Das Argument ist die Form der Rede, die mediale Sprache
aber zielt auf eine ästhetische Gestaltung und Erfahrung. In der Verknüpfung beider vermag die Predigt ihrer religiösen Absicht der Erhellung zu
entsprechen, auch wenn die Wirkung entzogen ist.

[532] Es wäre wünschenswert, hymnologische Einsichten und Forschungen stärker in
homiletische und liturgische Debatten einzubeziehen. Dies kann hier nicht geleistet
werden, sei aber als Desiderat angezeigt.
[533] Zur poetischen Sprache in der Predigt vgl. z.B. *Otto, Predigt als Rede*, 53ff. und
in Bezug auf die Liturgie jetzt *Alex Stock*, Liturgie und Poesie. Zur Sprache des Gottesdienstes, Kevelaer 2010. – Man kann sich diesen Sachverhalt auch am Beispiel eines Essays des großen Stilisten Karl-Markus Gauß vergegenwärtigen. Eine Polemik
gegen sog. »Charity Dinners«, deren Erlös den Armen zugute kommt, während die
Türsteher am Eingang Minderbemittelte fern halten, schließt er mit dem Satz: »Denn
herrlich ist es nur, für die Obdachlosen, nicht mit ihnen zu dinieren«. Direkt hätte
Gauß bspw. formulieren können: Es ist zwar herrlich, für die Obdachlosen zu dinieren, aber mit ihnen zu essen, ist nicht ganz so angenehm. Diese oder eine vergleichbare Formulierung würde sinngemäß dasselbe aussagen. Da sie aber erklärt, anstatt zu
irritieren, schließt sie Deutungsräume ab, anstatt diese zu öffnen (*Karl-Markus Gauß*,
Lob der Sprache, Glück des Schreibens, Salzburg 2014, 8).
[534] Vgl. *Anderegg*, Sprache, 31.

Schlussüberlegung:
Weil wir etwas wollen – ein Plädoyer für eine nachdenkliche und liberale Predigt

Am Ausgangspunkt dieses Buches stand die These: Die Predigt muss etwas wollen. Sie braucht eine Absicht. Um diese These zu begründen und zu entfalten, galt es folgende Fragen zu bedenken: Warum ist zu predigen? Welchen Grund hat die Predigt? Welchen Zweck? Welches Ziel verfolgt sie? Welche Absicht liegt ihr zugrunde? Was ist ihre Intention? Und wie lassen sich Absicht, Zweck und Ziel der Predigt sachgemäß im und aus dem Inhalt des Christentums begründen? Um diesen Fragen nachgehen zu können, wurde auf Schleiermachers Verständnis der Predigt als einer religiösen Rede und einem darstellenden Handeln zurückgegriffen. Welche Antworten ließen sich auf diesem Weg finden?

Beginnen wir mit der Frage nach dem *Grund der Predigt*: Warum ist zu predigen? Es ist zu predigen, weil Religion der Kommunikation bedarf. Ihren Sitz hat Religion zunächst im Individuum. Der Glaube ist eine Lebens- und Weltdeutung, die sich am Ort des Individuums als stimmig und damit als relevant und wahr zu erweisen hat. Aber diese Lebensdeutung bedarf der Kommunikation. Religion lebt vom Mitteilen und Empfangen religiöser Erfahrungen. Eine religiöse Gemeinschaft, die die Kommunikation einstellt, verflüchtigt sich. Der Protestantismus hat die religiöse Kommunikationsform der Predigt ins Zentrum seines kommunikativen Handelns gerückt. Die Predigt ist eine zentrale Lebens- und Wesensäußerung der protestantischen Kirchen. In dieser Hinsicht ist sie »creatura verbi«. Deshalb kann die evangelische Kirche die Predigt nicht ohne Folgen für ihr Selbstverständnis und die öffentliche Darstellung dieses Selbstverständnisses vernachlässigen, ignorieren oder dem methodischen Zufall preisgeben. Werden die Predigt und das Nachdenken über Wesen, Aufgabe, Absicht und Ziel derselben aufgegeben oder ins Marginale manövriert, dann steht der protestantische Kirchenbegriff zur Debatte. Anstehende Diskussionen über einen möglichen Funktionswandel von Gottesdienst und Predigt sind nicht unter Absehung von dieser Grundeinsicht zu führen. Das aber bedeutet: Predigt und Homiletik stellen sich als Verdichtungsort theologischer Theoriebildung dar.

Die Frage nach dem Grund der Predigt ist eng verknüpft mit der Frage nach der *Absicht der Predigt*. Liegt der Grund der Predigt in dem Umstand, dass Religion der Kommunikation bedarf, so bestehen Absicht und Ziel der Predigt zunächst einmal in der Kommunikation von Religion.

Die Predigt will Religion kommunizieren. Nicht mehr. Nicht weniger.
Nichts anderes.
Diese relativ allgemeine Bestimmung der Predigtabsicht bedarf der inhaltlichen Präzisierung. Zu diesem Zweck wurden die beiden für die
Frömmigkeit konstitutiven Bezugspunkte – Kirchenbezug und Christusbezug – auf ihre Konsequenzen für die Bestimmung der Predigtabsicht
befragt. Die Frage nach der Absicht der Predigt wurde mit der Frage nach
dem *Inhalt der Predigt* verbunden. Was die Predigt will, ist in Bezug auf
die religiös-christlichen Inhalte derselben zu bestimmen. Diese Inhalte
aber erschließen sich in der hermeneutischen Verknüpfung von Überlieferung und Erfahrung. Deshalb erweist sich die Frage nach der Predigtabsicht als eine hermeneutische Frage. Die Intention der Predigt ist in erster
Linie weder rhetorisch noch rezeptionsästhetisch zu bestimmen, sondern
theologisch-hermeneutisch. Und eben auf diesem Weg lassen sich dann
rhetorischer und (rezeptions-)ästhetischer Zugriff auf die Predigt konstruktiv miteinander verbinden. Die Predigtaufgabe ist eine hermeneutische und damit eine theologische Aufgabe. Die Homiletik ist das Spiegel-
bild der theologischen Hermeneutik.
Die Einsicht, dass die Predigtabsicht über die theologisch-hermeneutische
Frage nach den Inhalten der Predigt zu bestimmen ist und dass diese Inhalte sich aus der Verbindung von Überlieferung und Erfahrung ergeben,
hat wesentliche Implikationen:
Erstens: Die Predigtabsicht lässt sich nicht definitorisch fixieren, verob-
jektivieren und vereindeutigen. Sie stellt einen Gegenstand beständigen
Nachdenkens dar. Sie ist und bleibt einzuzeichnen in das jeweilige
Schriftverständnis, in die vorausgesetzte Dogmatik- und Ethikkonzeption
und in die sozio-kulturellen Erfahrungskontexte.[535] Der Titel des Buches
»Weil wir etwas wollen!« führt absichtlich nicht zu einer eindeutigen De-
finition und zu einem entschiedenen Plädoyer, zum Beispiel dahingehend, dass die Predigt religiöse oder politische Einstellungen zu ändern
habe und den Hörer von etwas überzeugen solle, was vor der Predigt
nicht zu seinem Überzeugungsrepertoire gehört hat. Hier wurden keine
Überlegungen zur Effizienzsteigerung der Predigt in vermeintlich glau-
bensarmen und definitiv religionspluralen Zeiten vorgelegt. Vielmehr
plädiere ich dafür, die Frage nach der Absicht der Predigt von den Inhalten derselben her zu bedenken und diese Frage als die Eröffnung eines
Prozesses des Nachdenkens zu verstehen.
Freilich: Was des Nachdenkens bedürftig ist, droht – gerade im Zeitalter
der totalen Umstellung auf Effizienz und Selbststeigerung – leicht als zu
mühsam und zu wenig effektiv in Misskredit zu geraten. Es gilt als beliebig und wenig handlungskompetent, weil zu wenig eindeutig. Allerdings

---

[535] Damit ist auch gesagt, dass in anderen kulturellen und religiösen Kontexten die
Frage nach der Absicht der Predigt anders thematisiert und beantwortet wird als in
vorliegenden Überlegungen. Predigt und Homiletik sind immer durch Ort, Zeit, so-
zio-kulturelles Umfeld und individuelle Biographie etc. maßgeblich mitbestimmt.

gilt meines Erachtens das Gegenteil: Wer über die Predigtabsicht nachdenkt, hat sich gerade nicht davon verabschiedet, dass die Predigt etwas
zu wollen hat, sondern hat diese Frage dorthin geschoben, wo sie hinge-
hört – in die »schwebende[...] Mitte zwischen Lust und Unlust«.[536] Damit ist der heilstheologische Vorbehalt nicht länger nur eine Vorbemer-
kung, sondern konstitutiver Bestandteil des Predigtverständnisses selbst.
Die Wirkung der Predigt bleibt entzogen. Sie ist methodisch nicht operationalisierbar. Gotteswerk und Menschenwerk bleiben funktional strikt
unterschieden. Dieser Gedanke ist Bestandteil, nicht Randbemerkung
oder Fußnote des Predigtverständnisses, denn er führt die Homiletik auf
das Gebiet des »Möglichen«.[537]
Die Aufgabe, die damit benannt ist, ist freilich alles andere als trivial:
Denn eine so verstandene Predigt kann sich weder darin erschöpfen, nur
Fragen zu stellen (nach dem Motto: Wir sind alle auf der Suche!) oder
sich damit begnügen, Fragen vorschnell einer Antwort zuzuführen (nach
dem Motto: Das Christliche ist die Lösung!). Vielmehr nimmt eine so
verstandene Predigt den Hörer in einen Prozess des Nachdenkens hinein:
Die Erfahrungen des Lebens werden auf ihre religiöse Deutungsfähigkeit
befragt. Sie werden mit den Texten der biblischen Überlieferung ins Gespräch gebracht. Es werden Gründe gesucht und diskutiert, die die Relevanz und erhellende Kraft dieser Überlieferung für gegenwärtige Lebens-
und Weltdeutung nahelegen. Argumente für die Nachvollziehbarkeit und
Stimmigkeit der christlichen Lebens- und Weltdeutung werden generiert.
Dies alles aber in stetem Bezug auf die substantiellen Inhalte des Christentums. Eine Predigt, die nachdenkt anstatt zu behaupten, ist also weder
vage noch unbestimmt, sondern bringt an sich selbst zur Darstellung, was
sich als Wesen der christlichen Religion begreifen lässt – nachdenkliche
Lebens- und Weltdeutung, im steten Bezug auf Kirche und Christus sowie im Modus von Reflexion und Tat. Eine nachdenkliche Predigt zielt
in mehrdimensionalem Sinn auf Erhellung, und in diesem Sinn wollen
die vorliegenden Überlegungen als ein entschiedenes Plädoyer für eine
nachdenkliche Predigt gelesen werden. Schleiermachers Theorie des darstellenden Handelns hat eine wesentliche Pointe gerade darin, dass das
darstellende Handeln in Gottesdienst und Predigt eine Unterbrechung
des alltäglichen, wirksamen Handelns bietet und damit der nachdenklichen Rückversicherung der eigenen Empfänglichkeit und gerade nicht
der religiösen Effizienzsteigerung dient.
Damit ist eine zweite, zentrale Implikation immer schon mitgesetzt: Die
Predigt, die nachdenkt und argumentiert, ist die homiletische Realisierung des Priestertums aller Gläubigen. Sie setzt die religiöse Gleichwer-
tigkeit aller im Gottesdienst Anwesenden homiletisch um. In Schleiermachers Theorie des darstellenden Handelns ist immer eine antihierarchi-

---

536 *Schleiermacher*, Christliche Sitte, 527 (im Orig. hervorgeh.).
537 Vgl. das oben unter Anm. 19 nachgewiesene Zitat von Heinrich Bassermann.

sche religiöse Gemeinschaft vorausgesetzt – dargestellt wird ein allen Anwesenden gemeinsames christliches Lebensgefühl, eine Allen zugängliche
religiöse Lebens- und Weltdeutung. Eine Predigt, die diesen Sachverhalt
an sich selbst zur Darstellung bringt, ist im klassischen Sinne eine liberale
Predigt. Eine der großen gegenwärtigen Fragen, auch in der Homiletik,
lautet doch: Ist das Autoritäre und die Revitalisierung des kirchlichen
Amtes stärker, weil vordergründig effizienter und unvermittelter im Zugriff, als das Liberale und Partizipatorische? Ein Plädoyer für eine nachdenklich-argumentierende Predigt ist immer auch ein Plädoyer für eine
liberale Predigt, denn sie geht davon aus: Prediger und Hörer sind in religiösen Fragen gleichberechtigt. Damit aber steht eine nachdenkliche und
liberale Predigt für eine Kirche, die sich vor allen anderen Zuschreibungen als Gemeinschaft religiöser Kommunikation versteht und die ihre
Mitglieder als mündige und deutungskompetente religiöse Subjekte
wahrnimmt. Gleichberechtigt aber sind diese Mitglieder nicht durch Bildung, Engagement, politische Gesinnung oder ästhetische Geschmackspräferenzen, sondern durch ihren je individuellen Christusbezug. Diese
Individualität des Christusbezuges als Modus des Gemeinschaftlichen zur
Darstellung zu bringen, das ist Absicht und Inhalt der Predigt.

Literatur

Die Abkürzungen folgen: Abkürzungen Theologie und Religionswissenschaften nach RGG⁴, hg. v. der Redaktion der RGG⁴ (UTB 2868), Tübingen 2007

Albrecht, Christian, Schleiermachers Predigtlehre. Eine Skizze vor dem Hintergrund seines philosophisch-theologischen Gesamtsystems, in: *ders. / Martin Weeber* (Hg.), Klassiker der protestantischen Predigtlehre. Einführungen in homiletische Theorieentwürfe von Luther bis Lange (UTB 2292), Tübingen 2002, 93–119
– Schleiermachers Theorie der Frömmigkeit. Ihr wissenschaftlicher Ort und ihr systematischer Gehalt in den Reden, in der Glaubenslehre und in der Dialektik (SchlA 15), Berlin / New York 1994
– Schriftauslegung als Vollzug protestantischer Frömmigkeitspraxis, in: *Friederike Nüssel* (Hg.), Schriftauslegung (Themen der Theologie 8 / UTB 3991), Tübingen 2014, 207–237
Albrecht, Christoph, Schleiermachers Liturgik. Theorie und Praxis des Gottesdienstes bei Schleiermacher und ihre geistesgeschichtlichen Zusammenhänge, Göttingen 1963
Anderegg, Johannes, Sprache und Verwandlung. Zur literarischen Ästhetik, Göttingen 1985
Barth, Karl, Das Wort Gottes als Aufgabe der Theologie (1922), in: Karl Barth Gesamtausgabe, 3. Vorträge und Kleinere Arbeiten 1922–1925, Zürich 1990, 144–175
Barth, Ulrich, Christentum und Selbstbewußtsein. Versuch einer rationalen Rekonstruktion des systematischen Zusammenhanges von Schleiermachers subjektivitätstheoretischer Deutung der christlichen Religion, Göttingen 1983
– Sichtbare und unsichtbare Kirche. Die Tragweite von Luthers ekklesiologischem Ansatz (2008), jetzt in: *ders.*, Kritischer Religionsdiskurs, Tübingen 2014, 1–51
Baschera, Luca / Kunz, Ralph, Der Gottesdienst der Kirche im Widerspiel von formativem und expressivem liturgischen Handeln, in: *ders. / ders. / Angela Berlis* (Hg.), Gemeinsames Gebet. Form und Wirkung des Gottesdienstes (Praktische Theologie in reformiertem Kontext 9), Zürich 2014, 9–37
Bassermann, Heinrich, Die Bedeutung der praktischen Theologie in der Gegenwart (1879), jetzt in: *ders.*, Beiträge zur praktischen Theologie. Gesammelte Aufsätze und Vorträge, Leipzig 1909, 1–14
– Die Bedeutung des Liberalismus in der evangelischen Kirche. Vortrag, gehalten am 11. März 1883 in Wiesbaden, Wiesbaden 1883
– Zweck und Wirkung der evangelischen Kultuspredigt (1894), jetzt in: *ders.*, Beiträge zur praktischen Theologie. Gesammelte Aufsätze und Vorträge, Leipzig 1909, 205–223
Baumgarten, Otto, Art. Engländerei im kirchlichen Leben, in: RGG¹ 2 (1910), Sp. 337–339

– Predigt-Probleme. Hauptfragen der heutigen Evangeliumsverkündigung, Tübingen/Leipzig 1904
Die Bekenntnisschriften der evangelisch-lutherischen Kirche, hg. im Gedenkjahr der Augsburgischen Konfession 1930, Göttingen [10]1986
Bernecker, Roland, Art. Intention, in: HWR 4 (1998), Sp. 451–459
Beutel, Albrecht, In dem Anfang war das Wort. Studien zu Luthers Sprachverständnis (HUTh 27), Tübingen 1991, unveränderte Studienausgabe 2006
– Offene Predigt. Homiletische Bemerkungen zu Sprache und Sache, in: PTh 77 (1988), 518–537 (wiederabgedruckt in: *Ruth Conrad / Martin Weeber* [Hg.], Protestantische Predigtlehre. Eine Darstellung in Quellen [UTB 3581], Tübingen 2012, 272–291)
Bieler, Andrea, Das bewegte Wort. Auf dem Weg zu einer performativen Homiletik, in: PTh 95 (2006), 268–283
Bieri, Peter, Wie wollen wir leben?, Salzburg (2011) [5]2012
Biesinger, Albert, Literaturbericht, in: ThQ 186 (2002), 336–342
Bingener, Reinhard, Auf den Pfarrer kommt es an, in: FAZ vom 17.4.2014, 1 (www.faz.net/-gpf-7oh72, zuletzt abgerufen am 4.8.2014)
Birkner, Hans-Joachim, Beobachtungen zu Schleiermachers Programm der Dogmatik, in: NZSTh 5 (1963), 119–131 (wiederabgedruckt in: *ders.*, Schleiermacher-Studien, eingeleitet u. hg. v. Hermann Fischer. Mit einer Bibliographie der Schriften Hans-Joachim Birkners von Arnulf von Scheliha [SchlA 16], Berlin / New York 1996, 99–112)
– Schleiermachers Christliche Sittenlehre im Zusammenhang seines philosophisch-theologischen Systems (TBT 8), Berlin 1964
Bogun, Ulrich, Darstellendes und wirksames Handeln bei Schleiermacher. Zur Rezeption seines Predigtverständnisses bei F. Niebergall und W. Jetter, Tübingen 1998
Böhn, Andreas, Art. Wirkung, in: HWR 9 (2009), Sp. 1377–1381
Bohren, Rudolf, Predigtlehre, München [3]1971
Brandt, Wilfried, Der Heilige Geist und die Kirche bei Schleiermacher (SDGSTh 25), Zürich 1968
Brinkmann, Frank Thomas, Praktische Homiletik. Ein Leitfaden zur Predigtvorbereitung, Stuttgart 2000
Bubner, Rüdiger, Dialektik als Topik. Bausteine zu einer lebensweltlichen Theorie der Rationalität (edition suhrkamp 1591), Frankfurt a.M. 1990
– Metaphysik und Erfahrung, in: NHP 30/31 (1991), 1–14
– Was ist ein Argument? in: *Gert Ueding / Thomas Vogel* (Hg.), Von der Kunst der Rede und der Beredsamkeit, Tübingen 1998, 115–131
Bukowski, Peter, Predigt wahrnehmen. Homiletische Perspektiven, Neukirchen-Vluyn (1990) [4]1999
Bultmann, Rudolf, Das Evangelium nach Johannes (KEK 20), unveränderter Nachdruck d. 10. Aufl., Göttingen 1978
– Das Problem der Hermeneutik [1950], jetzt in: *ders.*, Glauben und Verstehen. Bd. II, 5., erweiterte Aufl., Tübingen 1968, 211–235
– Theologie des Neuen Testaments, 8., durchgesehene, um Vorwort u. Nachträge wesentlich erweiterte Aufl., hg. v. Otto Merk, Tübingen 1980
Charbonnier, Lars / Merzyn, Konrad / Meyer, Peter (Hg.), Homiletik. Aktuelle Konzepte und ihre Umsetzung, Göttingen 2012
Christlieb, Theodor, Homiletik. Vorlesungen, hg. v. Theodor Haarbeck, Basel 1893
Christus ist unser Friede. Soziale Zeitpredigten und Betrachtungen, gesammelt u. hg. v. Lic. [Ludwig] Weber. 1. Sammlung. Mit einer Einleitung des Herausgebers: Über die soziale Predigt in unserer Zeit, Göttingen 1892

Claussen, Johann Hinrich, Religion ohne Gewissheit. Eine zeitdiagnostisch-systematische Problemanzeige, in: PTh 94 (2005), 439–454
– Zurück zur Religion. Warum wir vom Christentum nicht loskommen, München 2006
Conrad, Ruth, Kirchenbild und Predigtziel. Eine problemgeschichtliche Studie zu ekklesiologischen Dimensionen der Homiletik (PThGG 11), Tübingen 2012
– Zweck und Ziel der Predigt in der Volkskirche. Das Predigtideal als Funktion des Kirchenbildes, in: DtPfrBl 2 (2013), 79–83
– http://predigten.evangelisch.de/predigt/der-traum-der-drei-koenige-bildpredigt-zu-matthaeus-21-18-von-ruth-conrad
– / *Weeber, Martin* (Hg.), Protestantische Predigtlehre. Eine Darstellung in Quellen (UTB 3581), Tübingen 2012
Cornehl, Peter, Öffentlicher Gottesdienst. Zum Strukturwandel der Liturgie, in: Gottesdienst und Öffentlichkeit. Zur Theorie und Didaktik neuer Kommunikation, hg. v. *dems.* / *Hans-Eckehard Bahr* (Konkretionen. Beiträge zur Lehre von der handelnden Kirche 8), Hamburg 1970, 118–196
Cremer, Hermann, Die Aufgabe und Bedeutung der Predigt in der gegenwärtigen Krisis, Berlin 1877
– Die soziale Frage und die Predigt, in: Bericht über die Verhandlungen des Fünften Evangelisch-sozialen Kongresses, abgehalten zu Frankfurt am Main am 16. und 17. Mai 1894. Nach den stenographischen Protokollen, Berlin 1894, 11–22
Danz, Christian, Grundprobleme der Christologie (UTB 3911), Tübingen 2013
– / *Murrmann-Kahl, Michael* (Hg.), Zwischen historischem Jesus und dogmatischem Christus. Zum Stand der Christologie im 21. Jahrhundert (Dogmatik in der Moderne 1), 2., durchgesehene u. korrigierte Aufl., Tübingen 2011
Deeg, Alexander, Das äußere Wort und seine liturgische Gestalt. Überlegungen zu einer evangelischen Fundamentalliturgik (APTh 68), Göttingen 2012
– / *Nicol, Martin*, Auf der Schwelle zur Predigt. Was eine Göttinger Predigtmeditation leisten kann, in: GPM 62 (2007), 3–17
Diem, Hermann, Warum Textpredigt. Predigten und Kritiken als Beitrag zur Lehre von der Predigt, München 1939
Dietzfelbinger, Christian, Das Evangelium nach Johannes. Teilband 1: Johannes 1–12 (ZBK 4.1), Zürich 2001
Dinkel, Christoph, Kirche gestalten – Schleiermachers Theorie des Kirchenregiments (SchlA 17), Berlin / New York 1996
– Was nützt der Gottesdienst? Eine funktionale Theorie des evangelischen Gottesdienstes (PThK 2), Gütersloh ²2002
Dober, Hans Martin, Evangelische Homiletik. Dargestellt an ihren drei Monumenten Luther, Schleiermacher und Barth mit einer Orientierung in praktischer Absicht (Homiletische Perspektiven 3), Berlin 2007
Doerne, Martin, Art. Homiletik, in: RGG³ 3 (1959), Sp. 438–440
Drecoll, Volker, Allein die Schrift. Drei Anregungen aus der Kirchengeschichte, in: *Christof Landmesser* / *Hartmut Zweigle* (Hg.), Allein die Schrift!? Die Bedeutung der Bibel für Theologie und Pfarramt, Neukirchen-Vluyn 2013, 50–58
Drehsen, Volker, Christian Palmer. Die Predigt als Kunstwerk, in: *ders.* / *Friedrich Schweitzer* / *Birgit Weyel* (Hg.), Christian Palmer und die Praktische Theologie (Interdisziplinäre Studien zur Praktischen Theologie 1), Jena 2013, 53–74
– Homiletische Recherche, in: Predigtstudien für das Kirchenjahr 2011/2012. Perikopenreihe IV – Erster Halbband, hg. v. *Wilhelm Gräb* / *Johann Hinrich Claussen* / *Volker Drehsen u.a.*, Freiburg 2011, 9–14
– Predigtlegitimation im homiletischen Verfahren: Ernst Lange, in: *Christian Albrecht* / *Martin Weeber* (Hg.), Klassiker der protestantischen Predigtlehre. Einfüh-

rungen in die homiletischen Theorieentwürfe von Luther bis Lange (UTB 2292), Tübingen 2002, 225–246

Drews, Paul, Die Predigt im 19. Jahrhundert. Kritische Bemerkungen und praktische Winke (Vorträge der theologischen Konferenz zu Giessen, 19. Folge), Gießen 1903

Ebeling, Gerhard, Dogmatik des christlichen Glaubens. Bd. I. Prolegomena. Erster Teil: Der Glaube an Gott den Schöpfer, 2., durchgesehene Aufl., Tübingen 1982
– Die Klage über das Erfahrungsdefizit in der Theologie als Frage nach ihrer Sache, in: *ders.*: Wort und Glaube. Bd. III. Beiträge zur Fundamentaltheologie, Soteriologie und Ekklesiologie, Tübingen 1975, 3–28
– Luther und Schleiermacher, in: Internationaler Schleiermacher-Kongreß Berlin 1984, hg. v. *Kurt-Victor Selge* (SchlA 1/1), Berlin / New York 1985, 21–38 (auch in: *ders.*, Lutherstudien. Bd. III. Begriffsuntersuchungen – Textinterpretationen – Wirkungsgeschichtliches, Tübingen 1985, 405–427).
– Schrift und Erfahrung als Quelle theologischer Aussagen, in: ZThK 75 (1978), 99–116

Eco, Umberto, Lector in fabula. Die Mitarbeit der Interpretation in erzählenden Texten, München 1990
– Das offene Kunstwerk. Frankfurt a.m. 1977

Engagement und Indifferenz. Kirchenmitgliedschaft als soziale Praxis. V. EKD-Erhebung über Kirchenmitgliedschaft (www.ekd.de/EKD-Texte/kmu5_text.html; zuletzt abgerufen am 11.8.2014)

Engemann, Wilfried, Einführung in die Homiletik, Tübingen 2002, 2., vollständig überarbeitete u. erweiterte Aufl. (UTB 2128), Tübingen/Basel 2011
– Homiletische Literatur zu Beginn des 21. Jahrhunderts. Schwerpunkte, Problemanzeigen und Perspektiven, in: ThR 75 (2010), 163–200.304–341
– Personen, Zeichen und das Evangelium. Argumentationsmuster der Praktischen Theologie (APrTh 23), Leipzig 2003
– Predigt als Schöpfungsakt. Einkehr in die Zukunft – Ankunft in der Gegenwart. Zur Wirkung der Predigt, in: *ders.*, Theologie der Predigt. Grundlagen – Modelle – Konsequenzen (APrTh 21), Leipzig 2001, 71–92
– Semiotik und Theologie – Szenen einer Ehe, in: *ders. / Rainer Volp* (Hg.), Gib mir ein Zeichen. Zur Bedeutung der Semiotik für theologische Praxis- und Denkmodelle (APrTh 1), Berlin / New York 1992, 3–28
– Semiotische Homiletik. Prämissen – Analysen – Konsequenzen (THLI 5), Tübingen/Basel 1993
– Der Spielraum der Predigt und der Ernst der Verkündigung, jetzt u.a. in: *Erich Garhammer / Heinz-Günther Schöttler* (Hg.), Predigt als offenes Kunstwerk. Homiletik und Rezeptionsästhetik, München 1998, 180–200
– Wider den redundanten Exzeß. Semiotisches Plädoyer für eine ergänzungsbedürftige Predigt, in: ThLZ 115 (1990), 785–798

Erne, Thomas, Darstellung der Seligkeit im tätigen Leben. Zur öffentlichen Relevanz der protestantischen Gottesdienstpraxis, in: Ästhetik und Ethik. Die öffentliche Bedeutung der Praktischen Theologie, hg. v. *Thomas Schlag / Thomas Klie / Ralph Kunz*, Zürich 2007, 111–125

Fahrenbach, Helmut, Philosophische Existenzerhellung und theologische Existenzmitteilung. Zur Auseinandersetzung zwischen Karl-Jaspers und Rudolf Bultmann, in: ThR 24 (1956/57), 77–99.105–135

Fechtner, Kristian, Kirchenjahr und modernes Zeitempfinden, in: Auf dem Weg zur Perikopenrevision. Dokumentation einer wissenschaftlichen Fachtagung, hg. v. *Kirchenamt der EKD / Amt der UEK / Amt der VELKD*, Hannover 2010, 199–207
– Im Rhythmus des Kirchenjahres. Vom Sinn der Feste und Zeiten, Gütersloh 2007

– Späte Zeit der Volkskirche. Praktisch-theologische Erkundungen (PTHe 101), Stuttgart 2010
– Spätmoderne Predigt. Homiletische Perspektiven im Nachgang zu Henning Luther, in: *ders. / Christian Mulia* (Hg.), Henning Luther. Impulse für eine Praktische Theologie der Spätmoderne (PTHe 125), Stuttgart 2014, 114–126
Finger, Evelyn, Schluss mit dem Geschwätz! Früher war die Predigt eine Kunst. Heute liefern die meisten Pfarrer nur Seelenwellness, in: DIE ZEIT, 16.12.2007 (www.zeit.de/2007/51/Predigt; zuletzt abgerufen am 1.8.2014)
Francke, August Hermann, Send-Schreiben vom erbaulichen Predigen (1725), in: *ders.,* Predigten II, hg. v. *Erhard Peschke* (TGP Abt. II: August Hermann Francke Schriften und Predigten 10), Berlin / New York 1989, 3–10 (jetzt auch in: *Ruth Conrad / Martin Weeber* [Hg.], Protestantische Predigtlehre. Eine Darstellung in Quellen [UTB 3581], Tübingen 2012, 95–102)
Fritz, Regina, Ethos und Predigt. Eine ethisch-homiletische Studie zu Konstitution und Kommunikation sittlichen Urteilens (PThGG 9), Tübingen 2011
Gall, Sieghard / Schwier, Helmut, Predigt hören im konfessionellen Vergleich (Heidelberger Studien zur Predigtforschung 2), Berlin 2013
Garhammer, Erich / Schöttler, Heinz-Günther (Hg.), Predigt als offenes Kunstwerk. Homiletik und Rezeptionsästhetik, München 1998
Gauß, Karl-Markus, Lob der Sprache, Glück des Schreibens, Salzburg 2014
Gebhardt, Dörte, Glauben kommt vom Hörensagen. Studien zu den Renaissancen von Mission und Apologetik (APTh 64), Göttingen 2010
Geertz, Clifford, Dichte Beschreibung. Beiträge zum Verstehen kultureller Systeme. Übersetzt v. Brigitte Lucchesi / Rolf Bindemann (stw 696), Frankfurt a.M. 1987
Gehring, Hans-Ulrich, Schriftprinzip und Rezeptionsästhetik. Rezeption in Martin Luthers Predigt und bei Hans Robert Jauß, Neukirchen-Vluyn 1999
Gerl, Hanna-Barbara, Wider das Geistlose im Zeitgeist. 20 Essays zu Religion und Kultur, München 1992
Gorka, Eckhard, Die Mitte in die Mitte rücken. Predigt als Beitrag zur Selbststeuerung der Kirche, in: Nicht durch Gewalt, sondern durch das Wort. Die Predigt und die Gestalt der Kirche, hg. v. *Jochen Cornelius-Bundschuh / Jan Hermelink,* Leipzig 2011, 33–47
Gräb, Wilhelm, »Ich rede mit dem Hörer über sein Leben«. Ernst Langes Anstöße zu einer neuen Homiletik, in: PTh 86 (1997), 498–516
– Lebensgeschichten – Lebensentwürfe – Sinndeutungen. Eine Praktische Theologie gelebter Religion, Gütersloh ²2000
– Predigt als Mitteilung des Glaubens. Studien zu einer prinzipiellen Homiletik in praktischer Absicht, Gütersloh 1988
– Predigtlehre. Die Predigt als religiöse Rede, Göttingen 2013
– Spiritualität – die Religion der Individuen, in: *ders. / Lars Charbonnier* (Hg.), Individualisierung – Spiritualität – Religion. Transformationsprozesse auf dem religiösen Feld in interdisziplinärer Perspektive (Studien zu Religion und Kultur 1), Berlin 2008, 31–44
Grethlein, Christian, Mut zu größerer Flexibilität. Die aktuelle Perikopenrevision und viele offenen Fragen, in: DtPfrBl 2 (2014), 77–81
– Pfarrer – ein theologischer Beruf!, Frankfurt a.M. 2009
– Praktische Theologie, Berlin/Boston 2012
Grözinger, Albrecht, Homiletik (Lehrbuch Praktische Theologie 2), Gütersloh 2008
– Die Predigt soll nicht Antworten geben, sondern Antworten finden helfen. Zum Verständnis der Predigt bei Henning Luther, in: ThPr 27 (1992), 209–218
– Predigt und Gefühl. Eine homiletische Erkundungsreise, in: Religion und Gefühl. Praktisch-theologische Perspektiven einer Theorie der Emotionen. Festschrift für

Wilhelm Gräb zum 65. Geburtstag, hg. von *Lars Charbonnier / Matthias Mader / Birgit Weyel* (APTh 75), Göttingen 2013, 313–325
– Toleranz und Leidenschaft. Über das Predigen in einer pluralistischen Gesellschaft, Gütersloh 2004
– / *Pfleiderer, Georg* (Hg.), »Gelebte Religion« als Programmbegriff Systematischer und Praktischer Theologie (Christentum und Kultur 1), Zürich 2002
Gutenberg, Norbert, Über das Rhetorische und das Ästhetische – Ansichten Schleiermachers, in: Jahrbuch Rhetorik 19 (2002), 68–91
Haendler, Otto, Die Predigt, Berlin 1941
Haizmann, Albrecht, Integrierte Homiletik. Die Einheit der Predigtlehre im Begriff des Handelns, in: IJPT 11 (2007), 234–254
Harms, Claus, Christologische Predigten, Kiel 1821
Hermelink, Jan, Die homiletische Situation. Zur jüngeren Geschichte eines Predigtproblems (APTh 24), Göttingen 1992
– Die kirchenleitende Funktion der Predigt. Überlegungen zum evangelischen Profil der Kybernetik (2005), jetzt in: *ders.*, Kirche leiten in Person. Beiträge zu einer evangelischen Pastoraltheologie (APTh 54), Leipzig 2014, 66–86
– Kirchenleitung durch Lehre, Predigt – und Person. Beobachtungen zur Gestalt der Kirche in der bischöflichen Predigt, in: Nicht durch Gewalt, sondern durch das Wort. Die Predigt und die Gestalt der Kirche. Im Auftrag des Ateliers Sprache e.V., Braunschweig hg. v. *Jochen Cornelius-Bundschuh / dems.*, Leipzig 2011, 48–65
– Kirchliche Organisation und das Jenseits des Glaubens. Eine praktisch-theologische Theorie der evangelischen Kirche, Gütersloh 2011
– / *Deeg, Alexander*, Viva vox Evangelii – Reforming Preaching (Studia Homiletica 9), Leipzig 2013
Herms, Eilert, Das Evangelium für das Volk. Praxis und Theorie der Predigt bei Luther, in: *ders.*, Offenbarung und Glaube. Zur Bildung des christlichen Lebens, Tübingen 1992, 20–55
– Religion und Organisation. Die gesamtgesellschaftliche Funktion von Kirche aus der Sicht der evangelischen Theologie, in: *ders.*, Erfahrbare Kirche. Beiträge zur Ekklesiologie, Tübingen 1990, 49–79
– Schleiermachers Lehre vom Kirchenregiment, in: *ders.*, Menschsein im Werden. Studien zu Schleiermacher, Tübingen 2003, 320–399
Hetzel, Andreas, Die Wirksamkeit der Rede. Zur Aktualität klassischer Rhetorik für die moderne Sprachphilosophie (Sozialphilosophische Studien 2), Bielefeld 2011
Hirsch, Emanuel, Geschichte der neuern evangelischen Theologie im Zusammenhang mit den allgemeinen Bewegungen des europäischen Denkens (1954), neu hg. u. eingeleitet v. *Albrecht Beutel* (Emanuel Hirsch, Gesammelte Werke 9), Waltrop 2000
Hoffmann, Martin, Ethisch und politisch predigen. Grundlagen und Modelle (Gemeindepraxis 4), Leipzig 2011
Hoffmann, Thomas Sören, Art. Zweck; Ziel in: HWP 12 (2004), Sp. 1486–1510
Holl, Karl, Die Entstehung von Luthers Kirchenbegriff, in: *ders.*, Gesammelte Aufsätze zur Kirchengeschichte. Bd. I: Luther, 2./3., vermehrte u. verbesserte Aufl., Tübingen 1923, 288–325
Iser, Wolfgang, Der Akt des Lesens. Theorie ästhetischer Wirkung, München (1964) [4]1994
– Die Appellstruktur der Texte, in: *Rainer Warning* (Hg.), Rezeptionsästhetik. Theorie und Praxis, München [4]1994, 228–252
Iwand, Hans Joachim, Homiletik-Vorlesung. Nachschrift aus dem illegalen Predigerseminar Bloestau, in: *ders.*, Predigten und Predigtlehre. Bearbeitet, kommentiert u. mit Nachworten versehen v. Albrecht Grözinger / Bertold Klappert / Rudolf Landau / Jürgen Seim (Nachgelassene Werke NF 5), Gütersloh 2004, 417–507

Jaspers, Karl, Philosophie. Bd. II. Existenzerhellung, Berlin / Heidelberg / New York
⁴1973
– / *Bultmann, Rudolf,* Die Frage der Entmythologisierung, München 1954
Jörns, Klaus Peter, Lebensgaben Gottes feiern. Abschied vom Sühnopfermahl: Eine
neue Liturgie, Gütersloh 2007
– Notwendige Abschiede. Auf dem Weg zu einem glaubwürdigen Christentum, Gütersloh (2004) ²2005
Josuttis, Manfred, Die Bibel als Basis der Predigt, in: »Wenn nicht jetzt, wann dann?«.
Aufsätze für Hans-Joachim Kraus zum 65. Geburtstag, hg. v. *Hans-Georg Geyer
u.a.,* Neukirchen-Vluyn 1983, 385–393
– Gesetz und Evangelium in der Predigtarbeit. Homiletische Studien Bd. 2, Güters-
loh 1995
– Das Ich auf der Kanzel. Der Prediger in der Predigt. Sündiger Mensch oder mün-
diger Zeuge? (erstmals 1974), jetzt in: Grundfragen der Predigt. Ein Studienbuch,
hg. v. *Wilfried Engemann / Frank M. Lütze,* Leipzig 2006 (²2009), 81–103
– Rhetorik und Theologie in der Predigtarbeit. Homiletische Studien, München 1985
Jüngel, Eberhard, Der Gottesdienst als Fest der Freiheit. Der theologische Ort des
Gottesdienstes nach Friedrich Schleiermacher (1984), in: *ders.,* Indikative der
Gnade – Imperative der Freiheit. Theologische Erörterungen IV, Tübingen 2000,
330–350
Karle, Isolde, Den Glauben wahrscheinlich machen. Schleiermachers Homiletik
kommunikationstheoretisch beobachtet, in: ZThK 99 (2002), 332–350
– Kirche im Reformstress, Gütersloh 2010
– Wozu Pfarrerinnen und Pfarrer, wenn doch alle Priester sind? Zur Professionalität
des Pfarrberufs, in: DtPfrBl 109 (2009), 3–9
Kerner, Hanns, Die Predigt. Wahrnehmungen zum Gottesdienst aus einer neuen em-
pirischen Untersuchung unter evangelisch Getauften in Bayern. Perspektive Gottes-
dienst, hg. v. *Gottesdienst Institut der Evang.-Luth. Kirche in Bayern,* Nürnberg 2007
– (Hg.), Predigt konkret. Grundlinien homiletischer Ansätze, Leipzig 2011
Klek, Konrad, Erlebnis Gottesdienst. Die liturgischen Reformbestrebungen um die
Jahrhundertwende unter Führung von Friedrich Spitta und Julius Smend (VLH
32), Göttingen 1996
Knape, Joachim, Persuasion und Kommunikation, in: Rhetorische Anthropologie.
Studien zum Homo rhetoricus, hg. v. *Josef Kopperschmidt,* München 2000, 171–181
– Was ist Rhetorik?, Stuttgart 2000
– Zwangloser Zwang. Der Persuasions-Prozeß als Grundlage sozialer Bindung, in:
Gert Ueding / Thomas Vogel (Hg.), Von der Kunst der Beredsamkeit, Tübingen
1998, 54–69
Kopperschmidt, Josef, Allgemeine Rhetorik. Einführung in die Theorie der Persuasiven
Kommunikation, Stuttgart/Berlin/Köln/Mainz ²1976
– Argumentationstheoretische Anfragen an die Rhetorik. Ein Rekonstruktionsver-
such der antiken Rhetorik, in: Rhetorik. Zweiter Band: Wirkungsgeschichte der
Rhetorik, hg. v. *dems.,* Darmstadt 1991, 359–389
– Argumentationstheorie zur Einführung, Hamburg 2000
– Rhetorische Überzeugungsarbeit. Annäherung an eine kulturelle Praxis, in: Rheto-
rik als kulturelle Praxis, hg. v. *Renate Lachmann / Riccardo Nicolosi / Susanne Strät-
ling* (Figuren 11), München 2008, 15–30
– Was ist neu an der *Neuen Rhetorik?* Versuch einer thematischen Grundlegung, in:
ders. (Hg.), Die neue Rhetorik. Studien zu Chaim Perelman, München 2006, 8–72
Korsch, Dietrich, Praktische Theologie und Dogmatik. Eine Problemanzeige über Dis-
ziplinengrenzen hinweg, in: PrTh 49 (2014), 49–52

Körtner, Ulrich H., Gottes Wort in Person. Rezeptionsästhetische und metapherntheoretische Zugänge zur Christologie, Neukirchen-Vluyn 2011
– Wiederkehr der Religion? Das Christentum zwischen neuer Spiritualität und Gottvergessenheit, Gütersloh 2006
Kumlehn, Martina, Geöffnete Augen – gedeutete Zeichen. Historisch-systematische und erzähltheoretisch-hermeneutische Studien zur Rezeption und Didaktik des Johannesevangeliums in der modernen Religionspädagogik (Praktische Theologie im Wissenschaftsdiskurs 1), Berlin / New York 2007
– Symbolisierendes Handeln. Schleiermachers Theorie religiöser Kommunikation und ihre Bedeutung für die gegenwärtige Religionspädagogik, Gütersloh 1999
Kusmierz, Katrin / Plüss, David (Hg.), Politischer Gottesdienst?! (Praktische Theologie in reformiertem Kontext 8), Zürich 2013
Lange, Ernst, Zur Aufgabe christlicher Rede, in: *ders.*, Predigen als Beruf. Aufsätze zu Homiletik, Liturgie und Pfarramt, hg. u. mit einem Nachwort v. *Rüdiger Schloz*, München 1982, 52–67
– Aus der »Bilanz 65«, in: *ders.*, Kirche für die Welt. Aufsätze zur Theorie kirchlichen Handelns, hg. u. eingeleitet v. *Rüdiger Schloz* in Zusammenarbeit mit Alfred Butenuth, München 1981, 63–160
– Der Pfarrer in der Gemeinde heute, in: *ders.*, Predigen als Beruf. Aufsätze zu Homiletik, Liturgie und Pfarramt, hg. u. mit einem Nachwort v. *Rüdiger Schloz*, München 1982, 96–141
– Die Schwierigkeit, Pfarrer zu sein, in: *ders.*, Predigen als Beruf. Aufsätze zu Homiletik, Liturgie und Pfarramt, hg. u. mit einem Nachwort v. *Rüdiger Schloz*, München 1982, 142–166
– Zur Theorie und Praxis der Predigtarbeit, in: *ders.*, Predigen als Beruf. Aufsätze zu Homiletik, Liturgie und Pfarramt, hg. u. mit einem Nachwort v. *Rüdiger Schloz*, München 1982, 9–51
Laube, Martin, Die Kirche als »Institution der Freiheit«, in: *Christian Albrecht* (Hg.), Kirche (Themen der Theologie 1/UTB 3435), Tübingen 2011, 131–169
Lauster, Jörg, Biblische Bildersprache, christologische Metaphern und ihr historischer Erfahrungsgrund, in: Metaphorik und Christologie, hg. v. *Jörg Frey / Jan Rohls / Ruben Zimmermann* (TBT 120), Berlin / New York 2003, 281–298
– Christologie als Religionshermeneutik, in: *Christian Danz / Michael Murrmann-Kahl* (Hg.), Zwischen historischem Jesus und dogmatischem Christus. Zum Stand der Christologie im 21. Jahrhundert (Dogmatik in der Moderne 1), 2., durchgesehene u. korrigierte Aufl., Tübingen 2011, 239–257
– Zwischen Entzauberung und Remythisierung. Zum Verhältnis von Bibel und Dogma (ThLZ.F 21), Leipzig 2008
– Prinzip und Methode. Die Transformation des protestantischen Schriftprinzips durch die historische Kritik von Schleiermacher bis zur Gegenwart (HUTh 46), Tübingen 2004
– Das Programm »Religion als Lebensdeutung« und das Erbe Rudolf Bultmanns, in: Hermeneutische Theologie – heute?, hg. v. *Ingolf U. Dalferth / Pierre Bühler / Andreas Hunziker* (HUTh 60), Tübingen 2013, 101–116
– Religion als Lebensdeutung. Theologische Hermeneutik heute, Darmstadt 2005
– Schriftauslegung als Erfahrungserhellung, in: *Friederike Nüssel* (Hg.), Schriftauslegung (Themen der Theologie 8/UTB 3991), Tübingen 2014, 179–206
Lehnerer, Thomas, Die Kunsttheorie Friedrich Schleiermachers (Deutscher Idealismus 13), Stuttgart 1987
Lischer, Richard, Die Funktion des Narrativen in Luthers Predigt. Der Zusammenhang von Rhetorik und Anthropologie, in: Homiletisches Lesebuch, hg. v. *Albrecht Beutel / Volker Drehsen / Hans Martin Müller*, Tübingen 1989, 308–329

Luther, Henning, Predigt als Handlung. Überlegungen zur Pragmatik des Predigens (1983), jetzt in: Homiletisches Lesebuch. Texte zur heutigen Predigtlehre, hg. v. *Albrecht Beutel / Volker Drehsen / Hans-Martin Müller,* Tübingen 1989, 222–239
– Predigt als inszenierter Text. Überlegungen zur Kunst der Predigt, in: ThPr 18 (1983), 89–100
– Religion, Subjekt, Erziehung. Grundbegriffe der Erwachsenenbildung am Beispiel der Praktischen Theologie Friedrich Niebergalls, München 1984
– Spätmodern predigen, in: *ders.,* Frech achtet die Liebe das Kleine. Biblische Texte in Szene setzen. Spätmoderne Predigten, hg. v. *Ursula Baltz-Otto / Kristian Fechtner,* erweiterte Neuausgabe, Stuttgart 2008, 12–16
Luthers Werke in Auswahl. Siebenter Band: Predigten, hg. v. *Emanuel Hirsch,* Berlin 1932
Lütze, Frank M., Absicht und Wirkung der Predigt. Eine Untersuchung zur homiletischen Pragmatik (APrTh 29), Leipzig 2006
Mädler, Inken, Kirche und bildende Kunst der Moderne. Ein an F.D.E. Schleiermacher orientierter Beitrag zur theologischen Urteilsbildung (BHTh 100), Tübingen 1997
Martin, Gerhard Marcel, Homiletik – Ästhetik – Subjektivität. Zu Henning Luthers Predigttheorie und Predigtpraxis, in: PTh 81 (1992), 245-365
– Predigt als offenes Kunstwerk? Zum Dialog zwischen Homiletik und Rezeptionsästhetik, in: EvTh 39 (1984), 46–58 (wiederabgedruckt in: *Ruth Conrad / Martin Weeber* [Hg.], Protestantische Predigtlehre. Eine Darstellung in Quellen [UTB 3581], Tübingen 2012, 258–271)
Meyer-Blanck, Michael, Entschieden predigen. Zehn rhetorische Behauptungen (2009), jetzt in: *ders.,* Agenda. Zur Theorie liturgischen Handelns (PThGG 13), Tübingen 2013, 225–233
– Gottesdienstlehre (Neue theologische Grundrisse), Tübingen 2011
– Liturgie und Liturgik. Der Evangelische Gottesdienst aus Quellentexten erklärt, 2., aktualisierte Aufl., Göttingen 2009
– Das Pädagogische und die Liturgie, in: *ders.,* Agenda. Zur Theorie liturgischen Handelns (PThGG 13), Tübinben 2013, 243–256
– Die praktisch-theologische Grosswetterlage: Diskurse, Bezüge, Forschungsrichtungen, in: Ästhetik und Ethik. Die öffentliche Bedeutung der Praktischen Theologie, hg. v. *Thomas Schlag / Thomas Klie / Ralph Kunz,* Zürich 2007, 11–24
– Ritus und Rede. Eine Verhältnisbestimmung auf dem Hintergrund ökumenischer Theologie, in: *Alexander Deeg / Erich Garhammer / Benedikt Kranemann / Michael Meyer-Blanck,* Gottesdienst und Predigt – evangelisch und katholisch (EKGP 1), Neukirchen-Vluyn / Würzburg 2014, 11–39
– Was ist »homiletische Präsenz«?, in: *ders. / Jörg Seip / Bernhard Spielberg* (Hg.), Homiletische Präsenz. Predigt und Rhetorik (ÖSP 7), München 2010, 13–26
– / *Seip, Ursula / Spielberg, Bernhard* (Hg.), Sündenpredigt (ÖSP 8), München 2012
Mosheim, Johann Lorenz von, Anweisung erbaulich zu predigen. Aus den vielfältigen Vorlesungen des seeligen Herrn Kanzlers verfasset und zum Drucke befördert von Christian Ernst von Windheim, neu hg. u. eingeleitet v. *Dirk Fleischer* (Wissen und Kritik 12), Reprint der Ausgabe Erlangen 1763, Waltrop 1998
Müller, Adam, Zwölf Reden über die Beredsamkeit und deren Verfall in Deutschland. Gehalten zu Wien im Frühlinge 1812, jetzt in: *ders.,* Kritische, ästhetische und philosophische Schriften. Kritische Ausgabe. Bd. 1, hg. v. *Walter Schroeder / Werner Siebert,* Neuwied/Berlin 1967, 297–451
Müller, Hans Martin, Art. Homiletik, in: TRE 15 (1986), 526–565
– Homiletik. Eine evangelische Predigtlehre, Berlin / New York 1996
Nicol, Martin, Einander ins Bild setzen. Dramaturgische Homiletik, 2., durchgesehene u. überarbeitete Aufl., Göttingen 2005

– Predigt als Rede. Zur Homiletik von Gert Otto, in: PrTh 42 (2007), 39–48
– / *Deeg, Alexander*, Einander ins Bild setzen, in: *Lars Charbonnier / Konrad Merzyn / Peter Meyer* (Hg.), Homiletik. Aktuelle Konzepte und ihre Umsetzung, Göttingen 2012, 68–84
– Texträume öffnen, in: Arbeitsstelle Gottesdienst. Zeitschrift der Gemeinsamen Arbeitsstelle für gottesdienstliche Fragen der Evangelischen Kirche in Deutschland 23/2 (2009), 34–40
– Im Wechselschritt zur Kanzel. Praxisbuch Dramaturgische Homiletik, Göttingen 2004
Niebergall, Friedrich, Die Bedeutung der Religionspsychologie für die Praxis in Kirche und Schule, in: ZThK 19 (1909), 411–474
– Evangelischer Sozialismus, Tübingen 1920
– Die moderne Predigt, in: ZThK 15 (1905), 203–271
– Praktische Auslegung des Neuen Testaments für Prediger und Religionslehrer, Tübingen (1909) ²1924
– Praktische Theologie. Lehre von der kirchlichen Gemeindeerziehung auf religionswissenschaftlicher Grundlage, 2 Bde., Tübingen 1918f
– Predigttypen und Predigtaufgaben der Gegenwart, in: ChW 39 (1925), Sp. 578–588
– Theologie und Praxis. Hemmungen und Förderungen der Predigt und des Religions-Unterrichts durch die moderne Theologie (PThHB 20), Göttingen 1916
– Wie predigen wir dem modernen Menschen? Erster Teil. Eine Untersuchung über Motive und Quietive, Tübingen ³1909
Öhler, Markus, Die Evangelien als Kontinuitätskonstrukte, in: *Christian Danz / Michael Murrmann-Kahl* (Hg.), Zwischen historischem Jesus und dogmatischem Christus. Zum Stand der Christologie im 21. Jahrhundert (Dogmatik in der Moderne 1), 2., durchgesehene u. korrigierte Aufl., Tübingen 2011, 87–198
Otto, Gert, Predigt als Rede. Über die Wechselwirkungen von Homiletik und Rhetorik, Stuttgart/Berlin/Köln/Mainz 1976
– Predigt als rhetorische Aufgabe. Homiletische Perspektiven, Neukirchen-Vluyn 1987
– Rhetorische Predigtlehre. Ein Grundriss, Mainz/Leipzig 1999
Palmer, Christian, Evangelische Homiletik, Stuttgart 1842; 2., verbesserte Aufl., Stuttgart 1845; 4., verbesserte Aufl., Stuttgart 1857
– Evangelische Pastoraltheologie, 2., verbesserte u. vermehrte Aufl., Stuttgart 1863
Panzer, Lucie, Den Glauben ins Gespräch bringen. Verkündigung im Rundfunk als Mitteilung von Erfahrungen (PThK 22), Freiburg/Breisgau 2012
Pasquarello, Michael III, Sacred Rhetoric. Preaching as a Theological and Pastoral Practice of the Church, Michigan/Cambridge 2004
Pichl, Robert, Art. Absehen, in: HWR 1 (1992), Sp. 11–21
Pleizier, T. Theo J., Religious Involvement in Hearing Sermons. A Grounded Theory Study in Empirical Theology and Homiletics, Delft 2010
Plüss, David, Gottesdienst als Textinszenierung. Perspektiven einer performativen Ästhetik des Gottesdienstes, Zürich 2007
– Texte inszenieren, in: *Lars Charbonnier / Konrad Merzyn / Peter Meyer*, Homiletik. Aktuelle Konzepte und ihre Umsetzung, Göttingen 2012, 119–136
Pohl-Patalong, Uta / Muchlinsky, Frank (Hg.), Predigen im Plural. Homiletische Aspekte, Hamburg 2001
Preul, Reiner, Die evangelische Kirche als Bildungsinstitution, in: *ders.*, Die soziale Gestalt des Glaubens. Aufsätze zur Kirchentheorie (MThSt 102), Leipzig 2008, 150–166
– Kirche als Bildungsinstitution, in: *ders.*, Die soziale Gestalt des Glaubens. Aufsätze zur Kirchentheorie (MThSt 102), Leipzig 2008, 130–149

– Kommunikation des Evangeliums unter den Bedingungen der Mediengesellschaft, in: *ders.*, Die soziale Gestalt des Glaubens. Aufsätze zur Kirchentheorie (MThSt 102), Leipzig 2008, 65–103
– Predigt über alttestamentliche Texte, in: *Elisabeth Gräb-Schmidt / Reiner Preul* (Hg.), Das Alte Testament in der Theologie (MJTh 25), Leipzig 2013, 169–186
– Was heißt »Volkskirche«?, in: *ders.*, Die soziale Gestalt des Glaubens. Aufsätze zur Kirchentheorie (MThSt 102), Leipzig 2008, 36–51
– Die Wirkung der Predigt. Bemerkungen zu einem vernachlässigten Aspekt, in: *ders.*, Die soziale Gestalt des Glaubens. Aufsätze zur Kirchentheorie (MThSt 102), Leipzig 2008, 283–287
Raschzok, Klaus, Predigt als Leseakt. Essays zur homiletischen Theoriebildung, Leipzig 2014
Rendtorff, Trutz, Kirche und Theologie. Die systematische Funktion des Kirchenbegriffs in der neueren Theologie, Gütersloh 1966
– Theologische Probleme der Volkskirche, in: Volkskirche – Kirche der Zukunft. Leitlinien der Augsburgischen Konfession für das Kirchenverständnis heute. Eine Studie des Theologischen Ausschusses der Vereinigten Evangelisch-Lutherischen Kirche Deutschlands, hg. v. *Wenzel Lohff / Lutz Mohnhaupt*, Hamburg 1977, 104–131
Rietschel, Georg, Lehrbuch der Liturgik. Bd. 1: Die Lehre vom Gemeindegottesdienst, 2., neubearbeitete Aufl. v. *Paul Graff*, Göttingen 1951
Rosenberg, Jay F., Philosophieren. Ein Handbuch für Anfänger. Aus dem Amerikanischen übersetzt von Brigitte Flickinger, Frankfurt a.M. (1986) [6]2009
Ross, Raymond S., Understanding Persuasion (1981), Englewood Cliffs NJ [3]1990
Rössler, Dietrich, Beispiel und Erfahrung. Zu Luthers Homiletik (1983), jetzt in: *ders.*, Überlieferung und Erfahrung. Gesammelte Aufsätze zur Praktischen Theologie, hg. v. *Christian Albrecht / Martin Weeber* (PThGG 1), Tübingen 2006, 20–32
– Grundriß der Praktischen Theologie, Berlin / New York [2]1994
– Die Predigt über alttestamentliche Texte (1961), jetzt in: *ders.*, Überlieferung und Erfahrung. Gesammelte Aufsätze zur Praktischen Theologie, hg. v. *Christian Albrecht / Martin Weeber* (PThGG 1), Tübingen 2006, 238–246
– Das Problem der Homiletik (1966), jetzt in: *ders.*, Überlieferung und Erfahrung. Gesammelte Aufsätze zur Praktischen Theologie, hg. v. *Christian Albrecht / Martin Weeber* (PThGG 1), Tübingen 2006, 222–237
– Überlieferung und Erfahrung. Gesammelte Aufsätze zur Praktischen Theologie, hg. v. *Christian Albrecht / Martin Weeber* (PThGG 1), Tübingen 2006
– Die Vernunft der Religion, München 1976
Rössler, Martin, Protestantische Individualität. Friedrich Schleiermachers Deutung des konfessionellen Gegensatzes, in: *Arnulf von Scheliha / Markus Schröder* (Hg.), Das protestantische Prinzip. Historische und systematische Studien zum Protestantismusbegriff, Stuttgart/Berlin/Köln 1998, 55–75
Roth, Ursula, Gottesdienstgefühle, in: *Lars Charbonnier / Matthias Mader / Birgit Weyel* (Hg.), Religion und Gefühl. Praktisch-theologische Perspektiven einer Theorie der Emotion (APTh 75), Göttingen 2013, 383–396
Rothe, Richard, Zur Dogmatik, Gotha 1863
The Sage Handbook of Persuasion. Developments in Theory and Practice. Ed. by *James Price Dillard / Lijiang Shen*, 2nd ed., Thousands Oaks / London / New Delhi et al 2013
Schapp, Wilhelm, In Geschichten verstrickt. Zum Sein von Mensch und Ding (1953), Hamburg [4]2004
Schian, Martin, Neuzeitliche Predigtideale, in: MPTh 1 (1904), 88–109 (wiederabgedruckt in: *Ruth Conrad / Martin Weeber* [Hg.], Protestantische Predigtlehre. Eine Darstellung in Quellen [UTB 3581], Tübingen 2012, 137–156)

– Die Predigt. Eine Einführung in die Praxis (PThH 2), Göttingen 1906

Schlag, Thomas, Aufmerksam predigen. Eine homiletische Grundperspektive (Theologische Studien NF 9), Zürich 2014

– Öffentliche Kirche. Grunddimensionen einer praktisch-theologischen Kirchentheorie (Theologische Studien NF 5), Zürich 2012

Schleiermacher, Friedrich, Der christliche Glaube nach den Grundsätzen der evangelischen Kirche im Zusammenhange dargestellt, 2. Aufl. 1830/31, als 7. Aufl. hg. v. *Martin Redeker*, 2 Bde., Berlin 1960

– Die christliche Sitte nach den Grundsätzen der evangelischen Kirche im Zusammenhang dargestellt (1843). Aus Schleiermacher's handschriftlichem Nachlasse und nachgeschriebenen Vorlesungen hg. v. *L. Jonas*, Berlin [2]1884, neu hg. u. eingeleitet v. *Wolfgang Erich Müller* (Theologische Studien-Texte 7.1 u. 7.2), 2 Bde., Waltrop 2009

– Kurze Darstellung des theologischen Studiums zum Behuf einleitender Vorlesungen (1811/1830), hg. v. *Dirk Schmid* (de-Gruyter-Texte), Berlin / New York 2002

– Ethik (1812/13) mit späteren Fassungen der Einleitung, Güterlehre und Pflichtenlehre. Auf der Grundlage der Ausgabe von Otto Braun hg. u. eingeleitet v. *Hans-Joachim Birkner* (PhB 335), 2., verbesserte Aufl., Hamburg 1990

– Die praktische Theologie nach den Grundsäzen der evangelischen Kirche im Zusammenhange dargestellt, aus Schleiermachers handschriftlichem Nachlasse und nachgeschriebenen Vorlesungen hg. v. *Jacob Frerichs*, SW I /13, Berlin 1850, Nachdruck Berlin / New York 1983

– Predigt zu Phil 1,6–11: Das Ziel der Wirksamkeit unserer evangelischen Kirche, in: Friedrich Schleiermacher's sämmtliche Werke. Zweite Abtheilung. Predigten. Zweiter Band, Berlin 1834, 739–758

– Predigten. Erste Sammlung. Dritte Auflage, Berlin 1816

– Über die Religion. Reden an die Gebildeten unter ihren Verächtern (1799), hg. v. *Günter Meckenstock* (de-Gruyter-Texte), Berlin / New York 2001

Schmidt-Biggemann, Wilhelm, Was ist eine probable Argumentation? Beobachtungen über Topik, in: Rhetorische Anthropologie. Studien zum Homo rhetoricus, hg. v. *Josef Kopperschmidt*, München 2000, 383–397

Scholtz, Gunter, Die Philosophie Schleiermachers (EdF 217), Darmstadt 1984

Schröer, Henning, Umberto Eco als Predigthelfer? Fragen an Gerhard Marcel Martin, in: EvTh 39 (1984), 58–63

– Von der Genitiv-Theologie zur Adverb-Homiletik. Zu den Tendenzen gegenwärtiger Predigtlehre, in: ThPr 17 (1982), 146–156

Schröter, Jens / Brucker, Ralph (Hg.), Der historische Jesus. Tendenzen und Perspektiven der gegenwärtigen Forschung (BZAW 114), Berlin / New York 2002

Schweitzer, Friedrich, Gottesdienst auf dem Prüfstand. Empirische Befunde – offene Fragen – Herausforderungen für die Zukunft, in: Kompendium Gottesdienst. Der evangelische Gottesdienst in Geschichte und Gegenwart, hg. v. *Hans-Joachim Eckstein / Ulrich Heckel / Birgit Weyel* (UTB 3630), Tübingen 2011, 285–306

Schwier, Helmut, Plädoyer für Gott in biblischer Vielfalt. Hermeneutische und homiletische Überlegungen zum Inhalt der Predigt, in: *Hanns Kerner* (Hg.), Predigt konkret. Grundlinien homiletischer Ansätze, Leipzig 2011, 139–151

Schwöbel, Christoph, »Wer sagt denn ihr, dass ich sei?« (Mt 16,15). Eine systematisch-theologische Skizze zur Lehre von der Person Christi, in: *Elisabeth Gräb-Schmidt / Reiner Preul* (Hg.), Das Alte Testament in der Theologie (MJTh 25), Leipzig 2013, 41–58

Simons, Herbert W. / Jones, Jean, Persuasion in Society, New York / London [2]2011

Slenczka, Notger, Flucht aus den dogmatischen Loci, in: Zeitzeichen 8 (2013), 45–48

– Die Kirche und das Alte Testament, in: *Elisabeth Gräb-Schmidt / Reiner Preul* (Hg.), Das Alte Testament in der Theologie (MJTh 25), Leipzig 2013, 83–120

Smend, Julius, Der evangelische Gottesdienst. Eine Liturgik nach evangelischen Grundsätzen in vierzehn Abhandlungen dargestellt, Göttingen 1904

– Zur Frage der Kultusrede, in: Theologische Abhandlungen. Festgabe zum 17. Mai 1902 für Heinrich Julius Holtzmann, Tübingen/Leipzig 1902, 213–241

Spitta, Friedrich, Zur Reform des evangelischen Kultus. Briefe und Abhandlungen, Göttingen 1891

Spoerhase, Carlos / van den Berg, Christopher, Art. Zweck, Zweckmäßigkeit, in: HWR 9 (2009), Sp. 1578–1583

Steffensky, Fulbert, Arbeitsanleitung, in: Politisches Nachtgebet in Köln. Im Auftrag des ökumenischen Arbeitskreises »Politisches Nachtgebet«, hg. v. *Dorothee Sölle / Fulbert Steffensky*, Stuttgart/Berlin/Mainz 1969, 7–12

Stier, Rudolf, Grundriß einer biblischen Keryktik, oder einer Anweisung, durch das Wort Gottes sich zur Predigtkunst zu bilden. Mit besonderer Beziehung auf Mission und Kirche. Zunächst für im Glauben an Gottes Wort Einverstandene, 2., berichtigte u. sehr vermehrte Aufl., Halle 1844

Stock, Alex, Liturgie und Poesie. Zur Sprache des Gottesdienstes, Kevelaer 2010

Stolt, Birgit, Martin Luthers Rhetorik des Herzens (UTB 2141), Tübingen 2000

– »Laßt uns fröhlich springen!«. Gefühlswelt und Gefühlsnavigierung in Luthers Reformationsarbeit. Eine kognitive Emotionalitätsanalyse auf philologischer Basis (Studium Litterarum. Studien und Texte zur deutschen Literaturgeschichte 21), Berlin 2012

Stroh, Ralf, Schleiermachers Gottesdiensttheorie. Studien zur Rekonstruktion ihres enzyklopädischen Rahmens im Ausgang von »Kurzer Darstellung« und »Philosophischer Ethik« (TBT 87), Berlin / New York 1998

Stübinger, Ewald, Christologie und Ethik, in: *Christian Danz / Michael Murrmann-Kahl* (Hg.), Zwischen historischem Jesus und dogmatischem Christus. Zum Stand der Christologie im 21. Jahrhundert (Dogmatik in der Moderne 1), 2., durchgesehene u. korrigierte Aufl., Tübingen 2011, 211–235

Sulze, Emil, Die evangelische Gemeinde (Zimmers Handbibliothek der praktischen Theologie Bd. I, a), Gotha 1891

Tagebuch eines Landpfarrers: www.ev-kirche-langenargen.de/Tagebuch-eines-Landpfarrers.tel.0.html vom 27.5.2014

Tetens, Holm, Philosophisches Argumentieren. Eine Einführung, München 2004

Theißen, Gerd, Zur Bibel motivieren. Aufgaben, Inhalte und Methoden einer offenen Bibeldidaktik, Gütersloh 2003

– Exegese und Homiletik. Neue Textmodelle als Impulse für neue Predigten, in: *Uta Pohl-Patalong / Frank Muchlinsky* (Hg.), Predigen im Plural. Homiletische Perspektiven, Hamburg 2001, 55–67

– Polyphones Verstehen. Entwürfe zur Bibelhermeneutik (Beiträge zum Verstehen der Bibel 23), Berlin 2014

– Zeichensprache des Glaubens. Chancen der Predigt heute, Gütersloh 1994

Thurneysen, Eduard, Die Aufgabe der Predigt, in: *Gert Hummel* (Hg.), Aufgabe der Predigt (WdF CCXXXIV), Darmstadt 1971, 105–118

Troeltsch, Ernst, Protestantisches Christentum und Kirche in der Neuzeit, hg. v. *Volker Drehsen* in Zusammenarbeit mit *Christian Albrecht* (Ernst Troeltsch KGA 7), Berlin / New York 2004

– Die Soziallehren der christlichen Kirchen und Gruppen. Anastatischer Neudruck der Ausgabe v. 1912 (GS 1), Tübingen 1919

Voigt, Gottfried, Die Predigt muss etwas wollen, in: Zeichen der Zeit 43 (1989), 139

Ueding, Gert / Steinbrink, Bernd, Grundriss der Rhetorik. Geschichte – Technik – Methode, Stuttgart ³1994

Wabel, Thomas, Die nahe ferne Kirche. Studien zu einer protestantischen Ekklesiologie in kulturhermeneutischer Perspektive (RPT 50), Tübingen 2010

Walther, Paul, Sociale Gedanken in Anlehnung an die Sonn- und Festtags-Evangelien mit Einleitung und Nachwort, Göttingen 1893

Weeber, Martin, Kultivierte Kulturdistanz. Die Homiletik Theodor Christliebs, in: Klassiker der protestantischen Predigtlehre. Einführungen in homiletische Theorieentwürfe von Luther bis Lange, hg. v. *Christian Albrecht / Martin Weeber* (UTB 2292), Tübingen 2002, 144–160

– Protestantische Predigtkultur. Über die Erschließungskraft eines komplexen Begriffs, in: Kontrapunkte. Katholische und protestantische Predigtkultur, hg. v. *Erich Garhammer / Ursula Roth / Heinz-Günther Schöttler* (ÖSP 5), München 2005, 322–331

– Schleiermachers Eschatologie. Eine Untersuchung zum theologischen Spätwerk (BEvTh 116), Gütersloh 2000

– Unterscheidungen – Zuordnungen – Äquivalente. Über Problemstellungen der Dogmatik, in: *Christian Albrecht / Friedemann Voigt* (Hg.), Vermittlungstheorie als Christentumstheorie, Hannover 2001, 147–171

– http://predigten.evangelisch.de/predigt/ortskunde-des-glaubens-predigt-zu-hebraeer-1311-14-von-martin-weeber

Werries, Holger, Alles Handeln ein Handeln der Kirche. Schleiermachers Ekklesiologie als Christologie (MThSt 115), Leipzig 2012

Werth, Lioba / Mayer, Jennifer, Sozialpsychologie, Berlin/Heidelberg 2008

Weyel, Birgit, Der Hörer steckt im Text? Skizze zu einer theologisch-homiletischen Kontroverse, in: Arbeitsstelle Gottesdienst. Zeitschrift der Gemeinsamen Arbeitsstelle für gottesdienstliche Fragen der Evangelischen Kirche in Deutschland 23/2 (2009), 41–48

– Die Predigt zwischen biblischer Textauslegung, offenem Kunstwerk und religiöser Persuasion. Überlegungen zu einer Hermeneutik der Predigtarbeit, in: *Christof Landmesser / Andreas Klein* (Hg.), Der Text der Bibel. Interpretation zwischen Geist und Methode, Neukirchen-Vluyn 2013, 117–130

– Sich über Religion verständigen, in: *Lars Charbonnier / Konrad Merzyn / Peter Meyer* (Hg.), Homiletik. Aktuelle Konzepte und ihre Umsetzung, Göttingen 2012, 231–246

Wintzer, Friedrich, Die Homiletik seit Schleiermacher bis in die Anfänge der »dialektischen Theologie« in Grundzügen (APTh 6), Göttingen 1969

– Textpredigt und Themapredigt, in: *ders.* (Hg.), Praktische Theologie. Unter Mitarbeit v. *Manfred Josuttis / Dietrich Rössler / Wolfgang Steck* (Neukirchener Arbeitsbücher), 5., überarbeitete u. erweiterte Aufl., Neukirchen-Vluyn 1997, 86–97

Wittekind, Folkart, Christologie im 20. Jahrhundert, in: *Christian Danz / Michael Murrmann-Kahl* (Hg.), Zwischen historischem Jesus und dogmatischem Christus. Zum Stand der Christologie im 21. Jahrhundert (Dogmatik in der Moderne 1), 2., durchgesehene u. korrigierte Aufl., Tübingen 2011, 13–45

Wohlmuth, Josef, Opfer – Verdrängung und Wiederkehr eines schwierigen Begriffs, in: *Albert Gerhards / Klemens Richter* (Hg.), Das Opfer. Biblischer Anspruch und liturgische Gestalt (QD 186), Freiburg/Basel/Wien 2000, 101–127

Ziemer, Jürgen, Predigt über den Zaun. Plädoyer für den zufälligen Hörer, in: *Wilfried Engemann* (Hg.), Theologie der Predigt. Grundlagen – Modelle – Konsequenzen (APTh 21), Leipzig 2001, 225–242

Personenregister